EL AMOR ES UNA DECISION

Gary Smalley
con John Trent

EL AMOR ES UNA DECISION

P.O. Box 20132, Minneapolis, MN 55420, E.U.A.

Publicado originalmente en inglés con el título de
LOVE IS A DECISION

Publicado por Word, Incorporated
Irving, Texas 75039 E.U.A.

Versión castellana: Cecilia Romanenghi de De Francesco
Editor en Jefe: Raquel Boqué de Monsalve

ISBN 0-88113-025-7

Printed in U.S.A.

Dedicatoria

El material de este libro se basa casi en su totalidad en el Seminario "El amor es una decisión", y el éxito del mismo se debe en gran parte a los esfuerzos de Terry Brown, nuestro director nacional de seminarios.

Este libro está dedicado con gratitud a Terry. Sin que él lo sepa, miles de parejas han sido enriquecidas por los años de trabajo fiel y leal que él ha brindado coordinando los muchos detalles para los seminarios. Damos gracias a Dios por este siervo especial y por la manera única en la que enriquece a todo el que le conoce.

INDICE

1

¿Quieres un matrimonio exitoso?

Estaba oscureciendo cuando llegué a la casa de la familia que me estaba alojando. Me sentía exhausto luego de hablar en un seminario todo el día, y deseaba pasar una velada de descanso.

Conocía muy superficialmente a mis anfitriones, pero vivían en una hermosa casa en un tranquilo vecindario. Pero una vez más, las apariencias pueden ser engañosas. En realidad, nunca hubiera esperado lo que me sucedió en las horas siguientes.

Mientras me dirigía hacia la puerta del frente, busqué en un bolsillo y luego en el otro. Fue entonces cuando me di cuenta de que había olvidado la llave en mi habitación y, por lo tanto, estaba encerrado fuera de la casa. No tenía sentido llamar a la puerta porque mis anfitriones me habían dicho que no vendrían hasta tarde. Por lo tanto decidí dar una vuelta por la parte trasera de la casa para ver si por casualidad había alguna ventana o puerta abierta.

Cuando di la vuelta a la casa, quedé congelado por el terror. Emergiendo de la oscuridad, una enorme silueta negra corría hacia mí a gran velocidad. ¡Era el perro más grande que había visto en mi vida!

Cuando llegó a unos tres metros de donde yo estaba petrificado por el miedo, el perro se despegó del suelo dando un tremendo salto, y supe que pronto estaría camino al hospital. En milésimas de segundos sentiría el dolor de sus dientes clavándose en mi carne.

Cerré los ojos y me preparé para soportar el choque . . . pero nada sucedió. Al principio pensé: *Está jugando conmigo. Este perro sabe que estoy por morir y quiere verme sufrir*. Pero luego de un momento más, finalmente pude armarme de suficiente valor como para abrir los ojos. Aunque parecía increíble, estaba sentado a mis pies, con su gran lengua colgando amistosamente y moviendo la cola. Verdaderamente estaba esperando que me acercara y lo acariciara.

Cuando la velocidad del latido de mi corazón pasó de tres dígitos a dos, revisé la casa solamente para encontrar que estaba completamente cerrada. Se hacía tarde y me sentía agotado. Tenía la posibilidad de acampar afuera con mi nuevo amigo canino, o debía pensar en alguna otra alternativa. Fue entonces cuando se me ocurrió una idea.

En ese mismo lugar vivía otra familia que me habían presentado. Probablemente podría permanecer con ellos hasta que mis anfitriones regresaran. Por lo tanto, me subí al auto y conduje hasta la casa de John y Kay Hammer, sin saber que me esperaba una situación aún más sorprendente.

Toqué el timbre y me recibió Kay. "Hola, Gary", me dijo luciendo una espléndida sonrisa. Esta mujer hace que todos los que la conocen se sientan especiales e importantes. Le expliqué mi situación a ella y a John, e insistieron en que me quedara en su casa a pasar la noche.

Conocí a sus encantadores hijos que salieron rápidamente de sus habitaciones. Finalmente, luego de una breve conversación en la sala, todos nos retiramos a descansar.

Mi cuerpo debe haber sabido que mi avión no saldría hasta la noche siguiente, porque pasé por alto el despertador y dormí hasta avanzada la mañana. Para cuando me levanté, me bañé y me vestí, los niños y John ya se habían ido a la escuela y al trabajo respectivamente. Solamente quedaba Kay en la cocina preparando el desayuno para su invitado inesperado.

Ya había recibido un shock cuando el perro casi me saltó encima, pero ni me imaginaba que estaba por recibir un segundo shock que sería mucho más perturbador.

Mientras estábamos sentados a la mesa de la cocina, la sonrisa de Kay comenzó a desvanecerse de su rostro. Permaneció allí sentada, con la cabeza inclinada, mirando fijamente el borde de la mesa, pensando. Sin mucho preámbulo, Kay comenzó a contarme una historia familiar demasiado conocida.

Durante muchos años, esta esposa se había sentido descuidada. Su marido brindaba lo mejor de su semana a sus prósperos negocios, y para ella y sus hijos quedaban algunas sobras los fines de semana. Todas las responsabilidades para criar a cuatro niños recaían sobre sus hombros y, además, estaba exhausta de tratar de arreglar los problemas entre su esposo y sus hijos.

Algunas veces le había rogado a John que hiciera algo para mejorar su desintegrada relación, pero sus ruegos cayeron en oídos sordos. Demasiado absorto en construir su carrera, él no tenía tiempo para preocuparse por la manera en que su matrimonio y su familia se estaban deteriorando.

Al igual que muchas otras esposas, Kay sufría de un mal conocido como "descuido doméstico", pero además tenía otro motivo de dolor. Era una cristiana con una genuina fe, pero sabía que cuando su esposo iba a la iglesia era más por los contactos sociales que por una necesidad de crecimiento espiritual. Lentamente, con el paso de los años, la insensibilidad de su esposo había carcomido su relación, y había comenzado a envenenar su corazón.

LA RUINA DE UN TESORO NACIONAL

Mientras me encontraba sentado con Kay aquel día me sentía como si estuviera contemplando el desastre del barco petrolero *Valdez* de la Compañía Exxon. He aquí un hermoso hogar y una magnífica familia. Sin embargo, con la discordia y la angustia al timón, sus relaciones estaban siendo conducidas directamente hacia las rocas, con un destino similar al de aquel barco petrolero.

Día tras día, el veneno de un matrimonio desgarrado se vertía sobre sus vidas, malogrando la belleza natural de una familia que se ama. Habían intentado reparar parte del desastre en el cual se había convertido la relación entre ellos, pero de muchas maneras el daño ya estaba hecho. Los niños sentían las tensiones existentes en la casa y comenzaban a reflejarlo en sus vidas, y cualquier interés que hubieran podido mostrar en ir a la iglesia, ahora lo estaban perdiendo.

Los amigos de Kay, aun sus amigos cristianos, le decían: "Deja de ser una alfombra de limpiarse los pies, Kay, ya has soportado bastante. *Dios te perdonará*. Salte de ese terrible matrimonio y busca un marido mejor." Inclusive había recurrido a su pastor y a un sicólogo "cristiano". Ambos le habían dicho que con *su marido* jamás podía esperar sacar el barco de las rocas, que su matrimonio estaba muerto en aquellas aguas y que no había manera de salvarlo.

"No lo estoy apurando para que se vaya, y no había planeado contarle nada de esto", me dijo en la mesa del desayuno, sintiéndose incómoda por las lágrimas que rápidamente afloraban a sus ojos. "Pero cuando los niños regresen de la escuela hoy, voy a abandonar a mi marido. Me iré con los niños. . . ."

Me gustaría poder decir que la historia de John y Kay es poco común, pero, lamentablemente, no es así. Al trabajar con parejas y familias durante casi dos décadas, he visto muchos desastres similares. Han arruinado nuestro mayor tesoro nacional, que es nuestra familia.

Era evidente que el daño que había sufrido la relación de la familia Hammer no se podría reparar fácilmente. En realidad, cuanto más escuchaba, más podía ver por qué algunos "consejeros" le habían dicho que no tenía caso seguir intentándolo. Desde el punto de vista humano, verdaderamente, la mejor opción parecía ser empacar e irse en lugar de tratar de reconstruir lo imposible. Pero Dios permitió que algo milagroso sucediera en Kay en las horas siguientes que transformó su relación con su esposo, y también transformó mi vida.

Han pasado catorce años desde aquella triste mañana en el hogar de John y Kay. ¡Y actualmente ellos no solamente son unos de nuestros mejores amigos, sino que también son miembros de nuestro equipo! La relación entre ambos dejó de ser oscura como el petróleo y pasó a ser un cristalino reflejo del amor de Cristo. Y más aún, la profunda amistad y el amor que existe entre ellos es en sí mismo un testimonio, y ha ayudado a muchas, muchas parejas que se encontraban al borde del divorcio.

¿Qué fue lo que produjo el cambio en sus vidas? De eso se trata este libro. Los mismos versículos y conceptos que anoté en una libreta para Kay aquella mañana son los que he visto usar a Dios en las vidas de cientos de personas a través de los años. Compartiré principios bíblicos que cuando se aplican a una relación, inclusive a una relación que está naufragando, pueden convertir un desastre en un tesoro. Aprender directivas específicas para mantenernos alejados del peligro, también puede prevenir que se desmorone un matrimonio o una familia. Pero el cambio no comienza sino en el lugar en el que se debe comenzar, en el mismo punto al que tuvo que llegar el matrimonio Hammer.

¿QUIERES UN MATRIMONIO Y UNA FAMILIA EXITOSOS?

Ya sea que se trate de una familia, de una escuela, de una compañía o de un cuadro de fútbol, no podemos guiar nuestras relaciones a través de las aguas de la vida sin tener un plan. Ese es el punto de partida. Sin un claro plan de acción que nos señale el camino hacia las profundas aguas de la intimidad y que evite las filosas rocas de la ruina matrimonial, estamos invitando a la angustia a entrar en nuestros hogares. Es de vital importancia que formulemos planes claros en nuestra vida y que no permitamos que el azar determine el curso de los acontecimientos.

Es probable que en alguna época, la sociedad misma delineara límites para compensar la falta de propósitos claros en el hogar. Pero hoy en día eso no es así. Si no tenemos una dirección específica para nuestras familias estamos expuestos al desastre. Y de eso trata este libro. Es nuestro mejor esfuerzo por brindarte un plan de acción aplicable y con fundamento bíblico para construir relaciones amorosas y duraderas.

Ahora bien, sabemos que pedirte que adoptes un "plan" de acción para tu hogar puede sonar como algo que requiere bastante trabajo, pero te aseguramos que el esfuerzo que emplees para guiar a tu familia hacia aguas tranquilas será mucho menor que tratar de sacar la embarcación de entre las rocas.

¿Es posible que un plan de acción sea lo que determine esa diferencia? En el caso que presentaremos a continuación, la decisión de tomar tiempo para aprender y practicar un plan de acción transformó a un grupo de individuos derrotados en un equipo invencible.

UN HOMBRE QUE HIZO HISTORIA

Cuando a nuestro buen amigo, Norm Evans, le pidieron que se hiciera cargo de un equipo de fútbol americano de la Liga Nacional, ese equipo ocupaba el último lugar. El sabía que necesitaba un cambio, por lo tanto contrató a un nuevo entrenador. Pero eso no era nada nuevo. Ya habían contratado a varios entrenadores, sin que eso hubiera cambiado la suerte del equipo. Por la manera en que estaba jugando el equipo, este joven entrenador que había escogido probablemente sería historia en menos de un año.

Tal como sucedieron las cosas, ese entrenador *pasó* a los anales de la historia del fútbol nacional, pero no como un fracaso.

Actualmente, aun con altibajos, ha permanecido en la Liga Nacional por más tiempo que cualquier otro entrenador, y existe una razón para ello. Ese hombre transformó a aquel equipo en campeón siguiendo un claro plan de acción.

El año anterior a la llegada de ese entrenador, el equipo tuvo un registro de tres triunfos contra diez derrotas. Estaban desmoralizados, casi no tenían motivación alguna, y el esfuerzo de los jugadores en la cancha dejaba mucho que desear. Norm recuerda cómo se paraba al costado de la cancha, junto a los jugadores suplentes, preguntándose cómo perderían el próximo partido.

Entonces llegó el nuevo entrenador, y no perdió tiempo en ir al grano. Lo primero que hizo fue llamar a una reunión del equipo, reunión que los jugadores nunca olvidarán.

Entró a la habitación, se cruzó de brazos, y permaneció silencioso frente a ellos durante varios minutos. Aquellos minutos parecieron horas mientras los miraba fijamente a los ojos. Finalmente, con un tono de voz claro y convincente les dijo: "Muchachos, van a ser los campeones de la Liga Nacional."

En la habitación se produjo un extraño silencio. Varios veteranos tuvieron que inclinar la cabeza para evitar que sus sonrisas se convirtieran en carcajadas. Algunos asintieron con la cabeza como diciendo: *Seguro, entrenador, lo que usted diga.* . . . Pero en lo más profundo de su ser se decían: *¿Quién es éste? Siempre hemos sido perdedores. ¿Campeones? ¡Ni siquiera somos un peligro para los demás cuadros!* Luego, el entrenador les hizo saber la razón por la cual estaba seguro de que tendrían éxito: Un claro plan de acción.

"En primer lugar", dijo, "les daré un gran plan de trabajo de equipo cada semana. Les garantizo que conocerán a la persona con la cual están jugando más que a nadie, con excepción de su esposa. En segundo lugar, *practicarán* ese plan hasta que forme parte de ustedes. Y en tercer lugar, van a aprender el plan de juego, lo van a practicar y van a ganar."

Paso a paso, la temporada siguiente fue testigo de la estrategia que desarrolló ese hombre. Los jugadores aprendieron un plan de acción específico y luego lo practicaron una y otra vez hasta que sintieron confianza en sí mismos y en sus compañeros como nunca antes. Ahora se paraban al lado del campo de juego preguntándose cómo *ganarían* en lugar de pensar en que iban a perder. En el lapso de un corto año eran un equipo diferente. ¿Por qué? Sucedió exactamente a la inversa del año anterior; ganaron diez partidos y perdieron solamente tres. Y en las dos temporadas siguientes, los *Miami Dolphins,* bajo la dirección del entrenador Don Shula, ganaron el campeonato y se convirtieron en el mejor equipo de fútbol profesional.

"Esta es una gran historia si se trata de un equipo de fútbol", puedes decirme, "pero, ¿qué tiene que ver con mi matrimonio?" ¿Es posible que la preparación de un "plan" realmente opere un cambio semejante en un matrimonio o en la relación con nuestros hijos? Para John y Kay fue así.

Kay Hammer no sabía mucho de aquel equipo de fútbol cuando nos sentamos a conversar aquella mañana, pero hasta el día de hoy tiene algo en común con ellos. Durante años, ella y John permitieron que las circunstancias y las emociones del momento marcaran el rumbo de la relación entre ambos, y sus vidas estaban a punto de terminar en un fracaso. Sin embargo, al igual que este equipo profesional, las cosas comenzaron a cambiar en sus vidas cuando empezaron a seguir un claro plan de acción y a practicarlo consistentemente.

Aquella mañana, sentado a la mesa de la familia Hammer anoté, a modo de bosquejo, varios principios bíblicos que yo recién comenzaba a entender y a aplicar en mi propio hogar. Aquellas pautas bíblicas que ministraron a Kay y le devolvieron la esperanza, son las mismas que compartiré con ustedes en este libro.

UN MATRIMONIO RESTAURADO

Aplicando estos principios, Kay pudo ver un cambio dramático en su matrimonio. Yo jamás había visto algo así. Su matrimonio estaba sentenciado al fracaso y al divorcio, pero a causa de su disposición a seguir un plan basado en la Biblia, actualmente se ha transformado en una relación viva, activa y que progresa. El hombre al que antes no podía soportar es ahora su mejor amigo, y es aquel con quien desea pasar el resto de su vida.

El secreto no les pertenece solamente a John y a Kay, sino que está al alcance de cualquiera que desee tener una familia bien establecida y un matrimonio exitoso.

Miro hacia el futuro y me entusiasma pensar en lo que puede suceder con las familias. Me agrada sobremanera ver a cientos de miles de esposos, esposas e hijos que se comprometen a honrar a Dios siguiendo un claro plan para sus familias. Creo que esto puede suceder; en realidad, ¡ése es el objetivo de nuestro ministerio! Una de las maneras en las que puedes comenzar es poniendo en acción un plan bíblico para tus relaciones personales.

Para mantener nuestras relaciones en terreno seguro debemos seguir dos pasos esenciales. Primero, debemos adquirir *conocimiento* y, segundo, *habilidad* para aplicar lo que hemos aprendido. Cuanto más *aprendamos* y *practiquemos* lo que hemos aprendido, tanto más nos convertiremos en personas capaces de desarrollar relaciones profundas en nuestros hogares. En los siguientes capítulos escudriñaremos la Palabra de Dios para ver qué es lo que dice en cuanto a cómo fortalecer nuestras relaciones, comenzando con el cimiento para tener una familia exitosa.

LAS LLAVES PARA LOGRAR RELACIONES AMOROSAS Y DURADERAS

En los dos capítulos siguientes vamos a descubrir que para tener cualquier relación amorosa y duradera debemos entender que:

- *El honor está en el centro de toda relación saludable.*
- *El genuino amor es una decisión . . . no un sentimiento.*

¿Estás cansado de que tus sentimientos de amor suban y bajen como la marea? Voy a compartir contigo la manera en que puedes desarrollar un amor que permanezca firme año tras año. En contraposición al pensamiento popular, el amor es verdaderamente un reflejo de cuánto "honramos" a una persona, porque básicamente el amor es una decisión y no un sentimiento.

En segundo lugar, verás que el amor se puede poner mejor en acción conociendo a fondo y practicando habilidades específicas.

- *Reconocer el increíble valor de una mujer*

Ocuparé todo un capítulo para ayudarles a los hombres en particular a ver cuán increíblemente valiosas son las mujeres. En particular, veremos cómo Dios parecería haber diseñado dentro de la mujer los talentos exactos que pueden hacer de ella un elemento de valor incalculable en el hogar.

- *Aprender a darle energía a nuestro cónyuge en sesenta segundos*

Una de las llaves para relacionarnos amorosamente es la habilidad de comunicarnos con nuestros seres queridos cuando están angustiados o desanimados. En esa parte del libro verás un método que Cristo usó a menudo con sus discípulos y con otras personas que te ayudará a alcanzar a aquellos que se encuentran desanimados, frustrados o que han perdido sus energías.

- *Mantener fuera de nuestros hogares a un gran destructor de relaciones*

En muchos hogares hoy en día existe un asesino capaz de quitarle la vida a una relación. Una de las cosas que compartí con Kay fue cómo mantener a la destructiva "larva" del enojo fuera de nuestras relaciones, y cómo volver a abrir el espíritu de algún ser amado que se ha cerrado.

- *Comprender el tremendo valor de un hombre*

A pesar de que muchas parejas no se dan cuenta de ello, un hombre no es un "ciudadano de segunda clase" cuando se trata de tener la habilidad para mantener relaciones firmes y duraderas. En esa sección del libro, descubrirás cómo apelar a los dones que Dios le ha dado al hombre que pueden formar las bases de un amor genuino. En realidad, veremos detalladamente cuatro habilidades específicas con las que un hombre viene provisto "naturalmente". Estas habilidades pueden producir tremendas diferencias en sus relaciones. *Estas mismas habilidades las debe conocer muy bien una esposa para que sus relaciones se profundicen y prosperen,* y abarcan:

- *Proveer seguridad para que un matrimonio prospere y florezca*

Si comparamos una relación a una planta, entonces, la seguridad sería la luz del sol que necesita para crecer sana y fuerte. En esa sección veremos no solamente los resultados de la inseguridad, sino cómo construir, o reconstruir, la esperanza y la confianza en un hogar.

- *Descubrir una llave crucial para la comunicación significativa*

Si alguna vez te has sentido incomprendido, existe una manera de comunicarte con tus seres queridos que te permitirá la mayor comprensión, al mismo tiempo que la menor posibilidad de reacciones negativas. Este método de comunicación se usa a través de las Escrituras para alabar, corregir, comprender más profundamente y llegar a la intimidad, y verás cómo fortalecerá tu relación.

- *Mantener vivo el noviazgo en el matrimonio*

Los momentos emocionantes o románticos pueden ser una parte constante en el noviazgo, pero tal vez no existan en el matrimonio. En ese importante aspecto de la intimidad verás cómo mantener o recuperar los elementos del noviazgo, aun después de años de matrimonio.

- *Abrir la puerta a la intimidad física*

Aunque muchas personas no se dan cuenta de ello, un libro de la Biblia se centra específicamente en el acto sexual del matrimonio: Cantar de los Cantares. Si ponemos algunos principios bíblicos en práctica, esta importante área de la vida matrimonial, en lugar de ser una fuente de frustración, puede fortalecer la intimidad física de una pareja.

- *Descubrir cómo ser los mejores amigos dentro de nuestra familia*

He dedicado años al estudio y he entrevistado personalmente a familias "exitosas" encontrando que siempre comparten una característica. Los integrantes de esas familias han aprendido el secreto de desarrollar la intimidad familiar aun en los momentos más difíciles. Podemos usar ese mismo secreto para acercarnos al Señor personalmente durante los momentos difíciles.

La vida de Kay cambió dramáticamente el día que hablé con ella, o al menos en su interior se produjo un cambio drástico. Pero su matrimonio no cambió de un día para el otro. Se requirió oración constante, tiempo y energía mientras comenzaba a aprender un plan de acción determinado y lo ponía en práctica. Aun así, las habilidades específicas que yo le señalé para mejorar su matrimonio no fueron lo que en definitiva cambió su vida. Estos recursos produjeron un impacto en su esposo, pero en sí mismos no eran suficientes para librar a la relación del desastre.

¿Estoy queriendo decir que su esfuerzo y su fuerza de voluntad para cambiar no fueron suficientes, aun cuando aprendió diferentes habilidades específicas para comunicarse y relacionarse? Correcto. En verdad si confiamos en nuestro poder o en nuestra propia "fuerza de voluntad" para guiar nuestra relación a aguas tranquilas, les puedo garantizar que llegará el día en que nos quedaremos dormidos en el timón y encallaremos. Si deseamos ver cambios duraderos en nuestra vida y en la vida de nuestros seres queridos, debemos aprender a depender de la única Fuente capaz de guardarnos "de día y de noche".

Sin lugar a dudas, la sección más importante de este libro, y de mi vida, se encuentra en los dos capítulos finales. Es aquí donde Kay Hammer encontró el poder para poner en práctica todas las habilidades que aprendió, a pesar de que emocionalmente no sentía que lo podía hacer. Porque únicamente aprendiendo a depender del Señor como Autor y Sustentador de toda relación verdaderamente exitosa encontraremos la fortaleza interior para realizar cambios duraderos. Y estos cambios pueden producirse, tal como sucedió en el caso de John y Kay, cuando:

- *Aprendemos a conectarnos con la infalible Fuente de poder que se encuentra detrás de todo gran matrimonio*

La mayoría de nosotros esperamos que los "regalos" de la vida, incluyendo a nuestro cónyuge e hijos, sean la "fuente" de nuestra felicidad. En esta importante sección del libro, les mostraré que aunque los esposos y las esposas pueden ser grandes amigos y amantes, no son un sustituto de Dios. La única manera de tener vigor espiritual y emocional para soportar las tormentas de la vida es aprender a conectarnos con la única fuente consistente de amor, de paz y de alegría. Y finalmente, debemos aprender a . . .

- *Transformar las pruebas en nuestros hogares en beneficios para nuestra vida*

"¿Pero qué sucede si las cosas no cambian en mi hogar?" "¡Tú no conoces a mi esposo!" "¡Tú nunca intentaste vivir con mi esposa!" "¡Pero tus hijos no han nacido con rebeldía espiritual natural!"

En toda relación existen obstáculos que parecen tan grandes que nos hacen perder la esperanza de poder superarlos para lograr unidad e intimidad. Y sin embargo, en esa última sección del libro *verás que aun los problemas a los cuales nos enfrentamos no hacen otra cosa sino beneficiarnos.* E inclusive pueden proporcionarnos una consistente fuente de profundo amor y sensibilidad para legar a los demás.

En este libro he tenido la oportunidad de escribir y recopilar los conceptos principales que el Dr. John Trent y yo compartimos en nuestros seminarios acerca del matrimonio y de las relaciones interpersonales. Nosotros solamente podemos realizar de ocho a diez seminarios de "El amor es una decisión" por año, pero proveyendo la información de esta manera, espero darles una clara visión de lo que enseñamos.

Nos sobrecoge la idea de que el siglo veintiuno está casi encima de nosotros. Y es lamentable que teniendo un nuevo siglo a las puertas, la mayoría de nosotros no tengamos un plan para la semana próxima, y mucho menos para el siglo entrante.

Espero que no sea así en tu caso. Confío en que te esfuerces por aprender y practicar un plan, cualquier plan, que esté basado en las Escrituras y cimentado en el amor de Dios. Si utilizas este libro como guía, ruego a Dios que sea uno de los libros más prácticos que hayas leído. Y también espero que una vez que lo hayas leído, tanto tú como tus seres queridos, nunca vuelvan a ser los mismos.

Mi sincera oración es que al pasar tiempo en las páginas de este libro, te enamores más profundamente de Dios y de su Palabra. Como consecuencia, espero que el amar más profundamente a Dios y a su Palabra te dé las herramientas prácticas para construir un reflejo del amor de Dios para tu familia. Este proceso constructivo empieza en el Capítulo 2, en el cual descubriremos que todas las relaciones comienzan con un elemento esencial para lograr una vida plena.

2

El honor: La base de toda relación saludable

Es invierno y sopla un viento helado. De una pequeña casita blanca de dos pisos sale humo de la chimenea, y en el aire helado de la noche se la ve cálida y acogedora. En realidad, si uno se acercara y observara a través de la ventana de la cocina, vería una escena que traería reminiscencias de una pintura de Norman Rockwell.

Allí dentro están el padre, la madre y sus cinco hijos, sentados alrededor de la mesa, cenando. Al igual que el fulgor de los leños encendidos en la chimenea, la escena otorga la ilusión de calidez emocional. Pero si te quedaras un momento observando, verías que las apariencias engañan, porque en el interior de esa casa existe un frío emocional que penetra los huesos como el helado viento polar.

Esa ilusión comienza a desaparecer cuando el padre, con el dorso de su mano, golpea en el brazo a uno de sus hijos adolescentes. El muchacho le habla rudamente, y ambos comienzan la pelea de gritos de la noche. El resto de los hijos se une con un coro de gritos, algunos enojados, otros burlándose.

Es decir, todos menos el más chico . . . el niño que se encuentra sentado frente a su padre. Abre los ojos desmesuradamente mientras el corazón le late con fuerza. Observa todo lo que sucede alrededor de la mesa, y se pregunta por qué su madre está tan triste. ¡Cómo desearía que las cosas fueran diferentes esa noche!

Pero en esa casa, las cosas son siempre así. Las contestaciones son rudas, las miradas amenazadoras y la ira desenfrenada. En la mayoría de los hogares existen momentos buenos y momentos malos; pero para ese niño existe una sola clase de momento cuando se encuentra su padre. Lo único que ha visto ha sido a su padre golpear duramente y con furia a sus hermanos mayores. Nunca ha visto a su padre besar a su madre ni tampoco nunca lo ha besado a él.

Antes de retirarnos de esa ventana vemos al padre saltando de su silla y arrojando disgustado la servilleta sobre el plato.

—¡Nadie me respeta aquí! —vocifera—. ¡Me voy!

—¡Sí, eso es! ¡Vete de aquí! —contestan gritando los hijos, riéndose y burlándose de su padre mientras éste sale a grandes zancadas de la habitación.

Pero para el niño, ésta ha sido otra noche de conflicto y confrontación en la mesa, y otro doloroso recuerdo para guardar en su alma . . . recuerdo que sigue siendo tan vívido hoy como hace cuarenta años. . . .

Espero que esta historia no te traiga recuerdos dolorosos de un hogar conflictivo, pero a mí sí me los trae. Porque aquel niño que contemplaba con ojos muy abiertos lo que sucedía en la mesa de la cocina, absorbiendo todos los mensajes negativos con respecto a las relaciones familiares, era yo.

A través de los años, he pensado muchas veces en lo que sucedía en mi hogar cuando yo era pequeño. Aun siendo niño, sabía que algo andaba mal. Parecía que siempre faltaba algo que nos hacía sentir extraños; siempre juntos, pero separados para siempre. Sin embargo, por años no tenía idea de qué era lo que faltaba.

¿Alguna vez has tratado de pensar en cuál es el ingrediente que falta en tus relaciones? ¿Alguna vez te has sentido tan herido como para levantar los brazos en desesperación? ¿Alguna vez has mirado la unidad familiar o marital como caramelos que se encuentran dentro de una máquina de dulces que no funciona, gastando moneda, tras moneda, tras moneda, sin poder lograr la intimidad que tanto deseas?

Unete al club. La mayoría de nosotros, inclusive aquellos que disfrutamos de hogares amorosos y de matrimonios felices, hemos experimentado momentos en los que las relaciones más importantes resultaban difíciles, tirantes, o casi imposibles de sobrellevar. ¿Por qué sucede que la intimidad que deseamos, tan a menudo parece estar fuera de nuestro alcance?

A veces, algunos de nosotros nos hemos sentido como John y Kay Hammer, el matrimonio de que te hablé en el Capítulo 1. Pensamos que la respuesta a todos nuestros problemas familiares está al alcance de la mano, que tal vez nos esté mirando a los ojos, se encuentre sentada frente a nosotros o inclusive duerma a nuestro lado. ¡Si tan siquiera "ese hijo, ese esposo o esa esposa" cambiara y comenzara a satisfacer algunas de nuestras expectativas, finalmente nuestra vida familiar sería como debe ser!

UN ERROR MUY ANTIGUO

Muy fácilmente podemos entusiasmarnos con el cambio que la *otra* persona debe realizar. Por muchos años yo fui como un esposo del cual escuché hace algún tiempo. En su tiempo devocional estaba leyendo Proverbios 31, lugar en el cual la Biblia nos habla de una esposa prácticamente perfecta. En el curso de un día normal, esta mujer, que está muy lejos de ser una mujer promedio, compra y vende tierras, alimenta a los pobres, prepara suculentas comidas para todo su hogar, cose a mano las ropas de sus hijos, y por poco llega a la cima de un alto edificio de un solo salto.

Cuanto más lee ese hombre acerca de esa santa mujer y descubre que más virtudes se apilan sobre ella, más frustrado se siente con respecto a su propia esposa. Finalmente, cuando sus emociones están por llegar al punto de ebullición, toma su Biblia (asegurándose de tener el dedo sobre esos versículos), y arremete para encontrar a la "fuente" de todos sus problemas.

La encuentra sentada a la mesa de la cocina. Coloca la Biblia delante de sí y señala repetidas veces los versículos que ha estado leyendo en Proverbios mientras habla.

—Querida, ¿conoces esta parte de la Biblia? —la forma en que lo dice suena más a amenaza que a pregunta.

Ella le echa una mirada ligera a la Biblia abierta reconociendo el pasaje.

—Sí —contesta—, conozco ese pasaje.

Luego de esperar, sintiendo que no ha obtenido la respuesta que esperaba, el hombre continúa: —Mira, yo sé que deseas ser una mujer piadosa, y si hubieras leído este pasaje. . . .

Levantando una ceja, ella repite con más firmeza: —Escucha, *conozco* ese pasaje.

Luego, poniéndose muy derecho y mirándola desde arriba, él

le dice: —Si *conoces* este pasaje, ¿por qué no te levantas por la mañana y me preparas un desayuno caliente?

—Querido —le dice ella—, si quieres un desayuno caliente, ¡ponle un fósforo a tu cereal!

Para la mayoría de la gente, esta pareja se encontraría dentro de la categoría de relaciones "muy tirantes". Sin embargo, la historia señala un problema que existe en muchos hogares. Durante años me parecía que si tan sólo mi esposa Norma cambiara, todos los problemas de nuestra relación desaparecerían. Y durante todo ese tiempo, Norma sentía exactamente lo mismo que yo, con una excepción. Ella deseaba que yo cambiara pensando que de esta manera por fin alcanzaríamos la intimidad matrimonial.

Pero algo curioso sucedió mientras intentábamos cambiarnos el uno al otro. Cuanto más presionaba a Norma para que cambiara y cuanto más me presionaba ella a mí, ninguno de los dos cedía ni un centímetro. Y nuestra relación no se modificaba en absoluto. Por muchas razones que veremos más adelante, cuando todos nuestros esfuerzos están destinados a cambiar a la otra persona, cosechamos los peores resultados de esa relación.

Es como aquella esposa que notó que frente a su casa se habían mudado nuevos vecinos. Todas las noches, espiaba a través de las cortina y observaba cuando el marido regresaba del trabajo.

No podía dejar de notar que casi siempre este hombre le traía flores o algún regalo a su esposa. Ella corría a recibirlo mientras él bajaba del auto, y entonces el esposo le daba el obsequio. Se besaban y entraban abrazados a su casa.

Una noche, después de observar durante semanas esa misma efusiva escena, aquella pobre mujer llegó finalmente al límite. En cuanto su esposo hubo entrado en la casa, le dijo: —¿Te has dado cuenta de que tenemos nuevos vecinos?

Mientras dejaba el portafolios en el suelo y se echaba sobre el sillón en frente al televisor, él contestó: —Sí, me he dado cuenta de que tenemos nuevos vecinos.

—Pero, ¿te has dado cuenta de lo que hacen todas las noches?

—No, querida —contestó el esposo—, no me he dado cuenta.

Entonces ella continuó: —Todas las noches, cuando él regresa a la casa, le da un beso, la abraza y casi siempre le trae un regalo especial. ¿Por qué tú nunca haces eso?

Su esposo la mira confundido y le dice: —Querida, no puedo hacer eso. ¡Yo no conozco a esa mujer!

Esta antigua táctica de tratar de cambiar al cónyuge, a un

amigo o a un hijo, puede ganar algunas escaramuzas, pero nunca gana la guerra de las expectativas insatisfechas. Sin embargo, ésa fue la principal forma en que intenté mejorar mi matrimonio durante varios años.

Ahora, cuando miro hacia atrás, lamento profundamente no haberme dado cuenta de lo infructífero que era ese enfoque. Causa muchos más problemas de los que resuelve (para nombrar sólo dos puedo mencionar la dependencia insana y el creciente egoísmo). Obliga a los esposos a competir entre sí en lugar de complementarse. Muchas veces he pensado que me gustaría volver a vivir esos años.

Si hubiera sido más sabio, Norma y yo nos hubiéramos evitado muchas discusiones dolorosas e innecesarias. Si tan sólo me hubiera dado cuenta de que Dios tiene un plan para las relaciones familiares, y un plan personal para cada uno de nosotros, hubiera dejado de forzar cambios y hubiera comenzado a buscar la sabiduría divina para la familia.

EL CONOCIMIENTO Y LAS HABILIDADES NECESARIAS PARA UNA BUENA RELACION

La Biblia contiene el único programa detallado de acción para lograr relaciones exitosas, tanto con Dios como con los demás. Sin embargo, durante años, yo miraba los programas equivocados. Como esposo, basaba la mayor parte de mis acciones en modelos familiares nocivos sacados de mi pasado. En cambio, debería haber mirado el plan inconmovible de Dios para la familia, con el cual los resultados hubieran sido mucho menos frustrantes y mucho más satisfactorios.

A través de los años, al hablar con miles de parejas aconsejándolas, descubrí que no era el único que había llegado al matrimonio sin el conocimiento adecuado y sin las habilidades necesarias para alimentar una relación que debe mejorar. La verdad es que la mayoría de las parejas dedican más de doscientas horas para prepararse para la ceremonia de casamiento, y menos de tres horas para escuchar consejos o para adquirir algún tipo de preparación para la vida matrimonial.

¡Es más fácil obtener una libreta de matrimonio que una licencia para conducir! Y, sin embargo, las estadísticas nos muestran una y otra vez que aunque sea una pequeña dosis de adiestramiento antes del casamiento, puede afectar positivamente el desarrollo de la vida matrimonial.

Al hablar con cientos de parejas he descubierto que mi preparación premarital no fue muy diferente que la de la mayoría de ellas. Consistió en una entrevista con el pastor que me hizo dos preguntas:

—Gary —me preguntó—, ¿amas a Norma?

—Bueno . . . sí —le dije.

Norma se encontraba sentada a mi lado, ¿qué otra cosa podía decir? Pero ahora me doy cuenta de que no comprendía cabalmente lo que significaba amarla como dicen las Escrituras.

Luego el pastor me hizo una segunda pregunta: —Gary, ¿darías tu vida por ella?

Nuevamente dije que sí, pensando que me estaba preguntando si sería capaz de arrojarme debajo de un camión frente a ella o de ponerme delante de ella para recibir el disparo que iba dirigido a ella.

Lo cierto es que cuando me casé con Norma conocía las palabras adecuadas, pero no conocía las respuestas adecuadas. Yo no tenía un plan para seguir, y luego de casarme con una mujer brillante, entusiasta y santa, en cinco años de aplicar la información incorrecta quité todo el brillo de su vida.

Al poco tiempo de casarnos pude ver que había algo que no andaba bien, por lo tanto decidí probar algunos remedios rápidos. Como ya lo mencioné, probé la táctica "si tan sólo cambiaras", e inclusive recurrí al método de los sermones enseñándole lo que las Escrituras decían en cuanto a cómo debía ser una buena esposa. Nunca utilicé métodos audiovisuales, pero si hubiera pensado en ellos los hubiera usado. Muchas noches, el 99 por ciento de las conversaciones a la hora de la cena eran verdaderas conferencias que tenían como objetivo mostrarle a Norma lo que la Biblia decía que ella *debía* hacer para que "nosotros" fuéramos felices.

Durante todo ese tiempo, por conveniencia, pasé por alto las sabias palabras de las Escrituras con respecto al esposo, probablemente porque nunca me había puesto a considerar seriamente los conceptos que se encontraban detrás de las palabras. Y para peor, sin darme cuenta, cubría mi propia debilidad y mis sentimientos de incapacidad señalándole los de ella.

LA MUERTE DE UN SUEÑO . . . EL NACIMIENTO DEL VERDADERO AMOR

Norma seguía esperando que algún día yo me diera cuenta de cómo eran las cosas, pero yo continuaba como siempre. A medida que vio cómo se escapaban sus sueños de tener una vida familiar cálida y satisfactoria, se resignó a un matrimonio que nunca podría colmar sus expectativas.

Luego de cinco años de observar cómo nuestra relación se tornaba cada vez más tensa, volví a casa una noche, entré a la cocina y saludé a Norma con el habitual.

—Hola, ya llegué —le dije, pero como ella no me respondió, le pregunté—: ¿Sucede algo?

Por el aspecto de su rostro y por las expresiones mudas me di cuenta de que no hacía falta preguntar. Era evidente que sucedía algo "malo".

Repentinamente me sentí muy cansado. Durante años había estado luchando con mi conciencia y había derrochado una indecible cantidad de energía tratando de aparentar armonía delante de las personas de la iglesia. Allí enseñaba acerca de las relaciones familiares y aconsejaba a las personas cada semana, pero en mi propio matrimonio me sentía un fracaso. Después de aparentar durante años, yo sabía que no necesitaba alguña artimaña rápida para llegar al corazón de mi esposa. Necesitaba la clase de transplante de corazón que solamente Dios puede hacer. Por lo tanto, la rodeé cariñosamente con mi brazo y le pregunté: —Norma, ¿qué es lo que *tú* ves mal en nuestra relación?

—Ah no, esta vez no —dijo Norma alejándose de mí mientras se le llenaban los ojos de lágrimas—. No lograrás que te diga lo que siento para después darme una conferencia con respecto a las cosas que yo estoy haciendo mal.

—Mi amor —le dije, tratando de ser lo más suave posible—. Me doy cuenta de lo mal que te has sentido y lo siento mucho, mucho, pero ¿podrías decírmelo una vez más? Te prometo que esta vez no habrá sermones.

Con renuencia, Norma compartió conmigo las preocupaciones que habían cargado su corazón, y aunque debería ser la centésima vez que me lo decía, yo nunca lo había escuchado en la forma en que me lo explicó aquel día. Yo ni me imaginaba que esa conversación se convertiría en uno de los momentos más traumáticos, pero a la vez más significativos de nuestra vida.

Norma dijo varias cosas importantes aquella tarde, pero nunca olvidaré una de ellas en particular. Ahora comprendo que el problema que ella me planteó aquella tarde es una de las razones más comunes por la que muchas familias y muchos matrimonios luchan durante años para encontrar una relación saludable y significativa. Y sin embargo, nunca parecen alcanzarla. Ella me dijo:

"Gary, me parece que cualquier cosa en el mundo es mucho más importante para ti que yo. . . ."

Continuó: "Me parece que todos los partidos de fútbol que miras por televisión son mucho más importantes que yo, los diarios, tus pasatiempos, tu trabajo de asesoramiento en la iglesia. Gary, puedo pasar horas trabajando en la cocina, y tú no eres capaz de decir una palabra. Inclusive puedo dejar a los niños con una niñera y preparar para ti una cena a la luz de las velas, y si suena el teléfono tú dices: 'No, no estoy haciendo nada importante, sólo estoy cenando. Por cierto, estaré allí en un momento.' Luego te vas, pidiéndome que te deje algo caliente en el horno.

"No estoy diciendo que tu trabajo de asesoramiento no sea importante, pero muchas de esas parejas con las cuales tú hablas, han luchado por *años* con sus problemas. Si dedicas una noche para estar con tu esposa a ellos no les va a molestar, ¡pero a nosotros nos está matando!

"Es como si yo no te importara, pero la otra gente sí te importa. En realidad, algunas veces me parece que eres mucho más amable con los extraños que conmigo. Puedes decirme las cosas más desagradables a mí, pero nunca se las dices a ninguna otra persona, especialmente a las personas de la iglesia. . . .

Ella prosiguió, pero puedes darte cuenta de cuál era la médula del problema, al igual que me di cuenta yo ese día. Aunque éste había sido un mensaje que continuamente había dado vueltas por la casa, yo lo estaba escuchando claramente por *primera* vez.

Antes de hablar con Norma, yo nunca me hubiera puesto en pie delante de un grupo de personas para decir que mi tarea de aconsejamiento o los deportes que miraba en televisión eran más importantes que mi esposa. Pero sin darme cuenta, eso era exactamente lo que le estaba comunicando a ella.

Ignoraba que durante cinco años de matrimonio, yo también había estado violando un concepto bíblico crucial que se encuentra en el corazón de cualquier relación interpersonal saludable. Cada vez que lo ignoraba, estaba cerrando la puerta a la clase de hogar y de familia que deseaba tener.

¿Cuál es ese principio bíblico que ignoré por años, y que como resultado debilitó mi matrimonio? Es un principio sencillo pero a la vez increíblemente poderoso, y viene envuelto en una sola palabra: "honor."

EL HONOR ES LA BASE DE TODA RELACION SALUDABLE

Sin duda alguna, el concepto del honor es el principio más importante que conocemos para construir relaciones saludables. Es importante que el esposo y la esposa comiencen a aplicarlo el uno para con el otro. Y que los hijos lo apliquen para con sus padres, y que los padres lo apliquen para con sus hijos. También resulta en la relación entre amigos. Cuando dejamos que el "honor" reine, los resultados pueden ser dramáticos y producir cambios para toda la vida.

El honor no solamente es la base de todas nuestras relaciones terrenales, sino que también es la esencia de nuestra relación con Dios (ver Mateo 6:19-21, 33). Sin embargo, sabemos tan poco acerca de esto, que parecería que hubiera un complot para ocultarlo y mantenerlo secreto. Para darte una idea de lo que significa este crucial concepto, veamos rápidamente lo que significa la palabra "honor" en las Escrituras.

En los tiempos bíblicos, la palabra "honor" llevaba en sí misma un significado literal que se fue perdiendo en las traducciones a través del tiempo. Para un griego que vivía en los tiempos de Jesús, la palabra "honor" le traía a la mente algo "de peso". El oro, por ejemplo, era la perfecta representación de una cosa que tuviera "honor", porque era algo pesado y valioso al mismo tiempo.

Para aquellos griegos, la palabra "deshonor" también traía a la mente una imagen. La palabra que se utiliza para "deshonor" en realidad significa "niebla" o "vapor". ¿Por qué? Porque la cosa más ligera e insignificante en la que podían pensar los griegos era el vapor que salía de una taza de agua hirviendo o que empañaba un espejo un día de invierno.

Cuando honramos a una persona en particular estamos diciendo que en efecto lo que esa persona es y lo que dice, tiene mucho peso para nosotros. A nuestros ojos tiene un tremendo valor. Exactamente lo contrario sucede cuando la deshonramos. En efecto, mediante nuestras afirmaciones o mediante nuestros actos estamos diciendo que sus palabras o acciones tienen poco valor o "peso" para nosotros.

Cuando el apóstol Pablo instó a los corintios a arrepentirse de sus vidas inmorales y a renovar su amor por Cristo les dijo: "Porque habéis sido comprados por precio [literalmente, con 'honor']; glorificad [honrad], pues, a Dios en vuestro cuerpo y en vuestro espíritu, los cuales son de Dios" (1 Corintios 6:20).

Todos los ángeles del cielo y todos los que hemos sido

llamados a participar del coro celestial un día cantaremos: "El Cordero que fue inmolado es digno de tomar el poder . . . la sabiduría . . . la *honra,* la gloria y la alabanza" (Apocalipsis 5:12). En estos dos versículos, honrar a Dios significa reconocer que nada en la tierra o en el cielo es tan valioso o tan significativo como El.

Pero, ¿de qué manera específica se aplica el concepto del honor a la relación matrimonial?

COMO PRACTICAR EL HONOR EN TU HOGAR

Uno de los mandamientos más poderosos de toda la Biblia dado a los esposos es: "Vosotros, maridos, igualmente, vivid con ellas sabiamente, dando *honor* a la mujer como a vaso más frágil, y como a coherederas de la gracia de la vida, para que vuestras oraciones no tengan estorbo" (1 Pedro 3:7).

En 1 Pedro 3:1, 2 el apóstol expresa la misma idea con respecto a la relación de la esposa con el esposo. ¿Deseas motivar espiritualmente a tu esposo? El apóstol dice que una esposa debe usar la poderosa herramienta del "honor" teniendo para con su esposo una conducta casta y respetuosa (o que da honra). Finalmente, un versículo que también nos habla de la mutua necesidad de honrarnos en nuestro hogar o en cualquier otra relación es Romanos 12:10. Claramente afirma: "Amaos los unos a los otros con amor fraternal; en cuanto a honra, prefiriéndoos los unos a los otros."

Cuando me enfrenté cara a cara con el concepto del "honor" en mi hogar, repentinamente comprendí por qué una gran parte de mi vida de oración tenía obstáculos. Cuando se trataba de Norma, la persona que desde una perspectiva humana debía recibir el "valor más alto" que pudiera dar, yo ponía cien cosas antes que ella. Para mí, los proyectos del trabajo eran más importantes que mi compañera, y aunque me avergüenza reconocerlo, en incontables ocasiones una expedición a la montaña, una pequeña pelota de golf, numerosas reuniones de la iglesia, los amigos cercanos y los conocidos, y todo lo que fuera "interesante" en la televisión, ocupaban el lugar de honor que debería haber estado reservado para Norma.

Si alguien me hubiera detenido por la calle o en la iglesia y me hubiera preguntado si amaba a mi esposa, sin dudar un instante, yo hubiera respondido enfáticamente que sí. El problema era que tú nunca hubieras dicho que yo amaba a Norma por el lugar (la prioridad que yo le daba a ella en mi vida) de honor que ocupaba en comparación con otras cien cosas "importantes" para mí.

Por lo tanto allí mismo, sentado a la mesa en nuestra cocina, prometí cambiar. No me daba cuenta de todo lo que implicaba lo que estaba haciendo, pero tenía la profunda sensación de que las cosas en la casa de la familia Smalley nunca volverían a ser las mismas. Y eso fue lo que sucedió.

En primer lugar, fui solo delante de mi Padre celestial y le pedí perdón por mi increíble egoísmo. Me di cuenta de que en oportunidades muchas cosas, aun cosas buenas como el ministerio, habían tenido más "peso" para mí que mi relación con el Señor. Eso tendría que cambiar. Yo sabía que el primer paso para darle honor a mi esposa era darle a Dios el lugar de honor que le correspondía solamente a El en mi vida.

Me costaba admitirlo, pero estaba dándome cuenta de que no tenía una idea correcta de lo que era el honor en mi vida. En ese momento, algo interesante sucedió. Casi inmediatamente noté que me resultaba más fácil orar y leer las Escrituras.

Como tantas cosas de este mundo se encontraban antes que el tiempo que pasaba meditando en la Palabra de Dios, en los primeros tiempos de mi matrimonio no leía la Biblia ni oraba como debía. Por lo tanto, no estaba obedeciendo el mandamiento de las Escrituras de darle "honor" a mi esposa. Hoy en día, como consecuencia de mi decisión de darle a Dios el primer lugar en mi vida, y mi compromiso de darle a Norma el "honor" que merece, una de las cosas que hago con más naturalidad en el curso del día es pasar tiempo meditando en la Palabra. En otro capítulo más adelante tomaremos tiempo para dedicarle a este importante tema.

Sin embargo, en la medida en que captaba el concepto de honor en mi relación con mi Padre celestial, al igual que Pedro, no pude quedarme en lo alto de la montaña. Era hora de bajar humildemente al valle a pedirle a Norma que me perdonara por la manera en que la había tratado.

"Mi amor", le dije, "yo sé que los dos deseamos darle a Dios el primer lugar en nuestra vida. Pero desde una perspectiva humana, deseo que tú estés por encima de cualquier otra cosa o de cualquier otra persona en mi vida."

CUANDO LA VERDAD NECESITA UN HISTORIAL

Hablar con Norma fue una experiencia muy traumática para mí, pero con el tiempo vería que fue uno de los momentos más importantes tanto de mi vida como de nuestro matrimonio. Pero hubo un problema. Norma no me creyó aquel día.

Yo sabía que me había enfrentado cara a cara con la Palabra de Dios, y que como resultado mi vida sería diferente, pero ella simplemente pensó que eran palabras vanas. Por lo tanto, no muy convencida dijo: "Sí, está bien", como respuesta a mi voto de honrarla, y se levantó de la mesa para continuar preparando la cena.

No era que a Norma le faltara fe en Dios o en su Palabra. Desde el primer momento en que la conocí, hace casi veintinueve años hasta hoy, siempre me ha bendecido su profunda fe en Dios y su compromiso con Cristo. Ella tenía fe en Dios, pero no en su esposo. Ella necesitaba el historial de un esposo que la honrara, y hasta ese momento no existía nada por el estilo.

Debo admitir que en aquel momento yo no sabía con exactitud lo que significaba poner en práctica el concepto del honor en nuestra familia, pero sabía lo suficiente como para darme cuenta de que el honor debía ser una decisión de cada día y a veces de cada hora. Y yo había tomado esa decisión. No pensaba continuar sometiendo a Norma a una dieta totalmente carente de alabanza con tres comidas de crítica y de expectativas irreales. Iba a alimentarla consistentemente con una nutrida dieta de valoración en nuestro hogar.

"Norma", le dije, "sé que tienes razón para dudar de lo que te estoy diciendo, pero realmente pienso cambiar. Nunca antes lo comprendí, y quiero pedirte que me perdones por hacerte pensar que todo lo que hago es más importante que tú. La forma en que actué en el pasado no refleja lo que pienso."

Nuestra conversación vespertina concluyó, y ella no se encontraba deslumbrada por mi promesa. En realidad, después de los cinco años en los que había vivido con el "viejo Gary", le llevó casi dos años enteros de continuos actos de honor para finalmente poder creer que verdaderamente existía el "nuevo Gary".

Norma nunca ha dejado de perdonarme cuando se lo he pedido, y aquel día me perdonó, pero tenía razón de preguntarse si yo cumpliría mis promesas. Durante tanto tiempo había ocupado el quinto o sexto lugar de prioridades en mi vida, que era natural que se mostrara escéptica. Le costaba creer que finalmente la trasladaría a la primera fila.

Si hoy te decides a aumentar el honor que les das a los miembros en tu hogar, no te desanimes si tu esposo o esposa no da saltos hasta mañana o hasta el mes próximo. Recuerda que tu cónyuge ha estado observando tus acciones por largo tiempo y tiene un registro de todas esas acciones en su memoria. Si tu historial no ha sido nada espectacular, como en mi caso, las cicatrices emocionales que se han formado es probable que actúen por varios meses como callos frente a tus promesas. Caras bonitas que prometen cosas pueden vender productos o automóviles, pero eso no resulta con el cónyuge, porque en este caso se necesitan tiempo y un historial que pruebe lo que decimos.

Si el honor es un huésped permanente en nuestros hogares, existe la esperanza de que restauremos nuestras relaciones con Dios y con nuestros seres queridos. Los sentimientos que se han desarrollado a través de los años no cambian de la noche a la mañana, pero la demostración de honor tiene el poder de ganar aun al corazón más duro. Esto es así si un esposo o una esposa ve que las acciones que dan seguridad se convierten en una parte integral del matrimonio.

PONGAMOS LAS RELACIONES EN EL ORDEN CORRECTO

En mi caso, aquella conversación con mi esposa en la mesa de la cocina me obligó a ordenar mi vida espiritual y familiar. En realidad, comencé a ordenar mi vida con prioridades que iban del cero al diez, asignándole cero a algo de muy poco valor, y diez a lo que tuviera máximo valor.

Ubiqué a Dios y mi relación con Cristo en el lugar número diez. Comencé a mirar diariamente mi vida espiritual y a preguntarme: "Del uno al diez, ¿dónde se encuentra mi vida espiritual con Cristo?" "¿Cuánto valoro su Palabra, la oración o el testificar?"

Luego ubiqué a Norma por encima de cualquier otra cosa en la tierra, en el lugar número nueve. Con esta relación también, a menudo me pregunto a mí mismo y le pregunto a Norma: "¿Estoy logrando que te sientas en el lugar que te corresponde, por encima de cualquiera de mis pasatiempos, de mis amigos o de mis deportes favoritos? ¿Qué puedo hacer para que sigas creyendo que te asigno un alto valor?"

¿Qué sucede en cuanto a ti? Si tuvieras que calificar la relación de honor que existe en tu matrimonio ahora mismo, ¿en qué lugar la situarías? ¿Adónde crees que la situaría tu cónyuge? ¿Se lo has preguntado últimamente?

Probablemente estés tan convencido como yo de que debemos darle a Dios el honor que El merece en primer lugar y, que luego, debemos hacer del honor un asunto inflexible en nuestro hogar.

Pero tal vez todavía tengas preguntas en cuanto a cómo honrar a aquellos que amas de una manera práctica.

Bajemos al honor de las nubes de la teoría y traigámoslo al nivel en que vivimos. Permíteme compartir contigo tres maneras bíblicas de honrar a los demás y apliquémoslas a nuestro hogar. Cada una de ellas ha sido probada en mi hogar y en miles de personas que han asistido a los seminarios. Todo comienza practicando el principio del "ah-h-h-h-h" regularmente.

TRES MANERAS DE HONRAR A NUESTROS SERES QUERIDOS

1. *El principio del "ah-h-h-h-h"*

Como ya lo he destacado, las relaciones más satisfactorias en la vida comienzan con el honor. Por cierto, la Biblia dice que el "temor" del Señor, es decir el honor y el respeto que le damos, es el principio de la sabiduría.

El temor del Señor es algo que nos inspira reverencia. En el caso de Moisés lo sintió cuando se encontraba frente a la zarza ardiente (Exodo 3). El profeta Elías lo sintió mientras escuchaba el silbo apacible y delicado al pasar la gloria de Dios (1 Reyes 19). Y Pedro, el pescador, lo sintió mientras observaba cómo Cristo calmaba el mar embravecido con dos palabras (Marcos 4:39). En cada uno de estos casos, estar en la presencia de Dios produjo reverencia y temor.

Por cierto, el temor del Señor es sentir tanto asombro que uno se queda boquiabierto y conteniendo la respiración exhala un "ah-h-h-h-h". Es una exclamación de reverencia mezclada con un poco de asombro.

En resumen, el honor es un reflejo del corazón hacia aquel a quien atesoramos profundamente. Es la convicción de que estamos en la presencia de alguien muy valioso que nos inspira tanta admiración que la expresamos con un "ah-h-h-h". También es importante que nos demos cuenta de que esta actitud que cambia nuestra vida no comienza con un sentimiento, es una *decisión,* y los *sentimientos* de "asombro" eventualmente siguen.

Piénsalo de esta manera. Supongamos que eres una ama de casa que durante el invierno se ha tomado un bien merecido descanso del trabajo de la casa. Ahora es primavera y decides volver a poner la casa en orden.

Entras en el cuarto de los elementos de limpieza y tomas una lata de cera para pisos y comienzas a limpiar el piso de parquet. Después de trabajar durante veinte minutos seguidos, suena el timbre de la puerta. Como ya habías pensado tomar un descanso, te levantas alegremente del suelo que has estado frotando y te diriges hacia la puerta.

Cuando abres y miras, te encuentras con que allí está el presidente de la nación en persona, custodiado por dos corpulentos guardaespaldas.

"Hola", dice el presidente. "Estaba caminando por el vecindario y pensé en detenerme aquí para preguntarle qué piensa con respecto a mi política exterior."

Parada allí mientras la esponja chorrea sobre tus zapatillas, ¿qué responderías? ¿Te puedes imaginar al presidente deteniéndose repentinamente en tu casa para hacerte algunas preguntas? Sin importar tu ideología política, la aparición del primer mandatario de la nación frente a tu puerta sería motivo suficiente como para dejarte sin respiración, y con una mezcla de reverencia y asombro. A esto llamamos responder con un "a-h-h-h".

Ahora bien, estoy de acuerdo en que tener al presidente delante de tu puerta hablando sobre política exterior no es una situación muy real, pero todos los días podemos ver ejemplos del principio del "ah-h-h-h-h" en acción.

¿Qué es lo que hacen los orientales cuando se encuentran con alguien importante o luego de firmar algún contrato? Se inclinan el uno frente al otro en señal de honor. El gesto significa que hay de por medio una decisión de que la persona es importante y que merece un respeto especial.

Algunas veces, cuando entro en mi casa veo a alguno de mis hijos sentado en el sillón mirando televisión. Para divertirnos, caigo sobre mis rodillas y digo: "¡Increíííííble! ¡Estoy en la misma habitación que Michael Smalley! No puedo creer que esté viviendo en la misma casa con alguien tan ah-h-h-h-h-sombroso como tú!"

Mis hijos generalmente responden: "Pa-a-api." Pero básicamente, ésa es la manera en la que practicas el principio del "ah-h-h-h" en cualquier relación interpersonal. Tú decides que la gente que te rodea, tu cónyuge, tus hijos, tus amigos y tus padres, son dignos de honor. Merecen una exclamación de "ah-h-h-h-h" regularmente.

¿Alguna vez te has preguntado por qué al perro se lo considera el mejor amigo del hombre? Como descubrirás en el Capítulo 5, es porque a los hombres, en particular, los motiva en extremo el principio del "ah-h-h-h".

Piensa en la manera en la que habitualmente un perro saluda

a su dueño. Ya sea que te hayas ausentado durante dos semanas o durante diez minutos, es probable que se revuelque por el piso demostrando la alegría que le produce verte. Sin palabras, los perros honran a sus dueños con dosis masivas de amor y entusiasmo. Por cierto, estoy seguro de que si el perro pudiera exclamar "¡a-h-h-h-h!" cuando te ve, ¡lo haría!

Probablemente ésa sea una de las razones por la cual a los hombres no les gustan los gatos. Tú puedes llamarlos, pero ellos simplemente te echan una mirada de desdén, como si dijeran: "¿Qué es lo que te hace pensar que eres lo suficientemente valioso como para que yo vaya corriendo hacia ti? *¡Yo soy el que merece los honores aquí!*"

En el libro de Proverbios, se nos dice que aun el acto más pequeño que implique un "ah-h-h-h-h" puede tener un efecto positivo en una relación. Allí leemos: "La luz de los ojos alegra el corazón . . ." (Proverbios 15:30).

¿Alguna vez has asistido a una fiesta sorpresa en honor de algún amigo especial, y has visto en sus ojos esa "luz" al verte? La luz de los ojos demuestra ese sentimiento que expresa que "soy realmente especial para ellos". ¿Y de dónde viene esa luz de los ojos? De un corazón que está mirando a alguien muy, muy importante, alguien que nos produce deleite al mirarle. Alguien a quien estamos honrando con un "ah-h-h-h".

2. *Recuerda que el principio del "ah-h-h-h" está en los ojos del que lo ofrece*

Cuando honramos a alguien, nosotros decidimos que esa persona es especial e importante. Bíblicamente (gracias a Dios), el honor no siempre fue algo que se tuviera que ganar. Muchas veces se otorgaba como un acto de gracia a alguien que no lo merecía.

Un ejemplo de esto se encuentra en el siguiente versículo: "Mas Dios muestra su amor para con nosotros, en que siendo aún pecadores, Cristo murió por nosotros" (Romanos 5:8). Tal como lo hizo el Señor, algunas veces debemos tomar la decisión de honrar a alguien sin importarnos cuáles sean nuestros sentimientos para con esa persona.

Es asombroso ver cómo la respuesta de un individuo hacia otro puede cambiar radicalmente una vez que se ha decidido que esa persona es verdaderamente valiosa. Esto se me hizo muy claro luego de lo que sucedió en un seminario especial que fue filmado para un programa de televisión.

Jim Shaughnessy es un gran amigo mío que ha estado en varios seminarios de "El amor es una decisión", y sabe que siempre dedicamos algún tiempo para enseñar a honrar a los que amamos. Sin que yo lo supiera, él preparó algo para ese seminario especial que arrancó de la multitud el "ah-h-h-h" más grande y natural que jamás había escuchado.

En la mayoría de nuestros seminarios utilizo un trozo de cristal brillante de unos siete centímetros, tallado como si fuera un diamante, para darle a la gente un ejemplo de lo que es el "honor". Generalmente comienzo preguntándole a la audiencia:

"¿Cuántos de ustedes creen que esta piedra tallada es un diamante de 100.000 dólares?" En toda la audiencia se escuchan risitas mientras las personas miran el cristal. Por lo general, tengo que pedirle por lo menos a una persona que levante la mano para poder continuar con mi ilustración.

La gente tiene toda la razón del mundo de reírse cuando me escucha decir que ese pedazo de cristal vale 100.000 dólares. Después de todo, probablemente no valga más de sesenta dólares en cualquier negocio del país, pero en lo que a mí concierne, no pienso separarme de él por un centavo menos de 100.000 dólares. *Nosotros somos los que le otorgamos valor a algo.* Y mi amigo me ayudó a ilustrar esto de una manera como yo nunca hubiera soñado.

Jim posee un antiguo violín Stradivarius. Sólo para esa presentación en televisión, lo sacó a pasear ¡con su propia guardia de seguridad! Cuando comencé a hablar acerca del honor en el seminario, saqué lo que parecía ser nada más que un viejo violín sin cuerdas.

"Este violín tiene un valor de 65.000 dólares", dije. A juzgar por las sonrisas de la gente y por la forma en la que meneaban la cabeza, pude ver que me creían tanto como cuando les mostré mi "diamante" de 100.000 dólares. Por cierto, al mostrar el violín no se escuchó ni un solo "ah-h-h-h" de asombro en toda la multitud. Después de todo, podían ver con sus propios ojos que era un violín viejo. Particularmente aquellos que estaban sentados cerca de la plataforma podían ver que ni siquiera tenía cuerdas.

Pero mientras les hablaba de lo que significaba dar honor, les conté algo más acerca de lo que sostenía en mis manos. Después de todo, en todo el mundo quedan solamente unos 600 violines de éstos, y cuando lo incliné para leer la inscripción que se encontraba en el interior, y luego mencioné la palabra "Stradivarius", el efecto fue increíble.

En toda la multitud se escuchó un colectivo "ah-h-h-h" espontáneo. Unos pocos minutos antes no era más que un viejo violín que no merecía ningún tipo de honor especial, pero al adosarle esa sola palabra "Stradivarius", repentinamente todos le concedieron un lugar de honor en aquel salón (especialmente yo que temía que se me cayera de las manos).

Recuerda, las personas son quienes deciden que algo es de mucho valor. ¿Acaso un automóvil Chevrolet se detiene al lado de un Mercedes en un semáforo y lo mira con envidia, deseando ser un Mercedes? Claro que no. ¿Piensas que la plata no puede dormir de noche porque no es tan valiosa como el oro? No le preocupa en absoluto. *Nosotros* somos los que le asignamos valor a una cosa o a una persona.

Hace algunos años, alguien tuvo una gran idea. Decidió tomar todos los muebles viejos que se encontraban en los desvanes de las casas y llamarlos "antigüedades". Instantáneamente, las personas hicieron filas para pagar precios exorbitantes por todas esas cosas viejas. Luego, después de pagar unas cifras de dinero enormes, la gente se los lleva a sus casas y tienen que gastar incontables horas y más dinero para acondicionarlos.

¿Qué fue lo que hizo que estos viejos muebles parecieran antigüedades? El valor que tenían subió repentinamente, y esto fue por una sola razón, nosotros habíamos decidido que eran más valiosos para nosotros. Yo estaba consciente de que este concepto se aplica en todos los aspectos de la vida, pero no lo estaba practicando en mi propia casa, el lugar más importante en el que el principio del "ah-h-h-h" debe echar raíces y crecer.

Supongamos que el esposo llega de noche a su casa y toda la familia sale a recibirlo a la puerta. En lugar de pasar corriendo por su lado para salir a jugar o mirar televisión, todos lo saludan a coro diciendo unánimes: "*¡Ah-h-h-h! ¡Miren quién llegó!*"

Luego, ante su asombro, la esposa y los niños desenrollan una alfombra roja para que entre a la casa y a medida que él camina, los niños arrojan pétalos de rosas a sus pies. Caminando delante de él, lo guían hasta su sillón favorito, le acomodan los pies, amorosamente le alcanzan el periódico y le pelan uvas.

¿Qué pensaría un esposo común si lo recibieran de esta manera? ¡Probablemente pensaría que se equivocó de casa! Las acciones para honrar a una persona no deben ser exageradas como las que acabo de describir, pero la actitud de honrar a los que nos rodean debe estar presente en nuestras relaciones y debe crecer y desarrollarse.

Me parece escuchar a alguien decirme: "¿Y qué sucede si alguien no *merece* nuestro honor? ¿Cómo puedo actuar con ellos de una manera que los honre si no están viviendo a la altura de mis expectativas?"

Si se trata de un esposo o de una esposa que hace esta pregunta acerca de la persona que prometió honrar, deberíamos preguntarle otra cosa: "¿Deseas que tu relación florezca en vez de marchitarse?" Si la respuesta es "que florezca", entonces no puedes evadir el tema de honrar a tu cónyuge.

Es probable que te preocupes pensando que si honras a un cónyuge que no lo merece, las cosas empeorarán en lugar de mejorar. O puedes preocuparte pensando que él o ella puede sacar ventaja utilizándote a causa de tu deseo de tratarle con respeto. Sin embargo, antes de reaccionar en contra de lo que estoy diciendo y cerrar el libro, por favor, trata de comprender cómo se entrelazan el amor y el honor.

Yo sé que Dios es el único ser en la vida que siempre es digno de honor, pero sin embargo, en su Palabra se nos dice que honremos a los demás, a todos los demás. Los hijos deben "honrar" a sus padres. El esposo debe honrar a su esposa y la esposa al esposo. En cuanto a honra, debemos preferirnos los unos a los otros.

Recuerda que el honor es una *actitud* por la cual decidimos que alquien es valioso.

No significa que absolvamos a la persona de todas sus faltas, ni que dejemos de ser honestos al reconocer qué clase de persona es. Permíteme darte un ejemplo.

Tengo un buen amigo cuyo padre es alcohólico. De hecho sé que este hombre "honra" a su padre orando por él, animándolo para que acepte a Cristo, e inclusive invitándole frecuentemente a su casa.

Pero "honrarle" no significa que le permita llevar de paseo en auto a su hija de tres años. Ni tampoco disuelve todos los límites saludables que deben existir en la relación entre ambos. En su casa no le permite ni maldecir, ni fumar, ni tomarles el pelo a los niños. Hay veces en las que el padre no está dispuesto a respetar las reglas, y entonces no va a la casa de mi amigo. Pero él sabe y lo ha admitido a pesar de sus quejas, que su hijo lo "honra" y también lo ama.

El "honor" no arroja perlas delante de los cerdos, pero tampoco significa que puedes tratar a una persona como a un cerdo hasta que llegue a satisfacer tus exigencias.

Si te encuentras en la situación de tener que "honrar" a una persona difícil, puedes profundizar en el tema leyendo varios libros que he escrito al respecto junto a John Trent, entre los que se encuentra "La Bendición".

Por favor, lee con mucho cuidado y atención lo que decimos en los Capítulos 13 y 14 del presente libro. El material de estos capítulos (recurriendo al poder de la Fuente del amor) te será de gran ayuda. Allí aprenderás sobre el secreto de disfrutar verdaderamente de la vida a pesar de las circunstancias difíciles. Los conceptos que se presentan son absolutamente cruciales para combatir el temor a: "¿Y si la persona no cambia?"

Ha habido momentos en los que no han sido mis "sentimientos" los que me motivaron para honrar a Norma, sino un acto de mi voluntad en obediencia al mandamiento de Dios. Y todas las veces, cuando puse el honor en el lugar que le correspondía, a continuación siguieron los sentimientos positivos y de amor.

¿Acaso es éste un truco sicológico destinado a manipularnos? De ninguna manera. Es en verdad un principio bíblico. En Mateo 6:21 Jesús dijo: "Porque donde esté vuestro tesoro, allí estará también vuestro corazón." En otras palabras, cuando se trata de nuestra vida espiritual, nuestros sentimientos se encuentran allí donde están aquellas cosas que atesoramos. Lo mismo sucede en mi relación con mi cónyuge. Si yo "atesoro" u honro a una persona, los sentimientos positivos y cálidos hacia ella comenzarán a surgir como consecuencia.

Comprendo que no siempre es fácil mantener nuestros pensamientos y sentimientos en el nivel de la "honra". Como esposa, puedes comenzar a enumerar las pequeñas cosas que hace tu esposo que te irritan. Allí está el cesto de desperdicios que él no saca a menos que se lo pidas diez veces, o las pisadas sucias sobre el piso que acabas de limpiar. Como esposo es probable que te sientas frustrado por los kilos de más de tu esposa, por la manera en que disciplina a los niños, o por la forma en que conduce el automóvil.

Pero si permitimos que una actitud de deshonra se desarrolle o se torne destructiva, estamos a un paso de incorporar un sentimiento negativo hacia esa *persona* en lugar de hacerlo hacia el hecho en sí. Cuando los hombres (o las mujeres) comienzan a deshonrar frecuentemente a su cónyuge (aunque sea en su mente) en unas pocas semanas perderán casi todos sus sentimientos amorosos.

Es entonces cuando comenzamos a escuchar los siguientes

comentarios: "¿Por qué lo elegí a éste?" O: "¡De todos los peces del mar, yo la ensarté a ésta!" Es entonces, también, cuando los pequeños actos que producen irritación (como apretar el tubo de pasta dentífrica por el medio), pueden terminar siendo "causas" para el divorcio.

Pero también es cierto lo contrario. Una y otra vez, cuando el honor comienza a echar raíces en tu hogar, en el lapso de unos pocos días o semanas, tus sentimientos comienzan a cambiar. Tu esposo puede parecer un viejo violín, pero cuando comienzas a tratarlo como si fuera un Stradivarius, tu mundo y el suyo pueden cambiar favorablemente.

Existe una tercera manera de practicar el honor en el hogar. Debemos concentrar nuestros esfuerzos en desterrar de nuestra vida los actos que deshonren a otra persona, aun cuando sean actos pequeños.

3. Debemos proponernos no cometer acciones que deshonren a otra persona

Lleva tiempo conseguir que los actos de honor echen raíces en nuestra vida, y antes que esto suceda, todos somos capaces de comportarnos como yo lo hacía antes. Y ese tipo de comportamiento viola este principio crucial.

Como es típico de todos los niños pequeños, cada tanto necesitan una pequeña "motivación" para comportarse como deben. Los nuestros no fueron la excepción. Cuando era necesaria la disciplina, les daba un pequeño golpecito en la cabeza con el dedo mediano impulsándolo con el pulgar.

"Greg", le decía, dándole el toquecito en la cabeza, "¡apaga el televisor!" "Michael", toquecito, "deja de molestar al perro."

Una noche estábamos en un restaurante, y los niños se estaban portando mal. Como siempre, me estiré sobre la mesa y le di el toquecito en la cabeza a mi hija para que dejara de molestar a su hermano.

—Gary —me dijo Norma, en un tono de voz muy frío—, estamos en un restaurante. ¿Es éste un lugar apropiado para que disciplines así a tu hija?

Su reacción me sorprendió. Después de todo, esa costumbre se había convertido en un hábito, por lo tanto, nunca me había detenido a pensar que los deshonraba, así que me dirigí a mi hija y le pregunté: —Kari, ¿cómo te sientes cuando te doy esos toquecitos?

—Papi, no me gusta que lo hagas.

Sin que nadie les pidiera su opinión, los dos varones en seguida estuvieron de acuerdo.

—Sí, papá. A nosotros tampoco nos gusta que lo hagas.

Norma no hizo ningún comentario en ese momento porque nunca le había dado esos toquecitos a ella.

En ese mismo momento decidí no volver a utilizar ese recurso, pero sabía que como era un hábito, necesitaba algún incentivo para recordar que no debía deshonrarlos. Por lo tanto, luego de pensar un minuto, dije: —Les diré algo, niños. No deseo deshonrarlos más dándoles esos golpecitos en la cabeza. ¿Me perdonan?

Los tres asintieron con la cabeza.

—Para que vean que realmente deseo abandonar esa costumbre, vamos a hacer un trato. Desde ahora, cada vez que les dé un toquecito en la cabeza, les daré un dólar.

Luego de mirarse entre sí, respondieron unánimes: —¡Continúa con los golpecitos, papá, continúa!

Comencemos a hacer una lista mental de los actos con los que podemos deshonrar a nuestra familia o a nuestros amigos. He aquí una lista de diez actos de deshonra que hemos compilado hablando con personas a lo largo del país. No se encuentran en orden del más grave al menos grave, ya que todos ellos pueden destruir nuestras relaciones más significativas.

LOS DIEZ ACTOS MAS COMUNES QUE PUEDEN TRAER DESHONRA A ALGUIEN EN NUESTRO HOGAR

- Ignorar o degradar las opiniones, los consejos o las creencias (especialmente la fe) de la otra persona.
- Sepultarnos en la televisión o en el diario cuando la otra persona está tratando de hablarnos.
- Hacer bromas con respecto a las áreas débiles de la otra persona. (El sarcasmo o las bromas hirientes actúan como poderosas metáforas emocionales que producen un daño permanente en una relación.)
- Atacar verbalmente a nuestros seres queridos en forma regular, criticándolos duramente, juzgándolos o sermoneándolos.
- Tratar a los parientes políticos como si no fueran importantes en nuestros planes.

- Ignorar o simplemente no expresar aprecio por las cosas buenas que nos han hecho.
- Practicar hábitos desagradables delante de la familia, aun cuando se nos haya pedido que no lo hagamos.
- Comprometernos de tal manera con otros proyectos o con otras personas que damos la impresión de que todo lo que se encuentra fuera del hogar es más importante que nuestra familia.
- Luchas por el poder que hacen sentir a la otra persona como si fuera un niño o como si lo estuvieran dominando duramente.
- La falta de disposición para admitir que estamos equivocados o para pedir perdón.

Yo deseo que mi esposa y mis hijos sientan que los amo como Dios los ama, y esto significa que el honrarlos debe convertirse en una actividad de todos los días en mi vida, tal como afeitarme o dedicar un tiempo para comer. ¿Qué me dices en cuanto a ti? ¿Estás listo para implementar el principio del "ah-h-h-h" en tu hogar?

En este capítulo hemos hablado de la decisión que debemos tomar para honrar a otros, es decir ¡que los demás son dignos de nuestro tiempo y de nuestra energía! Ahora bien, en el siguiente capítulo veremos el segundo gran aspecto de una relación saludable: el amor. *Descubrirás que el amor es la acción que llevamos a cabo para comunicarle a la otra persona cuán valiosa es* y, al igual que el honor, el amor es realmente una *decisión.*

3

El amor es una decisión

Imagínate que has acercado una silla al lado de la mía frente a Kay Hammer, la mujer con cuya historia comenzamos este libro. Como yo, puedes sentir la tensión a medida que se hace más y más evidente que lo único que puede hacerla recapacitar son las palabras que podamos compartir en las próximas horas.

¿Qué puedes decirle a una mujer que ya no resiste más para que le dé otra oportunidad a su marido? Si hubieras estado sentado a mi lado me hubieras oído decirle que intentara salvar su matrimonio una vez más, pero también hubieras escuchado una razón detrás de otra por las cuales debería abandonar a John. Me hubieras escuchado hablarle de la importancia de darle a Dios toda oportunidad para mantenerse juntos, compartiéndole las últimas investigaciones que muestran el daño emocional de por vida que sufren los hijos y los cónyuges luego del divorcio.

Kay me escuchó y accedió a quedarse con John luego de nuestra conversación; pero yo nunca me hubiera imaginado que las cosas empeorarían para ella y su marido. Unas pocas semanas después, él hizo algo que hasta sus amigos cristianos le dijeron: "Kay, *déjalo*. Eso es algo que no se le debe aguantar a nadie."

En un principio la decisión de quedarse tenía que ser tomada hora por hora, pero con cada día que pasaba, Kay se comprometía más y más a hacer lo que compartiremos en los Capítulos 13 y especialmente 14 de este libro. Ella tomó la decisión de responderle a su marido con la plenitud de su amor por Cristo, no con los sentimientos vacíos que tenía hacia su matrimonio. Y esta diferencia en su actitud comenzó a notarse instantáneamente. Pero se aproximaba una severa prueba que revelaría en qué medida Kay estaba dispuesta a buscar primeramente el amor de Dios para luego reflejarlo hacia su marido. Pocas semanas después de haber tomado esa decisión, su esposo le quitó, de forma repentina, algo que era muy importante para ella.

John no podía dejar de ver el cambio que se había operado en su esposa. Al igual que muchos cónyuges que observan el comienzo de un cambio, él la puso a prueba para ver cuánto había de realidad en todo eso.

Durante dos años, el apoyo de Kay había provenido de su grupo de estudio bíblico. Las hermanas de ese grupo habían orado por ella y la habían animado en aquellas mañanas oscuras cuando Kay había estado a punto de darse por vencida. Como líder de ese grupo, el evento más importante del año para Kay era el retiro anual de líderes que se aproximaba.

Ella había pagado su inscripción y había hecho los arreglos con la persona que vendría a cuidar a los niños. Faltaban menos de veinticuatro horas para que Kay saliera hacia el aeropuerto, cuando John llegó de la oficina.

—¿Adónde vas? —le preguntó mirando las valijas que estaban a su alrededor.

—Al retiro de líderes de estudios bíblicos —dijo Kay—. Tú sabes que salgo mañana.

—Bueno, he cambiado de opinión —anunció John—. No quiero que vayas. En realidad, pienso que estás dedicándole demasiado tiempo a ese grupo. Quiero que dejes el liderazgo de ese grupo a partir de este momento.

¿Puedes imaginarte la decisión que tenía que tomar? Ponerse en contra de su esposo para ir al retiro hubiera sido seguir con la misma historia de "Lo haré a mi manera", lo cual durante años no le había dado ningún resultado. Por otra parte, parecía igualmente equivocado obedecerle y privarse de su fuente principal de comunión y de apoyo espiritual.

¿Qué debía hacer? Ella no deseaba que esa situación cambiara la decisión que había tomado. Sabía que él estaba esperando una respuesta, y más aún, sabía que ésta era una prueba suprema para mostrarle su decisión de "honrarle", fuera cual fuera la circunstancia. Justo en ese momento, sonó el teléfono, salvándola de responder en ese instante.

Era una amiga que llamaba para ver si ella y John podían ir a cenar esa noche a su casa. Allí también estaría un destacado pastor que se encontraba en la ciudad, un hombre llamado Ray Stedman. John y Kay fueron a la cena, y en cuanto pudo, Kay habló a solas con el Dr. Stedman y le explicó la situación en que se encontraba.

—¿Qué debo hacer? —le preguntó—. ¿Qué puedo decirle a mi esposo para hacerlo cambiar de idea con respecto al retiro y a mi permanencia en el liderazgo de ese grupo?

Kay nunca olvidará lo que le respondió ese sabio pastor.

—Kay —le dijo—, tu primera responsabilidad es buscar al Señor, luego viene tu familia y *después* tu ministerio. Yo no te voy a explicar una manera de manipular a John para que cambie de idea. Si tu esposo te dice que no debes pertenecer más a ese grupo de estudio bíblico, esta noche al salir de aquí le dices que así lo harás.

En aquel momento, Kay se sintió como si alguien le hubiera echado un balde de agua helada en la cara. Se quedó boquiabierta preguntándose: *¿Cómo puede decirme semejante cosa?* Sin embargo, a medida que pasaba la noche se dio cuenta de que era lo correcto. Por años, ella había manipulado muchas situaciones obteniendo distintos grados de éxito. Esas palabras fueron como el sonido de la trompeta que llama a la batalla. Las palabras del pastor le mostraron que se encontraba en medio de una batalla espiritual, no simplemente una batalla con su esposo.

Al volver a su casa, la respuesta normal de Kay hubiera sido: "Por *nada* en el mundo pienso perderme ese retiro. ¡Ya habíamos acordado que iría y tú estás rompiendo tu promesa!"

En cambio, su respuesta se basó en la decisión de que Dios tenía el control de su vida. "Si John no quiere que vaya", se dijo, "entonces Dios no debe querer que vaya esta vez."

"Padre", oró, "no comprendo por qué, pero siento que ésta es una prueba. Por lo tanto, Señor, por favor ayúdame a encontrar una razón por la cual no debo ir."

Cuando miró los pasajes de avión que se encontraban sobre la mesa, se le llenaron los ojos de lágrimas. Sin embargo, a pesar de su dolor, en lo profundo de su corazón sabía que estaba haciendo lo correcto. Fue una de las cosas más difíciles que hizo en su vida; subió las escaleras y le dijo a su esposo que no iría al retiro y que se retiraría del liderazgo.

Vivimos en un tiempo en el que las palabras "sacrificio" y "compromiso" parecen no existir. Sé que para muchas personas, la decisión de Kay de amar y honrar a su esposo puede parecer terriblemente equivocada. Después de todo, *ella tenía sus derechos*.

Pero como Kay descubriría, fue por la renuncia de sus derechos que pudo llegar al corazón de su esposo.

En pocas palabras, lo que Kay hizo fue decidir que el amor es una decisión. *El verdadero amor es honor puesto en acción cueste lo que cueste.* Proviene de un corazón que rebosa del amor de Dios, lo cual libera para considerar los intereses de la otra persona. Kay sabía que la única esperanza que tenía de poder llegar a amar a John, especialmente después de lo que había hecho, era amar a Dios en primer lugar y por sobre todas las cosas. Todos sus "instintos" le decían que se rebelara. Pero sin embargo, a pesar de sus "instintos", su amor se basaría en una decisión de honrar a su esposo, y no a sus emociones.

Quiero aclarar que existen situaciones en las que el esposo o la esposa están enfermos emocionalmente. De ninguna manera estoy diciendo que debemos decir sí "ciegamente" a un esposo o esposa que nos manda a hacer algo en contra de la ley o en directa violación a la ley de Dios. Pero Kay creyó que ésta era una oportunidad para mostrarle a John quién era más importante para ella: él o el retiro. Probablemente por eso fue que determinó que su amor por Cristo sería la base de su amor hacia su esposo. Y esto fue lo que condujo . . . al resto de la historia.

EL RESTO DE LA HISTORIA

Pasaron varios meses, y un día John y Kay asistieron a una conferencia cristiana en el auditorio de una gran universidad. Al concluir el seminario, el orador hizo algo inusual. Dispuso de varios micrófonos para que la gente que se encontraba en el auditorio se adelantara y compartiera lo que Dios estaba haciendo en sus vidas. Fue entonces cuando sucedió algo inesperado.

De repente, Kay se dio cuenta de que John se había levantado de su asiento y se dirigía hacia el frente del auditorio. Esperó su turno en la fila y luego se acercó al micrófono.

"Damas y caballeros", dijo a aquel grupo de más de mil personas: *"Simplemente quiero decirles que yo estoy aquí esta noche porque tengo una esposa que se ha escapado del capítulo tres de 1 Pedro."*

Eso inmediatamente captó la atención de la multitud. Lo que él quiso decir fue que, tal como dice el pasaje, el compromiso de Kay de confiar en Dios había ganado a su esposo "sin palabras" por su conducta casta y respetuosa (1 Pedro 3:1-6).

"Les voy a decir algo que Kay no sabe", continuó diciendo John. "Ese muchacho, Gary Smalley, vino a nuestra casa y no sé qué fue lo que le dijo a mi esposa, pero las cosas no han vuelto a ser las mismas desde entonces. Básicamente, yo estoy aquí esta noche, porque mi esposa me ha ganado con su amor.

"Debo confesar que algunos días me encontraba sentado en mi oficina pensando en alguna cosa que le diría al volver a casa simplemente para ver si *seguiría con la misma actitud*, ¡y así fue! La razón por la cual me encuentro parado aquí esta noche es la realidad del amor de mi esposa hacia Dios. . . ." Y todavía había algo más.

John cambió tanto, que pronto se encontraba en el programa de líderes del grupo de estudio bíblico para hombres. Y luego llegó el día del retiro de los líderes masculinos. Kay llevó a su esposo en el auto hasta el lugar de donde salía el ómnibus que le llevaría al retiro. John nunca había estado en un retiro de hombres, y se sentía como si fuera un muchacho que sale de campamento por primera vez.

A pesar de que no dijo nada en la estación de ómnibus, Kay no podía dejar de pensar en el retiro al que había tenido que renunciar meses atrás. Y mientras conducía de vuelta a su casa, las emociones del momento finalmente se desbordaron. Estaba agradecida por los cambios en la vida de su esposo, pero el dolor de que le hubieran negado la oportunidad de ir a su retiro hizo brotar las lágrimas de sus ojos, hasta que sonó el teléfono.

Kay recién acababa de llegar, cuando John la llamó.

"Estamos en una parada recogiendo a algunas personas", dijo, "y simplemente tenía que llamarte."

Con la voz entrecortada por la emoción, John le dijo: "Kay, he estado pensando en el momento en el que te dije que no podías ir al retiro. ¿Podrás perdonarme por pedirte que renunciaras a algo que yo sabía que era tan importante para ti? Lamento mucho haberte pedido que dejaras el liderazgo de tu grupo. Nunca debería haberlo hecho, y nunca más lo volveré a hacer. ¿Puedes encontrar perdón en tu corazón para mí?"

Kay ha ido a muchos retiros desde aquella vez en que no pudo asistir hace trece años, pero ninguno de ellos ha sido tan significativo como aquel al cual no asistió. Más tarde, al recordar aquel llamado telefónico, ella diría: "Renuncié a un retiro, ¡pero recuperé a mi esposo!"

A través de los años, John y Kay han desarrollado un amor sólido hacia Cristo y del uno para con el otro. Esta pareja cuya relación se encontraba sucumbiendo en las aguas, rodeada de las rocas de la insensibilidad y de las discusiones amargas, hoy en día puede ayudar a incontables parejas a luchar en contra de la amenaza del divorcio. Y lo puede hacer compartiendo la realidad de su historia, ayudando a los demás a ver que el verdadero amor es una decisión, no un sentimiento.

IMPARTIENDO HONOR EN EL HOGAR MEDIANTE ACTOS DE AMOR

Yo sé que a veces el amor debe ser tenaz y marcar límites firmes a la persona que amamos. Pero lo que transformó totalmente las vidas de Kay y John fue un principio que se aplica en todos los hogares. *La manera más efectiva de abrirle la puerta a los cambios que necesita una relación es honrar al ser amado. Y una vez que nos hemos decidido a honrar, los actos de amor son el camino que debemos seguir, sin importar cuáles sean nuestros sentimientos.*

El verdadero amor es honor puesto en acción, sea cual sea el costo. Proviene de un corazón que rebosa del amor de Dios, lo cual nos libera para buscar los intereses de la otra persona.

De manera muy breve, esta definición es un resumen de este libro. Ya hemos visto en el Capítulo 2 que el honor es la base de toda relación saludable. Ahora hemos visto que como consecuencia de esa decisión fluyen los actos de amor sin importar cuáles sean nuestros sentimientos, sin importar cuál sea el costo.

Ahora, en los capítulos siguientes, aprenderás las diez áreas que le enseñé aquel día a Kay, y que desde entonces, durante quince años he seguido investigando y refinando. Cada una de ellas es un *acto de amor específico* que manifiesta honor y que expresa la decisión de amar que hemos tomado.

El primer acto de amor esencial en un hogar es reconocer el increíble valor de una mujer. Cada mujer tiene dos tendencias extraordinarias que descubriremos. Y más aún, verás que existen tres preguntas que todo esposo puede hacerle a su esposa, las cuales pondrán de manifiesto el manual sobre el matrimonio que forma parte inherente de la mujer.

4

El increíble valor de una mujer

Una de las alegrías más grandes que tengo al enseñar en el seminario de "El amor es una decisión", es compartir con los hombres lo increíblemente valiosas que son las mujeres. ¿Por qué? Una de las principales razones es que he pasado tiempo haciéndoles preguntas y aprendiendo de ellas. Esto incluye veinticinco años de matrimonio y entrevistas a más de 30.000 mujeres en conferencias y en sesiones de asesoramiento en todo el país. He visto con mis propios ojos las extraordinarias habilidades para relacionarse que Dios ha entretejido en sus vidas.

Hace algunos años tuve una experiencia que me dio una nueva visión del increíble valor de las mujeres. Es muy posible que la "intuición" de una mujer, una ventosa tarde, haya salvado mi vida y también las vidas de otras personas.

UN RIO EMBRAVECIDO . . .

Era mediados de mayo, tiempo para nuestro "retiro de trabajo", en el cual nos "retiramos" más de lo que trabajamos. En verdad teníamos una razón legítima para pasar un fin de semana de pesca. Estábamos entrevistando a Steve Lyon, quien ahora es un asociado de valor incalculable en nuestro equipo. Decidimos que si pasábamos un fin de semana examinándolo, nuestro lugar de pesca favorito era el lugar indicado para conocerlo y para obtener al mismo tiempo algunas truchas de buen tamaño.

El lugar que escogimos para nuestro retiro no solamente ofrecía las perspectivas de una excelente pesca, sino que presentaba uno de los escenarios más espectaculares del mundo.

Temprano, la primera mañana esperamos en el muelle a nuestros dos guías. Pronto escuchamos el ruido del motor de un camión, en el cual se divisaban dos figuras en el asiento delantero. La puerta se abrió y bajó un hombre alto de unos cuarenta años, curtido por el sol. Detrás de él venía su esposa, una pequeña mujer que era a penas la mitad de lo que era él. Más tarde descubriría que todo lo que le faltaba en estatura le sobraba en habilidades pesqueras y en "instintos" femeninos naturales.

Cuando comenzamos nuestra excursión por el Gran Canyon contemplamos las hermosas paredes de piedra a ambos lados del río que se elevaban como unos 70 metros sobre el nivel del agua. Tuvimos que navegar cerca de una hora río arriba para llegar a la represa que se erguía como un hito señalando "el fin del camino". Apagamos los motores y lentamente comenzamos a dejarnos llevar por la corriente, arrojando detrás de nosotros la línea con los anzuelos para pescar truchas.

Las primeras horas de la mañana pasaron sin mucho éxito. Cuando llegó la hora del almuerzo llevamos los botes a una playa que se encontraba a mitad de camino de donde habíamos salido. Había sido una mañana muy calma, pero cuando íbamos a volver a los botes, el viento había cambiado y se había convertido en una brisa bastante fuerte. Recuerdo que pensé: *No pescaremos nada hasta que no se calme este viento.* Pero el viento no se calmó.

Cada minuto que pasaba, el viento se hacía más fuerte y más constante. La superficie espejada del río ahora comenzaba a enturbiarse mientras que el agua se encrespaba con cientos de pequeñas olas. Pero todos éramos pescadores expertos. *¿Qué es un pequeño viento?*, pensé.

Al volver a los botes noté que nuestros guías estaban conversando. No podía oír lo que hablaban, pero era evidente que estaban en medio de una acalorada discusión. Finalmente, el hombre se encogió de hombros, meneó la cabeza y se dirigió hacia nosotros trayéndonos malas noticias.

"Lo siento, muchachos, pero tendremos que regresar ahora mismo. No puedo explicárselos, pero mi esposa siente fuertemente que éste no es un viento pasajero, y yo he aprendido a escucharla en estas aguas. Por lo tanto, nos marchamos."

Fue bueno que la escucháramos. Casi instantáneamente el viento comenzó a arremolinarse y las olas a encresparse. En pocos minutos no pudimos comunicarnos más de bote a bote mientras que la furia de un viento desértico se llevaba los intentos más desesperados de gritar instrucciones.

Debíamos regresar por nuestros propios medios. Para entonces el viento soplaba con tal fuerza que si nos hubiéramos puesto de costado a la corriente fácilmente hubiéramos zozobrado por la furiosa oleada. La única esperanza que teníamos de regresar sanos y salvos era dirigir los botes directamente río abajo en la dirección del viento, sortear las olas de frente y navegar a toda velocidad hacia el muelle.

Durante treinta minutos (que parecieron toda una vida), nuestros tres botes lucharon con un río embravecido. Esa gran tormenta había convertido las estrechas paredes del cañón en un túnel ventoso. No tenía idea de lo que sucedía en los otros dos botes, pero sí sabía que la oración era lo que mantenía el nuestro a flote.

Finalmente, luego de achicar el agua de los botes, las tres embarcaciones llegaron a salvo al muelle. Más tarde supe por boca de mis dos hijos, que viajaban en el bote que guiaba la mujer, que ella había procedido magistralmente. Por cierto, ella fue la primera en llegar al muelle. En un momento, una ráfaga de viento azotó al bote de frente y comenzó a ponerlo de punta, pero con movimientos fríos y calculados, ella los libró a todos de un baño helado. Y esa mujer fue la que salvó a mis dos hijos.

Luego de aquel viaje tuve otra razón más para creer que las mujeres son increíblemente valiosas. Con toda seguridad sé que si nuestro guía no hubiera escuchado a su esposa, nos hubiéramos visto en serios problemas.

A partir de ese incidente me ha sorprendido ver cuánto me ha beneficiado aprender a conocer los rasgos valiosos de carácter y los talentos naturales que Dios le ha dado a mi esposa. Lejos de intentar borrar todas las diferencias entre los sexos, creo firmemente que Dios ha puesto esas diferencias con un propósito.

En este capítulo veremos varios aspectos en los que el hombre y la mujer se complementan en forma natural. Deseo que los hombres que lo lean encuentren nuevas razones para valorar a sus esposas, y deseo que todas las mujeres que lo lean encuentren otra razón para agradecer a Dios por los dones naturales con los que pueden bendecir a los que aman.

ENCONTRANDO LA PARTE QUE NOS FALTA

Fue un Dios sabio y amoroso el que dijo: "No es bueno que el hombre esté solo" (Génesis 2:18a). Y le dio una mujer diseñada únicamente para proveerle compañía, ¿o hay algo más en esto?

Casi toda la gente conoce el pasaje que narra cuando Dios creó a la mujer diciendo: ". . . le [a Adán] haré ayuda idónea para él" (Génesis 2:18b, los corchetes son míos). La palabra hebrea para "ayuda" en realidad significa "alguien que completa". Esta palabra se utiliza en todo el Antiguo Testamento para hablar de Dios como nuestra "ayuda", aquel que "completa lo que falta", o que "hace lo que nosotros no podemos hacer por nosotros mismos".

Una de las cosas que debería aumentar el "honor" que un esposo le da a su esposa es comprender que Dios la ha creado a ella para ayudarle a él en áreas para las cuales no está naturalmente dotado. En otras palabras, una esposa está diseñada para proveer a la relación matrimonial elementos que el esposo no posee naturalmente.

A lo largo de los años he notado diversos aspectos en los cuales los hombres y las mujeres son diferentes, pero existen cuatro áreas en particular en las cuales he visto cómo los dones naturales de la mujer actúan como los elementos que faltan para completar al hombre. El primero de esos elementos se encuentra en un idioma especial que poseen las mujeres que puede no solamente fortalecer el matrimonio, sino también ser un don que les salve la vida a algunos esposos.

1. *Dos idiomas dentro del mismo hogar*

Se ha realizado un estudio investigando todos los sonidos que emitían un grupo de niños y niñas de cuatro años, durante un período determinado. Este estudio llegó a la conclusión de que el 100 por ciento de los sonidos que emiten las niñas tienen que ver con palabras. Ellas pasan gran parte de su tiempo conversando unas con otras, y una cantidad de tiempo igual hablando consigo mismas.

En el caso de los niños, en cambio, el porcentaje es solamente del 60 por ciento. El 40 por ciento restante eran simples ruidos o efectos sonoros (como Brrrrrrrummm, Baaaaammmmm). En resumen, la tendencia entre las niñas pequeñas es usar más palabras de las que usan los niños, ¡y esta diferencia de habilidad en el lenguaje continúa en todas las etapas de la vida!

Las mujeres no sólo tienden a hablar más, sino que generalmente hablan un idioma diferente al de los hombres. No estoy hablando de los hogares en los que se habla inglés y castellano, o japonés y castellano, sino de un entorno mucho más familiar en el que se habla el idioma de las mujeres y el idioma de los hombres.

En un 80 por ciento de los hogares, el hombre se relaciona con su esposa utilizando principalmente lo que llamamos *el idioma de la cabeza* mientras que la mujer tiende a utilizar *el idioma del corazón.*

Clásicamente, los hombres tienden a ser lógicos, objetivos y detallistas. Por lo general, cuando el tema de conversación se aleja de los hechos, ¡el hombre deja de hablar! Generalmente, los hombres no tienen la misma necesidad que sus esposas de compartir en profundidad. Ni tampoco tienen la misma necesidad de hablar tanta cantidad de palabras. Algunos estudios han mostrado que la mujer promedio habla unas 25.000 palabras por día, mientras que el hombre promedio habla solamente 12.500. Lo que esto significa en un matrimonio es que la mujer generalmente extiende su copa para recibir conversación significativa día tras día y que la recoge con algunas pocas gotas.

En contraposición, las mujeres generalmente hablan *el idioma del corazón*. En la mayoría de los casos, a ellas les encanta compartir pensamientos, sentimientos, metas y sueños. La habilidad innata de la mujer para comunicarse la hace maravillosamente sensible a las pequeñas cosas que los demás piensan, dicen o sienten. Y su deseo de tener vínculos profundos generalmente excede lo que el hombre desea al respecto.

Sin deseo de ofender, es casi como si los hombres fueran como los camellos. Con muy poca conversación, ellos pueden andar días y días a través de terrenos desérticos carentes de palabras "refrescantes". Pero una mujer que atraviesa por una circunstancia similar necesita una provisión diaria de agua para sobrevivir y florecer, y durante períodos difíciles de la vida necesita una doble ración.

¿Por qué debería interesarle a un hombre que su esposa le ayudara a aprender el "idioma del corazón"? Una de las razones es que puede ayudarle a vivir más tiempo.

En su estimulante libro *The Language of the Heart* (El idioma del corazón), el Dr. James J. Lynch presenta convincentes evidencias de que la habilidad para comunicarse efectivamente puede obrar maravillas en la salud cardiovascular de una persona. Aunque no nos demos cuenta, nuestra presión arterial aumenta cuando conversamos. Cuando la conversación está llena de tensiones *y especialmente cuando no expresamos lo que sentimos*, la presión arterial puede alcanzar niveles muy elevados. Esta situación puede ser peligrosa, especialmente para personas con antecedentes de problemas cardíacos tales como hipertensión.

Cuando un hombre aprende a unir ambos mundos, hablando el idioma de la cabeza y el idioma del corazón, pueden producirse cambios tremendamente positivos en su propia vida y en la vida de aquellos que lo rodean en el hogar y en el trabajo. Y además, puede reducir la tensión innecesaria que acompaña a las conversaciones inadecuadas en el matrimonio o en los negocios. Para finalizar, nuestro corazón nos agradecerá por la disminución de sobrecarga de trabajo, y aquellos que nos rodean nos darán las gracias por el aumento de profundidad y de sentimientos que le hemos añadido a nuestra comunicación.

Pero, ¿de qué manera puede ayudar una mujer a su esposo a sortear la barrera del idioma en el hogar? Si un hombre abre los ojos y observa varias características naturales de su esposa verá que sus aptitudes naturales pueden completar las que a él le faltan porque . . .

2. *Las mujeres tienden a relacionarse en múltiples niveles*

Cuando se les pide a la mayoría de las mujeres que describan la capacidad mental de los hombres, la respuesta que dan es que "son incapaces de abarcar más de una cosa a la vez". En un sentido, esto está muy cerca de la realidad, y no solamente en la esfera de las relaciones sexuales. Los hombres generalmente nos concentramos en una cosa a la vez. Es como si nuestras mentes se asemejaran a un barco de guerra con sus muchos compartimientos y bodegas. Cuando salimos de un compartimiento cerramos la puerta y nos ocupamos de lo que tenemos a mano.

Esta es una de las razones por las cuales cuando una mujer le pregunta a su esposo si pensó en ella durante el día de trabajo, probablemente escuche decir: "¿Si pensé en ti? Bueno . . . es decir . . . estoy seguro de que *debo* de haber pensado en ti en algún momento." Valor, esposa, eso no significa que él no te ama, sino que es un reflejo de su tendencia a "compartimentar" su pensamiento. Un hombre tiende a permanecer en un mundo en su trabajo que se centra alrededor de su oficio o profesión, y cuando sale de allí, entra en otro mundo que gira alrededor de su familia.

En cambio, la mente de la mujer es como la sala de combate de ese barco. Es el nervio central, equipado con sofisticados recursos electrónicos que permiten detectar en un monitor todos los signos vitales en cada compartimiento al mismo tiempo. A causa del diseño de su mente, el radar de la mujer se encuentra constantemente encendido, rastreando en todas direcciones.

Esto quiere decir que una mujer promedio no pierde casi ningún detalle de lo que la rodea, por más cosas que se encuentren a su alrededor. Este mismo radar, que es tan sensible en Norma, es lo que alertó a la esposa de nuestro guía con respecto a la tormenta en el río. Y es también el mismo sistema por el cual una mujer no se queda totalmente tranquila cuando deja a su esposo a cargo de los hijos.

La mayoría de las esposas sabe que cuando se va de su casa por una hora dejando al esposo "a cargo" de los hijos, lo más probable es que al volver no encuentre a ninguno de los niños. Luego, cuando le pregunta al esposo (quien mira televisión) dónde están los niños, no sería extraño que él le contestara: "Oh, no sé, están por aquí en algún lugar . . . creo que fueron a jugar al laguito de atrás", y luego se vuelve a enfrascar en el partido que está mirando.

Por el contrario, ella generalmente sabe con exactitud qué sucede con los niños, sea la hora que sea, estén donde estén. Aunque viva en una mansión de tres pisos y esté en el sótano, sin embargo sabe que los niños están peleando en el desván.

Greg y Mike realmente pensaban que Mamá tenía un sistema de alarmas en la casa. Invariablemente, por más que estuvieran más silenciosos que ratón de iglesia haciendo algo que no debían, el radar de Norma los detectaba y los pillaba.

A una mujer se le escapan muy pocas cosas de su entorno, lo cual probablemente es la base para ese misterioso don que algunos han llamado intuición. Nosotros creemos firmemente que se trata de algo más que una "corazonada". Es simplemente una manera más en la que una esposa puede completar a su esposo, y es otra razón por la cual el hombre debe honrar y valorar a su esposa.

3. *Las mujeres tienen la habilidad única de personalizar su entorno*

Otra cualidad extraordinaria de la mujer es la de involucrarse personalmente con todo lo que la rodea. Por ejemplo, ¿alguna vez te has preguntado por qué a la esposa promedio no le interesa mirar un partido de fútbol con su esposo? La mayoría de las veces es porque ella no *conoce* a ninguno de los jugadores. En el campo de juego no está sucediendo nada "personal". (Esto puede no ser cierto en el caso de que estén presenciando el partido en el estadio con algunos amigos, pero para la mayoría de las mujeres, la competencia que se lleva a cabo en el campo de juego no es tan interesante como la gente que va y viene.)

Una de las maneras de lograr que una mujer se interese más en un evento deportivo es "personalizarlo". Toma unos momentos para brindarle alguna información acerca de los jugadores. ("Querida, ¿ves ese jugador que acaba de patear la pelota? Ese es el que tuvo tantos problemas con su esposa e hijos. . . .") Entonces ella se sentirá más parte del partido porque tiene un lazo emocional que la une.

¿Cuán fuerte es la necesidad que tiene una mujer de involucrarse "emocionalmente" a otra persona? Una pauta es que en este país solamente se venden más de diez millones de novelas románticas por año, y que el 97 por ciento de los compradores son mujeres. ¿Por qué? Al menos en parte es porque esas historias ofrecen un cuadro de intimidad y de vínculos personales profundos que, desafortunadamente, muchas encuentran infrecuentes en sus propias vidas.

Si un hombre no se da cuenta de la tendencia que tiene su esposa de "personalizar" casi todo lo que la rodea, pueden surgir fricciones en el hogar. Esto es porque para la mayoría de las mujeres, el gato no es simplemente un "animal", sino que es su primer bebé. El papel de las paredes no es simplemente "algo para cubrir las paredes", sino un reflejo de quién es ella.

Como podrás haber notado, muchos hombres tienden a dar por sentado ciertas cosas que los rodean. Por ejemplo, el auto que manejan. Recientemente apareció una historia en *Selecciones del Reader's Digest* que me resultó muy divertida.

Un hombre que tenía varias hijas poseía un viejo y destartalado convertible. Por años, todas las mujeres de la casa lo habían asediado para que se deshiciera de esa "chatarra" y se rehusaban a viajar con él si había posibilidades de ser vistos. Entonces sucedió algo inesperado. Cuando el hombre salió a trabajar un día descubrió que le habían robado el auto.

La esposa y las hijas se encontraban celebrando esa noche el robo de aquella calamidad, cuando sonó el teléfono. La fiesta se acabó, la policía había encontrado el auto.

"Encontramos su auto a sólo diez cuadras de su casa", informó el policía. "No sabemos quién lo robó, pero dejaron una nota que dice: *'Puede quedarse con su auto. ¡Preferimos caminar!'*"

Para un hombre, un auto puede estar en la peor de las

condiciones porque "es un medio de transporte", pero para una mujer, si su auto no está lavado, a menudo hace que se sienta mal. ¿Por qué? En parte, porque por lo general para un hombre es más fácil separarse de lo que lo rodea que para la mujer.

Esto es especialmente cierto con respecto a tu casa. Para el hombre, el hogar es un lugar de descanso, para la mujer es una extensión de sí misma.

Es por eso que una mujer puede sentirse "sucia" si no se ha sacado la basura, o si no se han limpiado los pisos, o si no se ha aspirado la alfombra. Puede sentirse mal si no se arregla la cerca o si las bisagras de la puerta se están venciendo. Cada una de esas cosas es parte de ella; cuando no se encuentran en buenas condiciones, ella siente que tampoco está en buen estado.

¿De qué manera puede esto beneficiar o "completar" a un hombre? En parte, es porque la sensibilidad natural que tiene una mujer hacia las cosas que la rodean hace que esté alerta a las cosas que se encuentran a su alrededor. Esto es cierto en especial en lo referente a las personas.

Es como tener a un experto en control de calidad en la casa que puede detectar problemas con el sistema de alarma. Además, su elevada preocupación por quienes la rodean hace que casi nunca cometa errores cruciales dentro de una relación, lo cual no sucede con los hombres que con toda facilidad cometen estos errores en el trabajo o en el hogar.

4. *Generalmente, las mujeres se preocupan más por la gente que por los proyectos de trabajo*

En su mayoría, los hombres son conquistadores. Esto significa que, por lo menos en ciertos momentos, tienden a no preocuparse tanto por la gente o los sentimientos, como por "realizar determinada tarea". Esto es muy normal, porque nuestro sentido del valor se deriva de lo que hacemos. Cuanto mejor hagamos un trabajo, tanto mejor nos sentiremos.

Para las mujeres, en cambio, el sentido del valor se deriva de aquellos que están relacionados con ellas. Si una mujer es casada, cuidará de su esposo más que de cualquier otra cosa en la tierra, debido a su sentido personal del valor.

El hombre puede compartir el interés natural de la mujer por lograr que sus vínculos sean amorosos y profundos, pero también puede pasarlo por alto muy fácilmente. Tomemos por ejemplo la caza.

La mayoría de los hombres puede cargar sus poderosos rifles, salir de caza y matar a una de las hermosas criaturas de Dios. Luego le corta la cabeza, la hace embalsamar, la cuelga en la pared, reúne a sus vecinos y triunfalmente afirma: "¡Lo cacé yo!" ¡Eso ha sido una conquista!

Pero las mujeres, generalmente, se han encariñado tan profundamente con Bambi y Tambor, los personajes del dibujo animado, que no son capaces de matar a un ciervo o a un conejo. Cuando uno de esos dulces animalitos muere, una parte de la mujer muere también.

Es posible ver esta diferencia entre los sexos cuando un hombre y una mujer salen de compras. Cuando la mayoría de los hombres escucha decir a su esposa: "Querido, salgamos de compras. Necesito una blusa nueva", él escucha la palabra "compras". Pero en verdad, lo que ella quiere decir es "¡COMPRAS!"

Cuando el hombre escucha las palabras: "Necesito una blusa nueva", se asemeja a un sabueso al cual le hacen oler la prenda de un prisionero que ha escapado. Una vez que sabe lo que debe buscar, comienza a olfatear una blusa nueva (cualquier blusa), la empaca, la lleva a casa y sale a descansar al jardín lo antes posible.

Como los hombres tienen una orientación más "conquistadora" que las mujeres, generalmente tienden a concentrarse en la ejecución de un proyecto, sin importarles los costos personales. Pero como el sentido de valor de la mujer está tan cercano a todos los que la rodean, por lo general, puede ayudarle al hombre a ser más sensible a lo que realmente es importante, más allá de la meta a corto plazo.

Veamos el ejemplo de Brian. Durante varios sábados por la mañana, su meta era levantarse lo más temprano posible, cortar el césped, realizar sus tareas, darse una ducha y sentarse frente al televisor justo antes de que diera comienzo el primer partido de fútbol del día. En su fervor por cumplir este objetivo, no siempre se concentraba en construir una buena relación con su hijo de seis años, Marcos.

Marcos se levantaba todos los sábados junto con su padre y trataba desesperadamente de ayudarle con el jardín. Pero por más que lo intentara, nunca podía ponerse a la altura de su padre en la realización de las tareas. Esto sucedía especialmente cuando se trataba de "ayudarle" a su padre a volcar en el cesto el césped que había recogido la máquina.

"Hijo, es suficiente", decía Brian finalmente sintiéndose

frustrado por tener que recoger otra montaña de pastitos desparramados por el suelo. "No necesito esa clase de ayuda. ¿Por qué no vas adentro y ves si puedes ayudar a tu madre?"

La esposa de Brian observaba todas las semanas cómo el pequeño Marcos salía con todo entusiasmo a ayudar a su papá, y cómo volvía al cabo de unos momentos alicaído. Como esposa amorosa, ella le hizo notar a Brian lo que estaba sucediendo.

En el momento apropiado, utilizó una metáfora para explicarle la manera en la que estaba ahogando el espíritu de su hijo en su afán de terminar rápidamente con el jardín. El estaba sacrificando su relación con su hijo por un partido de fútbol que podía grabar en la videocasetera y mirarlo cuando su hijo estaba durmiendo. Afortunadamente, Brian fue lo suficientemente sabio como para aceptar la corrección. Inclusive le expresó su gratitud a su esposa por lo que le había dicho: "Gracias, querida. Ahora que lo dices, debo admitir que he estado dejando de lado a Marcos estas últimas semanas. No estoy seguro de cuál fue la razón por la que me he dejado absorber tanto por una tarea, pero aprenderé. Mi hijo es mucho más importante que realizar rápidamente una tarea, no importa el partido que estén pasando en la televisión."

En el hogar de Brian, una mujer sensible recibió honor adicional aquella noche porque estuvo dispuesta a señalarle a su esposo su tendencia a poner los proyectos delante de las personas. Pero ésa no es la única razón por la cual él está agradecido a Dios por la esposa que le ha dado. Existe una razón más que las sobrepasa a todas. Realmente, en todo matrimonio existe una de las cosas de más valor que Dios le ha dado al esposo. Ese "algo" es alguien a quien él puede recurrir todas las veces que necesite ayuda en su responsabilidad de lograr una familia bien unida.

EL INCREIBLE VALOR DE UNA MUJER: ELLA POSEE UN MANUAL MATRIMONIAL INHERENTE

¿Sabes cuál es la razón principal por la cual un hombre no es promovido en su trabajo? ¿Será por falta de habilidades técnicas? Algunas veces. ¿Falta de educación? Tal vez. Pero la principal razón por la cual un hombre no consigue que lo promuevan en su trabajo es por su falta de habilidad para relacionarse.

Lo que la mayoría de los hombres no sabe es que bajo su mismo techo se encuentra la instructora en comunicaciones más grande del mundo. Una esposa es una mina de oro en lo que se refiere a habilidad para relacionarse con los demás. Si un hombre desea recuperar esa parte que le falta naturalmente y que ha afectado a todos los "Adanes" desde el comienzo, todo lo que tiene que hacer es mirar a su esposa a los ojos, y aprender a *consultar el manual matrimonial inherente de ella.*

Al hablar personalmente con mujeres de sesenta ciudades diferentes (en las cuales hemos realizado nuestras conferencias en los últimos cinco años), he buscado, sin encontrarla, una mujer que sea la excepción a esta regla. Es decir, nunca he conocido a una mujer que no poseyera un manual inherente para saber cómo relacionarse con los demás.

Por lo tanto, a continuación veremos de qué manera un esposo puede aprovechar esa rica fuente de habilidades comunicativas para mejorar su matrimonio y, como consecuencia, mejorar también su relación con sus hijos y con otras personas. En primer lugar, un hombre debe darse cuenta de que su esposa está equipada con dos extraordinarias cualidades interiores:

1. Ella posee un fuerte deseo innato de que sus relaciones sean buenas y saludables; y
2. Posee la habilidad natural de reconocer cuando se encuentra frente a una gran relación.

Estas dos cualidades innatas son la base para tres preguntas importantes que un hombre puede formularle a su esposa para saber lo que hay en ese manual inherente.

TRES PREGUNTAS QUE PUEDEN AYUDAR A UN HOMBRE A CONECTARSE CON EL MANUAL MATRIMONIAL INHERENTE DE SU ESPOSA

Para lograr este objetivo, todo lo que se requiere son tres preguntas sencillas, pero que pueden producir cambios fundamentales en una vida. Supongamos que Roberto va a formularle estas preguntas a Julia:

Julia, me doy cuenta de que Dios te ha dotado de todo lo necesario para que seas mi ayuda idónea, y eso se puede aplicar al aspecto de las comunicaciones en mi vida. Por lo tanto, comencemos con nuestro matrimonio . . .

Pregunta Nº 1: En una escala del uno al diez en la cual el cero es la calificación más baja y el diez representa a un gran matrimonio, ¿dónde te gustaría que se encontrara nuestra relación?

Naturalmente, casi todas las mujeres (y hombres también)

contestan que desearían estar constantemente alrededor del nueve o del diez. Después de todo, ¿a quién de nosotros le gusta ser desdichado? Luego, Roberto continuará con la siguiente pregunta:

Pregunta Nº 2: En una escala del uno al diez, ¿dónde ubicarías nuestro matrimonio?

En la mayoría de los casos, el hombre califica a su matrimonio dos o tres puntos más alto de lo que lo califica su esposa; por lo tanto, no permitas que esa diferencia inicial te sobresalte. Recuerda que la mayoría de las mujeres tiene una percepción más aguda del estado en el que se encuentra el matrimonio que los hombres.

Dale tiempo para que ella piense y comparta contigo. Utiliza el método para "escuchar atentamente" que describo en el Capítulo 9, para asegurarle a tu esposa que valoras su opinión y que deseas comprenderla lo más posible.

Ya sea que estés de acuerdo con tu esposa o no, es importante que la honres prestándole toda tu atención. El objetivo es comprenderla y estar dispuesto a recibir lo que ella te diga.

La siguiente es la pregunta crucial. En realidad, de alguna manera no interesa lo que responda a la pregunta nº 2, porque la pregunta más importante es la tercera, la cual puede abrir de par en par las páginas de ese manual matrimonial inherente.

Pregunta Nº 3: Pensando en nuestra relación, ¿cuáles serían algunas cosas específicas que te gustaría hacer en las seis semanas siguientes que podrían llevarnos más cerca del diez?

Todavía no he podido encontrar a una mujer que no sea capaz de pintar la respuesta a esta pregunta con lujo de detalles. Pero sin embargo, he conocido a muchos hombres ¡que ni siquiera pueden encontrar el pincel!

Tal vez tu esposa se muestre reticente a contestar esa pregunta porque teme herir tus sentimientos. O lo que es peor aún, puede ser que tema que tú hieras *sus* sentimientos con tus respuestas defensivas. Es por eso que es importante darle tiempo para que hable, asegurándole que la relación entre ambos no sufrirá alteraciones nocivas, diga lo que diga o califique como califique las cosas. Si ella se siente segura en tu amor, casi sin excepción podrá franquearse presentando muchas cosas específicas a través de las cuales puedes administrar más efectivamente el regalo del matrimonio y de la familia que Dios te ha dado.

El honor debe ser la característica de nuestras relaciones si deseamos amar como debemos a las personas más importantes de nuestra vida. Y esto no es más real que en el caso de los hombres que desean seriamente amar a sus esposas con el amor de Cristo.

Permítanme afirmar algo que quiero que quede claro. *El valorar las diferencias de opinión de la esposa o el recurrir a su manual matrimonial inherente no transfiere el liderazgo o la responsabilidad del esposo a la esposa.* Bíblicamente, no existe ninguna cláusula que le permita al hombre rehuir ser cabeza de su hogar. El hombre es el responsable cuando se trata de construir una relación sólida. Pero para ser la clase de líder que Dios espera es imprescindible que le permita cumplir a su esposa la función que Dios le ha dado de ser una "ayuda idónea" amorosa. Esto le puede ayudar a un hombre a reemplazar la insensibilidad por la sensibilidad, canalizándola hacia otros con genuino amor. También puede ayudarle a convertirse en el líder servicial que debe ser.

Apreciando la forma única y maravillosa en la que Dios ha creado a la mujer podemos añadir riqueza y alegría a nuestro matrimonio, algo que casi todos desean y que muy pocos poseen. El secreto está en aprender a honrar a una mujer como a alguien que no tiene igual en la creación de Dios. El la hizo con el propósito de que fuera ayuda idónea, para hacer algunas cosas para el hombre que él no puede hacer.

Pero, ¿qué haces cuando tu "ayuda idónea" se desalienta o pierde su energía? ¿O qué sucede cuando eso te acontece a ti? En el próximo capítulo veremos una segunda acción amorosa que puede ser de tremenda ayuda en el hogar. Implica aprender un método práctico para darle energía al cónyuge en tan sólo sesenta segundos.

5

Cómo darle energía a tu cónyuge en sesenta segundos

A mi esposa Norma siempre le han encantado los zoológicos. Cualquiera sea la clase de zoológico o por más que haya estado allí muchas veces, siempre le entusiasma la oportunidad de volver a ir. Por el contrario, como yo he estado en docenas de zoológicos a través de los años, a mí no me entusiasma la idea de visitar otro más. Pero un día, mientras estábamos realizando una gira de conferencias, Norma me mostró un folleto que contenía la propaganda de un "Parque Nacional de Animales" que verdaderamente me llamó la atención.

Cuando ella vio que yo no decía inmediatamente que no, su rostro se iluminó. Su voz mostraba su entusiasmo al leerme el folleto, y me dijo: "Gary, sé que éste te gustará. ¿Vendrás conmigo? *Por favor, di que sí.*" Una vez más visitaríamos uno de los lugares preferidos de Norma.

Para ir, había un pequeño problema que teníamos que resolver. El folleto decía que ese parque había que recorrerlo en auto, y nosotros no teníamos auto. Así que llamé a un buen amigo, Terry Brown, quien ahora es asociado a nuestro ministerio, para ver si me podía prestar su auto por aquella tarde. Amablemente accedió, y nos envió su pequeño Fiat convertible en menos de una hora. Y así fue que nos encontramos camino al parque.

Al acercarnos a la puerta principal leímos un cartel en el que decía que se permitían convertibles, pero que deberíamos cerrarle la capota. El amigable guía del parque también nos dio algunos consejos sobre cómo alimentar a los animales, cuándo no alimentarlos, y nos previno enfáticamente acerca del lugar en el que deberíamos mantener las ventanillas cerradas. Esa área se llamaba "zona de peligro" a causa de los animales muy grandes o muy peligrosos que vivían allí. Con mucho énfasis nos dijo: "Si algo le sucede a su auto en ese sector del parque, salga del camino, toque la bocina y un guía vendrá a rescatarlos."

Esto me sonó lo suficientemente seguro, así que comenzamos nuestra visita por el zoológico. Una vez que nos internamos, descubrimos rápidamente que los animales que vivían allí eran muy amigables. Los enormes pájaros trataban de meter sus cabezas en el interior de nuestro auto para ver si había comida. Una jirafa se las ingenió para meter su gran lengua gris adentro del auto para tratar de arrebatarle el sandwich que Norma estaba comiendo. A esa altura estuve plenamente de acuerdo con ella de que ése era un zoológico fuera de serie.

Fue entonces cuando sucedió. Cuando habíamos recorrido la mitad del parque, finalmente entramos en la "zona peligrosa" que tenía carteles advirtiéndolo. Y cuando nos encontrábamos en el medio de aquella tierra inhóspita, Norma me preguntó: —¿Qué es ese humo que sale del motor?

Bueno, era vapor que salía de nuestro radiador recalentado y comenzaba a formar una indeseada nube blanca.

—¡Oh, no! —exclamé. Al mirar por primera vez la temperatura que indicaba el tablero, noté que había sobrepasado la zona de "caliente" y se acercaba a la zona en la que puede fundirse el motor.

Esto sí que está bueno, pensé. *Hace tan sólo una hora que salimos y ya le he arruinado el auto a mi amigo.*

Comencé a salirme del camino para estacionarme en un costado, cuando Norma exclamó: —¡No puedes desviarte aquí! ¿No viste ese cartel? *¡Esta es la zona de peligro!*

—Pero, querida, no puedo arruinarle el auto a mi amigo. *Debo* desviarme del camino.

—¡Pero no aquí! —me rogó ella—. ¿Qué pasará si algún animal nos hiere de muerte o nos come vivos? ¿Quién cuidará de los niños?

—Calma, no te preocupes —le dije con toda la amabilidad que

pude—. Aquí en el folleto dice que si tenemos cualquier problema en la zona de peligro, todo lo que tenemos que hacer es tocar la bocina y un guía vendrá a rescatarnos.

Norma frunció el ceño, pero de la manera en que se estaba comportando el auto resultaba obvio que no teníamos otra alternativa. Así que nos detuvimos a un costado del camino y comencé a tocar la bocina . . . y a tocar . . . y a tocar. . . .

Hice sonar la bocina durante cuarenta y cinco minutos, y ningún guía vino a rescatarnos. El guía que se encontraba en la entrada nos había mentido. Los animales nos podrían haber herido o tal vez comido. Pero lo que sucedió entre Norma y yo durante esos momentos ilustra uno de los principios más importantes que jamás he descubierto cuando se trata de desarrollar relaciones amorosas y duraderas.

"NO MIRES AHORA, PERO. . . ."

Mientras que los bocinazos no alertaron ni a un solo guía, sí les avisaron a todos los residentes de la "zona de peligro" que nosotros estábamos allí, y que posiblemente tendríamos almuerzo (o podríamos convertirnos en él). Primero, aparecieron los burros salvajes y comenzaron a mordisquear el techo del convertible de mi amigo. Finalmente tuve que salir del auto gritándoles y espantándolos para convencerlos de que la hierba sería mejor que nuestro techo de plástico. Acababa de entrar al auto cuando cometí el error de mirar por el espejo retrovisor.

—Norma —le dije con el tono de voz más calmado que pude utilizar—, no mires ahora, pero no podrás creer qué es lo que viene.

Una manada completa de enormes búfalos apareció de entre la espesura y comenzó a rodear nuestro pequeño Fiat. Uno de ellos se acercó al lado del auto en el que yo me encontraba, dio algunas vueltas, se inclinó y puso su cabeza justo contra mi ventana. Con sus grandes ojos café y su enorme cabeza a pocos centímetros de donde yo me encontraba (el aliento que salía de su nariz comenzaba a empañar el vidrio), era evidente que me estaba diciendo sin palabras: "¿Tienen algo para mí allí adentro?"

Luego comenzó a empujar la ventana meciendo el auto. Durante todo ese espantoso momento ninguno de los dos levantó la vista, esperando que al ignorarlos se fueran.

—¡Escucha cómo respira esa cosa! —dije.

—Eso no es él —dijo Norma—. ¡Soy yo!

Finalmente, nuestros peludos amigos se alejaron, y nuestro auto se enfrió lo suficiente como para conducirnos hasta la puerta de entrada en busca de ayuda.

Por más que ahora suene gracioso, aquella hora atrapados en el auto fue en verdad una situación de mucha tensión. Por cierto, si hubiera sucedido varios años atrás, uno o los dos hubiera respondido de una manera muy diferente. Fácilmente podríamos haber utilizado aquella situación para explotar debilitando nuestra relación, en lugar de aferrarnos a un importante principio que podía fortalecernos.

Norma podría haberme dicho: "Gary, ¡no puedo soportar esta situación! No me importa que esta cosa explote, ¡pon en movimiento el auto!" O yo le podría haber dicho: "¡Cállate! ¡Si sigues hablando, pronto tendremos a uno de esos animales salvajes en el interior del auto!"

Cualquiera de los dos podría haber dicho o hecho cosas en el "ardor de la batalla" que más tarde hubiéramos lamentado. En ese paseo, sin embargo, las cosas fueron diferentes porque finalmente habíamos comenzado a comprender y a practicar un concepto increíblemente importante de las Escrituras.

Nunca sabemos cuándo nos encontraremos en una situación frustrante junto a un ser amado. En esos momentos, en los que una dificultad intensa amenaza con eliminar la energía positiva de nuestra relación, la mayoría de nosotros tomamos uno de dos caminos. Escogemos entre reaccionar violentamente castigando a los que están cerca de nosotros, o elegimos responder de una manera que realmente ayude a fortalecer nuestro matrimonio. Todo comienza cuando aprendes a darle energía a tu cónyuge en sólo sesenta segundos.

COMO DARLE ENERGIA AL CONYUGE EN SESENTA SEGUNDOS

¿Cuál es el principio bíblico que controla nuestras emociones en esas situaciones difíciles? Es un increíble poder que se encuentra al alcance de todos y consiste en ser amables y en tocar tiernamente a la otra persona.

Durante años supe intelectualmente que "La blanda respuesta quita la ira" (Proverbios 15:1), y que un fruto clave del Espíritu es la "mansedumbre" (Gálatas 5:23). Pero nunca había aplicado ninguno de estos dos principios en las relaciones más importantes de mi vida. Ahora bien, si te suena demasiado fácil que la suavidad sea un medio para darle energía a una persona, ¿con cuánta frecuencia te comportas amablemente en medio de una catástrofe?

El comportamiento básico de la mayoría de las personas en momentos de tensión es atacar verbalmente, dar sermones o ambas cosas a la vez (especialmente si la situación difícil se produjo por error del otro). Pero la ternura que sobrepasa nuestra naturaleza humana es una fuerza que transforma y da energía a los que nos rodean.

Como no tuve la bendición de tener un padre que supiera ser tierno con su esposa, durante los primeros años de mi matrimonio no me di cuenta de que la suavidad era una opción durante los momentos de tensión. Y fue entonces cuando aprendí que una de las necesidades más grandes de una persona es la de recibir consuelo, especialmente en momentos como cuando se nos cae el techo encima.

UNA MANERA NOVEDOSA DE AGREGARLE UN TRAGALUZ A TU CASA . . .

Una tarde fui de paseo con mi hijo Greg, y nos demoramos mucho en regresar. Me había llevado el auto, así que lo único que tenía Norma para ir de compras era la pequeña casa rodante. Esperó y esperó, pero cuando vio que yo no llegaba, decidió sacar nuestra pequeña casa rodante para ir de compras.

Lógicamente, ese vehículo no es nada fácil de manejar. Muchas veces yo me había salvado raspando de serios inconvenientes tratando de estacionarlo o de sacarlo del garaje. Pero Norma le dio un nuevo significado a la expresión "salvarse raspando" mientras trataba de salir marcha atrás con el vehículo.

Casi había logrado salir del cobertizo cuando giró la rueda en sentido equivocado rompiendo todo un sector del techo de la casa. Y como si esto no fuera suficiente, el techo cayó sobre el vehículo, dañando la pintura y dejando una abolladura bastante grande.

Cuando llegué a mi casa una hora más tarde, no podía creer lo que veían mis ojos. Al ver el agujero del techo, mi primera reacción fue mirar hacia el cielo para ver si el tornado todavía estaba dando vueltas, pero al echar un vistazo a nuestro vehículo, me di cuenta de que fue la Madre Norma y no la Madre Naturaleza quien había causado esa catástrofe.

Inmediatamente sentí deseos de ordenarle que saliera de la casa y hacerle preguntas como éstas: "¿Dónde conseguiste tu licencia de conducir? ¿La sacaste en una rifa?"

Pero en cambio me quedé helado en el auto, con las manos en el volante, orando: "Señor, tienes que darme fuerzas. Todas las fibras de mi ser desean sermonear a mi esposa dejando de lado la amabilidad. Esta es una de esas situaciones de tensión y yo sé que tengo una opción. Señor, ayúdame a hacer lo que debo." Volviéndome hacia mi hijo Greg, le pregunté: —¿Qué crees que debo hacer?

Greg me dijo: —Papá, ¿por qué no practicas lo que enseñas?

—Es una buena idea —le dije.

Pero todo el tiempo oraba por fortaleza para ser tierno. La ternura en un momento como ése no es algo natural. Debes dejar de lado la cómoda costumbre de los sermones y de la ira, y debes poner en práctica la nueva naturaleza de la ternura. Esto puede resultar extremadamente difícil (Efesios 4:22-24).

Finalmente, salí del auto y caminé hasta el pedazo de techo que estaba en el suelo, pero justo cuando me levantaba para observar el vehículo, Norma salió apresuradamente de la casa.

Sofoqué la voz interior que me decía: *¡Dale un sermón, dale un sermón!*, e hice lo que no parecía normal en aquel momento. Simplemente la abracé y le palmeé la espalda. Yo no había dicho una palabra, cuando finalmente Norma se echó hacia atrás y me dijo: —¡Mira lo que hice! Arruiné el vehículo y rompí el techo —dijo—. Les conté a los vecinos de enfrente lo que había hecho, y están mirando para ver cómo reaccionas tú.

Gracias a Dios no les había dado a los vecinos ningún motivo para hablar de que había perdido los estribos con lo sucedido. Simplemente abracé a Norma nuevamente y la llamé con el nombre cariñoso que utilizo para referirme a ella: —Norm, escúchame. Tú sabes que te amo. Eres más importante para mí que las casas rodantes y los techos. Sé que no lo hiciste a propósito y que te sientes realmente mal.

En ese momento sentí que Norma se relajaba. Y lo que es más aún, inmediatamente me sentí mejor a medida que mi enojo desaparecía para darle cabida a los sentimientos de ternura. Aunque resulta difícil de explicar, puedo decir que esta prueba, en lugar de separarnos, nos estaba *fortaleciendo*.

Luego de algunos instantes más de abrazos y conversación, Norma se fue para seguir con lo que estaba haciendo, y yo me dirigí al garaje a buscar algunas herramientas. Luego de respirar hondo, le dije a Greg: —Bueno, será mejor que empecemos.

Justo en ese momento, apareció un amigo de la iglesia. Este no era un amigo común, era un constructor que llegó en su camioneta cargada de clavos, serruchos, sierras, pintura y una altísima escalera. Saltó de la camioneta y me dijo: —Muy bien, Gary, comencemos.

—¿De dónde has salido? —le pregunté no pudiendo creer lo que veía.

Aparentemente, nuestros vecinos de enfrente no sólo estaban mirando la manera en que yo reaccionaría con Norma, sino que también les habían hablado a todos los habitantes de la ciudad para contarles acerca del agujero en nuestro techo. Irónicamente, nuestro amigo había sido uno de los primeros en escuchar las noticias. Gracias a su ayuda experta, y sin exagerar, en dos horas tuvimos reparado y pintado nuestro "observatorio astronómico".

Mientras me encontraba en la cama aquella noche, junto a Norma que se había acurrucado a mi lado, me sorprendí de que verdaderamente había dado un paso hacia adelante para cambiar durante una situación de tensión. ¿Qué hubiera hecho normalmente? Podría haberla herido emocionalmente con palabras duras y sermones, y hubieran pasado días hasta volver a acercarnos el uno al otro.

Si yo no hubiera sabido nada acerca del poder de la ternura estoy seguro de que hubiera reaccionado estallando. Esta vez no lo hice y, asombrosamente, todo fue diferente. El viejo Gary Smalley había perdido, pero el nuevo había seguido el modelo bíblico para aplacar la ira, y convirtió un motivo de tensión en un motivo de acercamiento.

Aquel día aprendí una lección importante que he visto repetirse una y otra vez en mi vida y en la vida de otras personas. En pocas palabras, la lección es:

El demostrar mansedumbre y ternura durante las situaciones de tensión es una de las maneras más poderosas para edificar una relación íntima (Santiago 1:19, 20).

El poder de la ternura se señala y se ilustra desde el principio hasta el fin del Nuevo Testamento. Sin embargo, desde mi punto de vista, la mejor explicación se encuentra en Efesios 4. En esa parte de las Escrituras vemos:

- El versículo 15 nos presenta el concepto del amor desafiándonos a crecer en todo "en Cristo" para llegar a ser personas maduras y tiernas, capaces de animar a los que nos rodean.

- Luego, los versículos 22 al 24 nos dicen que para ser completos en Cristo debemos despojarnos de nuestro "viejo hombre", que es lo opuesto a la santidad, y que luego debemos vestirnos del nuevo. Ahora, la pregunta es: "¿De qué debemos despojarnos y con qué debemos reemplazarlo?"
- Aunque por cierto existen muchos aspectos de nuestra naturaleza caída que necesitan ser cambiados por características divinas, el versículo 29 nos señala uno específicamente que hoy mismo podemos comenzar a poner en práctica. Sin atenuantes, nos dice que no debemos permitir que "ninguna palabra corrompida salga de nuestra boca". Las palabras corrompidas son un reflejo de nuestra vieja naturaleza, y debemos reemplazarlas por lo opuesto, palabras tiernas, amables y reconfortantes.

Este versículo prosigue animándonos a utilizar solamente las palabras buenas "para la necesaria edificación, a fin de dar gracia a los oyentes". Estas son palabras que edifican o fortalecen a otros, palabras que les brindan energía y vida a las personas.

Veamos diversas maneras prácticas de dar energía diariamente a nuestro cónyuge, hijos o amigos aprendiendo a reemplazar el enojo y los sermones por palabras tiernas capaces de transmitir fortaleza.

LOS SERMONES Y LA TERNURA NO SE LLEVAN BIEN

Digamos que una mujer está perdiendo su energía emocional y llega al límite de sus fuerzas. Frustrada, le dice a su esposo: —Ay, estoy cansada de luchar con esta casa. *Mira todo este lío.* Nadie se molesta en guardar nada. ¡Necesito que me ayuden!

Esta es una clara señal de una mujer que está perdiendo su energía. El problema es que su esposo probablemente escuche sólo las palabras: "Necesito que me ayuden", sin interpretar los sentimientos o las causas que provocan esa frustración. Cuando el hombre escucha las palabras, "necesito que me ayuden", su deseo natural es resolver el problema que tiene por delante. Es posible que de inmediato diga algo así: —Querida, me alegro que hayas sacado este tema. Tú sabes, si pudieras organizarte en el trabajo de la casa no te sentirías tan frustrada. Es tiempo de que tengas un sistema de trabajo como el que tenemos en la oficina. Y de paso, ¿sigues tomando esas vitaminas que nos costaron tan caras? ¿Duermes bien?

O lo que es peor aún, los hombres somos capaces de dar un golpe bajo y decir algo como: —Querida, ¿no crees que tu desorganización sea una señal de que no estás dedicando suficiente tiempo para leer la Palabra de Dios?

Resulta muy natural dar sermones. Particularmente cuando se trata de nosotros los hombres que somos conquistadores y que sentimos la responsabilidad de resolver el problema. El verdadero problema es que no nos dimos cuenta del mensaje que se encuentra *detrás* de las palabras. Más bien, si le damos a nuestra esposa un curso de eficiencia en tareas hogareñas, ella se resentirá en lugar de aplaudirnos. Generalmente, esto hace que el hombre diga algo como: —Bueno, ¿qué te pasa? Si no quieres que te ayude, ¿para qué me lo pides?

El problema es *que ella nunca pidió ayuda en ese sentido*. Es decir, no pidió la clase de ayuda que proviene de los sermones y de las lecciones prácticas. A él le sonó de esa manera, porque solamente prestó atención a las palabras. Como muchas mujeres, esta esposa estaba compartiendo sus sentimientos más profundos, su dolor, su necesidad de sentirse apoyada, pero lo que expresó fue su frustración. Lo que una mujer necesita cuando expresa su frustración es el hombro de su esposo, no sus palabras. Realmente necesita que la consuelen y la animen. Necesita que le brinden energía con una buena dosis de contacto físico significativo.

Debemos entender que cuando alguien está pasando por un momento difícil, algunas veces expresa esa pérdida de energía a través del enojo, del desaliento o de la ansiedad. Lo último que necesita un amigo, un hijo o nuestro cónyuge en esas condiciones es un sermón.

No solamente las mujeres resisten o reaccionan frente a los sermones o las palabras duras. Digamos que ha sido un día muy frustrante en la oficina y que un hombre entra a su hogar quejándose de la siguiente manera: —En este trabajo no me pagan de acuerdo a las cosas que tengo que soportar.

En la mayoría de los casos, él está compartiendo su frustración y no está invitando a que lo critiquen. Seguramente a ningún hombre le gustaría escuchar las palabras: —Ya lo creo que *no* te pagan lo suficiente. Debes buscar un trabajo en el que te paguen más para que podamos tener lo que deseamos. En realidad, yo te diré qué clase de trabajo *deberías* conseguir. . . ."

Lo mismo sucede con los hijos. A los adolescentes no les gusta llegar a casa cuando han reprobado un exámen y encontrarse con palabras amenazadoras y agresivas. No estoy diciendo que no puedes corregir con amor a una persona en las áreas de su vida en que está equivocada, pero en medio de la crisis, lo que la persona necesita en primer lugar es ternura.

La ternura actúa como una técnica utilizada en los incendios forestales. La cuadrilla de hombres que está luchando contra el fuego se adelanta al incendio y limpia una extensa franja de terreno eliminando todo material inflamable. El fuego puede rugir pero no puede cruzar esa zona y seguir destruyendo. Este es un tremendo beneficio de la ternura.

Requiere trabajo "limpiar" una área de los fuegos emocionales, particularmente cuando una feroz prueba se cierne sobre nosotros. Pero podemos hacerles frente a las emociones negativas previniendo que el "incendio" continúe. O en cambio, como hemos mencionado, podemos añadir más combustible al fuego ardiendo, en forma de sermones.

Utilizando otra metáfora, los sermones actúan como un succionador electrónico que puede succionarnos toda la energía, dejándonos emocional, espiritual y físicamente agotados. Me he encontrado en sesiones de aconsejamiento en las cuales un hombre critica a su esposa o viceversa, y uno casi puede escuchar el rugido de esta máquina succionadora, llevándose la vida de esa relación.

Los sermones pueden parecer algo bueno, y ocasionalmente son una respuesta apropiada para determinadas personas, pero las palabras tiernas, "edificantes" y que honran, pueden cortarle el paso a una discusión antes que ésta irrumpa en nuestra relación.

HACIENDO QUE LA TERNURA SEA UN HABITO EN NUESTRO HOGAR

Muy bien, me parece oírte decir: "Me gustaría ser más tierno, pero todavía me resulta un poco abstracto. ¿Qué te parece si nos das algunas sugerencias concretas con respecto a cómo practicar este nuevo hábito?"

Efesios 4:32 es nuestro "folleto" de instrucciones para convertirnos en personas tiernas. Este versículo nos muestra dos maneras de ser tiernos. La primera es: "Sean bondadosos entre ustedes." Y la segunda es: "Perdonándose las faltas que unos contra otros puedan cometer, de la misma manera que Dios nos perdonó en Cristo" (Efesios 4:32, La Biblia al Día).

En otras palabras, cuando se trata de ser tiernos, la bondad, la gentileza y el perdón son como las baterías o pilas. Estos elementos son los que le dan energía a la ternura. Veamos cada uno de estos pasos más detenidamente.

¿Alguna vez te has preguntado lo que en realidad significa ser "bondadoso"? *Ser bondadoso es comunicarle a alguien a través de nuestras acciones que es valioso.* Hay maneras de ser bondadoso, como por ejemplo, visitar a los amigos cuando están en el hospital o ir a sus casas cuando han perdido a un ser querido. En estos casos, la bondad se transmite mejor sin palabras, con un abrazo o con una acción amorosa. Nuestra sola presencia dice: "Lo siento tanto; eres muy especial para mí; estoy orando por ti." Si combinamos una acción amorosa con un toque tierno, los resultados pueden transformar una vida.

Recientemente, estuve con John Trent en un programa radial hablando de la importancia de ser tiernos, cuando nos llamó por teléfono un hombre y nos contó una increíble historia acerca del poder de la ternura sin palabras.

Hace algunos años, ese hombre había sufrido un severo ataque cardíaco. Aunque en ese momento tenía apenas cincuenta años, su problema fue tan serio que los doctores del hospital le dijeron a su esposa que avisara a la familia porque probablemente no viviría más que unos pocos días.

Cuando llamaron a su padre de setenta años, él voló desde el otro extremo del país para estar con su hijo en lo que él pensaba que era su lecho de muerte. A este hijo, el simple hecho de que su padre hubiera venido a verlo, lo animó tremendamente. En toda su vida no había escuchado ni una sola vez las palabras "te amo" de labios de su padre. En lo profundo de su ser, él sabía que su padre lo amaba, pero por años había anhelado escuchar las palabras que le dieran la pauta de que era valioso para su padre.

El nos dijo: —Mi padre nunca me dijo abiertamente que me amaba, pero después de su visita al hospital, supe que sí me amaba por algo que hizo cuando me encontraba en mi lecho de enfermo.

—¿Qué fue lo que hizo? —le preguntamos pegados a los audífonos conectados al teléfono.

—Cuando me encontraba en el hospital —continuó diciendo el hombre—, mi padre entró en la habitación y sin decir una palabra me tomó la mano y la sostuvo amorosamente durante una media hora. En lo que puedo recordar, ésta fue la primera vez que fue amoroso conmigo. No pudo llegar a expresar con palabras que me amaba, pero ahora sé que sí me amaba.

Se nos llenaron los ojos de lágrimas al percibir la emoción que denotaba su voz mientras nos contaba esa historia. Aunque hasta aquí el relato fue asombroso, lo que más nos impactó fue lo que siguió a continuación. El hombre prosiguió diciéndonos que se recuperó milagrosamente de aquel ataque cardíaco. Pero tres días después de haber visitado a su hijo en el hospital, el anciano padre de setenta años murió.

El hombre continuó compartiendo con nosotros y con toda la audiencia radial: —Si mi padre no me hubiera demostrado su amor mediante aquel sencillo acto, creo que nunca hubiera sabido realmente cuánto me amaba, pero aquella actitud amorosa me habló más que cualquier cosa que hubiera podido decirme.

La acción de su padre le comunicó bondad en su forma más pura. Sin palabras, sencillamente con un gesto amoroso, aquel anciano había expresado ternura de una manera que permanecerá para siempre en el corazón de su hijo.

EL MOMENTO APROPIADO PARA LA TERNURA

A menudo, el momento apropiado para expresar una palabra de aliento o dar un abrazo resulta evidente. Pero sin embargo, a personas como yo que no provienen de un entorno muy "tierno", a veces les cuesta reconocer los momentos no tan evidentes en los que se debe ser tierno. ¿Qué hacer, entonces?

Nunca me olvidaré de lo que me dijo una mujer: —Si tan sólo mi esposo me tomara en sus brazos cuando me siento deprimida, en lugar de darme un interminable sermón en cuanto a "estar siempre gozosos", mi matrimonio se transformaría.

—¿Alguna vez le has *dicho* a tu esposo lo que necesitas? —le pregunté.

—¿Está bromeando? El se sentiría muy molesto y yo también —me respondió.

—Tal vez esto te sorprenda —le dije—, pero probablemente él no sepa cómo ser tierno contigo. Tal vez a él le hayan enseñado a dar sermones. Probablemente necesite alguna enseñanza con respecto a lo que es la ternura genuina.

—Es probable que así sea —contestó la mujer—. Muchas veces cuando lloro, él me pregunta: "¿Qué quieres que haga?" Y yo estallo y le digo: *"Si te digo lo que tienes que hacer, ya no tiene valor."*

El esposo debería pedirle a la esposa, y la esposa al esposo que cada uno definiera lo que es la ternura. El esposo debe saber de qué manera debe abrazar a su esposa para que ésta se sienta segura y amada. Y la esposa debe saber cuándo es el mejor momento para que ella sea suave y compasiva con él. Una esposa o un esposo no debe esperar que su cónyuge le lea la mente cuando se trata de satisfacer esas necesidades importantes.

La mayoría de nosotros no podemos adivinar cuáles son las necesidades emocionales de nuestro cónyuge, y son pocos los que provienen de entornos saludables, por lo tanto, no sabemos reconocer las señales mudas que nos dicen: "Por favor, abrázame." Aunque en un comienzo resulte un poco difícil hablar sobre las maneras de ser tierno, la disposición para conversar sobre este tema tan importante tiende a traer vida y energía a una relación.

LA TERNURA ES UNA HERRAMIENTA IMPORTANTE PARA PROTEGER A NUESTROS HIJOS

Hemos hablado de la necesidad de ternura que tienen tanto el hombre como la mujer, y de la disposición que debemos tener para disminuir nuestros sermones y aumentar nuestras expresiones de amor. Pero si la bondad es una llave para el crecimiento de la pareja, también es una herramienta poderosa cuando se practica entre padres e hijos.

Conozco a un hombre que tenía una relación muy tirante con su hija adolescente. Recientemente, la joven había estado flirteando con un muchacho que a su padre no le gustaba, y éste había sido extremadamente cortante al expresar sus sentimientos. En verdad, cada vez que salía a relucir el tema (y todo lo que hablaban parecía de alguna manera conducir a ese tema), se gritaban y se deshonraban mutuamente.

En uno de nuestros seminarios, ese hombre se dio cuenta por primera vez de la importancia de la ternura, y de la poca ternura que le daba a su hija. Decidió que debía comenzar a poner en práctica la nueva naturaleza que habla con palabras de aliento. Seguía desaprobando el flirteo de su hija con aquel joven, pero no tenía por qué ofenderla para desahogar su frustración.

Aquella misma noche en el seminario, él oró para poder ser más gentil con su hija, y la oportunidad de poner en práctica esa oración surgió rápidamente. Cuando volvió a casa del seminario, subió las escaleras para irse a acostar. Al pasar por el cuarto de su hija escuchó que ella estaba hablando por teléfono y lloraba. Estaba hablando con el muchacho que a él tanto le disgustaba, y era evidente que se estaban peleando.

En su interior, ese padre tenía deseos de saltar de alegría. No podía pensar en algo mejor de lo que estaba sucediendo. Pero al entrar a la habitación de su hija, algo lo detuvo para no comenzar con el sermón de: "Te dije que ese muchacho no valía la pena." Al escuchar llorar a su hija, recordó la promesa que le había hecho a Dios de usar ternura en su casa.

Entró lentamente en la habitación de su hija y se sentó a su lado. Ella estaba acostada con la cabeza escondida en la almohada. Cuando se dio cuenta de que su padre estaba sentado a su lado, se puso muy tensa, suponiendo lo que había de venir, pero su padre no dijo nada. En cambio, la abrazó en silencio mientras ella lloraba. Cuando finalmente se calmó, miró a su padre y le dijo: "Papi, gracias por estar aquí conmigo."

Cuando mi amigo salió de la habitación, la emoción lo embargó. Se dio cuenta de lo distante que había estado de su hija, ya que hacía años que ella no lo llamaba "papi".

COMO EXPRESABA TERNURA EL MAESTRO

Nuestros hijos, nuestro cónyuge, nuestros amigos cercanos y cada uno de nosotros tenemos una necesidad física y emocional de ternura expresada en palabras o mediante el contacto físico. Cuando *honramos* esa necesidad en la vida de quienes amamos, estamos expresando bondad, y demostramos *amor* haciendo todo lo posible para suplir dicha necesidad.

La razón principal por la cual he mencionado la ternura y la bondad como el segundo acto de amor, es la enorme importancia que tienen cuando queremos comunicarle a otra persona el valor que posee. Uno de los clamores más fuertes que escuchamos entre los hombres, las mujeres y los niños es el ruego desesperado pidiendo que las personas que los aman les muestren ternura y bondad.

Jesús fue el Maestro por excelencia en el uso de la ternura para expresarles a los demás cuánto los valoraba. ¿Recuerdas la manera en que saludó a los niños que se le acercaron? Entre los espectadores que lo atropellaban y sus discípulos que lo protegían, fácilmente podría haber alejado o ignorado a los niños. Pero El no hizo ninguna de esas cosas. Jesús tocó y bendijo a los niños (Mateo 19:13-15).

Su ternura al tratar con la gente se describe gráficamente cuando un leproso vino a El: "Jesús extendió la mano y le tocó" (Mateo 8:3).

En los días de Jesús, tocar a un leproso era correr el riesgo de contraer una de las enfermedades incurables más terribles de los tiempos bíblicos. Tener lepra significaba morir abandonado y aislado de todo contacto físico con otra persona, apartado de la civilización hasta encontrar la muerte. Las personas no querían estar ni a varios metros de un leproso, y un rabí había enseñado que estaba bien arrojarle piedras a un leproso para mantenerlo a "una distancia prudente".

Sin embargo, antes de decirle algo al leproso, Jesús extendió su mano y lo tocó. ¿Te imaginas la reacción de la gente que estaba mirando? *Nadie* tocaba a un leproso. Pero Jesús, en su sabiduría, conocía el corazón de ese hombre y la necesidad que tenía tanto de limpieza espiritual como de ternura física (ver Mateo 8:1-3 y Lucas 5:12).

CUANDO LA TERNURA ESTA LIGADA AL PERDON

He mencionado varios aspectos de lo que significa ser "tierno". El primero es la bondad y el segundo es el contacto físico significativo. Pero existe un tercer elemento de la ternura que puede tener un increíble poder en toda relación, y es el *perdón*. Debemos perdonarnos los unos a los otros.

Pasaron años hasta que descubrí lo que significa "perdón" en el idioma original, pero no lo he olvidado jamás. La figura literal que se encuentra detrás de la palabra "perdón" es la de desatar un nudo. (*Aphieimi* significa básicamente dejar ir, enviar, cancelar, remitir, perdonar, tolerar.) En los confines de la vida diaria, todos nosotros podemos estar atados con nudos producidos por lo que otros (especialmente nuestro cónyuge) nos han dicho o noo han hecho.

Una parte del perdón implica ayudar a la otra persona a desatarse de su frustración. No importa si la ofensa fue pequeña o grande, el perdón dice: "¡Quiero que esa persona sea libre! ¡Que quede desatada!" Para aquellos que desean darle aliento y energía a su cónyuge o a cualquier otra persona, esto puede tener resultados increíbles.

Un médico amigo me contó la historia de un hombre moribundo que se encontraba en un hospital. Estaba muy, muy enfermo y los médicos le daban solamente unas horas de vida. A todos los que lo rodeaban les parecía que ese hombre había dejado de luchar, pero esa tarde, apareció su hermano. Ese hermano nunca se había llevado bien con aquel hombre, y siempre había sido rudo y descortés con él mientras crecían.

"Yo . . . yo vine simplemente para pedirte perdón por la manera en que siempre te he tratado", dijo repentinamente el hermano de ese hombre. Luego hizo algo extraordinario. Este hermano rudo tomó la mano del moribundo y le dijo que lo amaba.

En un principio, cuando ese hermano tomó la mano del enfermo, ésta estaba rígida por todos los años de resentimiento que había acumulado contra su hermano. Pero notablemente, en los momentos que siguieron a aquellas extraordinarias palabras, su mano se relajó y oprimió con fuerza la mano de su hermano.

Un momento antes se había sentido tan débil que parecía que no iba a pasar la noche. Sin embargo, luego de aquella visita, el enfermo comenzó a recuperarse cada vez más. El médico no pudo señalar ninguna cosa que hubiera podido justificar su rápida recuperación. Me dijo que podían existir un número de razones fisiológicas para la extraña y pronta recuperación de ese enfermo. Pero él sentía que la recuperación de su paciente luego de la aparición de su hermano no era pura coincidencia. Sin lugar a dudas, el contacto físico del hermano y especialmente sus palabras de perdón, le dieron a ese hombre la energía para luchar por la vida.

¿Todavía tienes dudas en cuanto a derrumbar viejas paredes de ira y abrir una puerta de ternura en tu hogar, una puerta que deje entrar a las palabras que proporcionan energía, al contacto físico suave y al valiente perdón? Entonces, comienza a dar los siguientes pasos.

Empieza escuchando a tu cónyuge, a tu hijo o a tu amigo sin darles sermones. Luego, la próxima vez que ellos muestren señales de pérdida de energía en medio de una situación de tensión, acércate y sin decir una palabra, rodéalos con tu brazo o suavemente ponles la mano en el hombro.

Si debes decir algo, simplemente di algo como lo siguiente: "Veo que estás realmente dolido, y quiero que sepas que lo siento mucho." O: "No estoy seguro de poder ayudarte en esta situación, pero te amo, y si deseas, podemos hablar de cómo te sientes." En particular, si la ternura no ha sido una cualidad sobresaliente en tus relaciones, te asombrarás al ver cuán rápidamente se obtienen resultados positivos al ser suaves con las personas.

Siempre le digo a la gente que para transmitirle energía a una persona no hace falta tener una gran sabiduría, pero sí se necesitan sesenta segundos. Este es todo el tiempo que necesitamos para acercarnos a alguien que amamos y abrazarlo tiernamente. Si invertimos unos pocos segundos siendo tiernos, no solamente ayudaremos a la prosperidad de nuestras relaciones, sino que también es algo que puede tornarse contagioso en un hogar. Pero lo asombroso de la ternura es que obra maravillas aun cuando no estemos cerca de nuestro ser querido.

Una vez, mientras me encontraba en un viaje dando conferencias, mis actividades me impidieron estar en casa para el Día de las Madres. Llamé por teléfono a Norma en ese día especial diciéndole lo apenado que estaba por no poder estar allí.

—¿Cómo lo estás pasando? —le pregunté.

—Ha sido un día horrible. Mike y Greg han estado terribles conmigo, y todo me ha salido mal.

Resistiendo la tentación de decirle "exactamente" cómo hacer para manejar esa situación, simplemente la escuché. Enseguida comenzó a hablar más lentamente y pude notar que se sentía un poco mejor.

Entonces le dije: —Oh, ¡cómo me gustaría estar allí contigo! ¡Te daría un fuerte abrazo, ummmmmmmm! Por cierto, pon tus brazos alrededor de tu cuerpo y date un fuerte abrazo de mi parte. ¡Ummmmmmmmmmm!

Ahora bien, yo no esperaba que ella me dijera: "Ay, eres un marido maravilloso. Gracias por ser tan tierno." Las esposas generalmente no dicen esas cosas cuando se sienten mal. Debes saber esto porque algunas veces ellas dirán: "Estoy segura de que no quieres decir eso."

Justo en el momento en que iba a colgar, escuché el ruido de una puerta que se cerraba y a Norma diciendo encantada: "¡Ohhhh, Greg! ¡Son tan preciosas!"

—¿Qué es tan precioso? —pregunté.

—¡Greggy me trajo flores para el Día de las Madres!

—Qué bueno —le dije, y en ese instante me asaltó una duda—. Escucha, Norma, permíteme hablar un momento con Greg.

Cuando mi hijo se acercó al teléfono, le pregunté de dónde había sacado las flores.

—Ah, se las encargué a un florista.

En ese entonces tenía sólo trece años, así que le pregunté: —¿Pero cómo las pagaste?

El respondió: —Ah, simplemente las cargé a tu cuenta, Papá.

Digamos que cuando regresé a mi hogar traté de recordar todo lo posible con respecto a mostrarle ternura a mi hijo.

La ternura es contagiosa cuando comienza a comunicarse en un hogar, ya sea a través de una palabra de aliento, de una palmadita suave en la espalda o de un acto de perdón. Y trae como resultado la energía, además de ser otra importante manera de construir una relación amorosa y duradera.

Para poner en práctica este importante aspecto de nuestra nueva naturaleza se necesita práctica y confianza en la fortaleza que proviene de Dios. Pero vale la pena todo el esfuerzo que pongamos para aplicar el poder de la ternura para darles energía a nuestros seres queridos.

Como mencioné anteriormente, darle energía al cónyuge siendo gentil y tierno es un importante acto de amor, pero no se encuentra aislado. Es simplemente una de las muchas maneras en que podemos poner el honor en acción para mostrarles a los demás cuánto les amamos.

En el siguiente capítulo voy a hablar sobre una emoción increíblemente poderosa que todos tenemos, pero que pocos sabemos utilizar. Es un rasgo tan característico del ser humano como el instinto de conservación. Modela el curso de los acontecimientos humanos en la misma manera en que un caudaloso río produce desfiladeros en la arena. Además, tiene el poder de darle más significado a nuestra vida y de hacer que nuestras relaciones sean más satisfactorias, o bien, literalmente puede destruir aquellas cosas que más apreciamos.

Comprender esto, como comprender la importancia de la ternura, es absolutamente esencial si deseamos honrar a Dios y a los demás. Descubramos los secretos para dominar la que tal vez es la emoción más poderosa del ser humano.

6

Venciendo a uno de los mayores destructores de relaciones: Un espíritu cerrado

Muy tarde una noche sonó el teléfono cuando estaba profundamente dormido. Era una llamada de larga distancia. Se trataba de un hombre que había conseguido mi número de teléfono por intermedio de un amigo. Mientras luchaba por despertarme, el hombre me dijo: —Gary, lamento llamar tan tarde, pero mi esposa me ha abandonado. En realidad, ¡me ha echado de la casa! Se comporta de una manera tan hostil que me sorprende. En ningún momento me imaginé que sucedería esto. Hace veinticinco años que estamos casados, ¡y ahora me echa a la calle!

Continuó hablando hasta que me preguntó: —¿Podría ayudarme a volver con mi esposa?

Su voz denotaba tanta desesperación, que le pregunté: —Antes de saber si puedo ayudarlo, necesito hablar con su esposa.

Inmediatamente me dijo: —Eso es imposible. Ella no me habla. Inclusive no habla con nadie que me conozca. Gary, me parece que usted no entiende. Ella me *odia*. Usted no tiene idea de cuánto me odia. ¡En este momento tiene en su poder una orden de la corte de tal manera que ni siquiera puedo entrar a mi propia casa!

Como he hablado con muchas personas que se encontraban en una situación similar, le contesté: —Bien, le diré lo que haremos. Hasta ahora ninguna mujer con la que he hablado me ha colgado el teléfono. Esta podría ser la primera vez, pero yo estoy dispuesto a intentarlo si usted me lo permite.

Luego de una breve pausa, me dijo: —Bueno . . . no tengo nada que perder, pero por favor, en el mismo instante en que deje de hablar con ella, llámeme para decirme qué sucedió.

A la mañana siguiente, llamé a su esposa. Cuando contestó, le dije: —Hola, le habla Gary Smalley. Su esposo me llamó anoche muy necesitado de ayuda, pero yo le dije que para poder ayudarlo, necesitaba hablar con alguien que lo conociera tan bien como usted que es su esposa. Me pregunto si podría disponer de un par de minutos para conversar conmigo, para ayudarme a comprender a su esposo y a saber por qué es tan difícil vivir con él.

Inmediatamente respondió: —Ohhhhh, ¡odio a ese hombre con toda mi alma! No deseo hablar acerca de él. En realidad, tan sólo pensar en él me pone mal.

Le dije: —Debe de haber sido horrible vivir con un hombre así.

—Usted no tiene idea de lo horrible que fue vivir con él —me respondió muy enojada—. Me controlaba de tal manera, que parecía que tenía que pedirle *permiso* hasta para ir al baño.

—¿Cómo pudo soportar esa clase de trato durante tantos años? —le pregunté, haciendo todo lo que podía para mantenerla en el teléfono.

—No sé cómo lo hice, pero usted me está haciendo hablar de él, ¡y yo no quiero continuar con este tema!

Finalmente, compartió varias cosas específicas que ese hombre había hecho, comenzando por la luna de miel. Muchas de ellas eran acciones de poca consideración que habían apilado heridas hasta que las lomas se convirtieron en montañas.

Luego de hablar con ella durante cinco minutos, le agradecí por haber compartido su tiempo y sus puntos de vista conmigo, y colgué el teléfono. Inmediatamente cumplí con mi promesa y llamé a su esposo.

—¿Habló con ella? —me preguntó.

—Sí —le dije—, y usted está en lo cierto cuando dice que sus problemas son graves.

A través de los años, podría contar prácticamente la misma historia de cientos de esposos que me han llamado o escrito narrando historias similares. En todos los casos, esos hombres no se "han dado cuenta" de que estaban tan mal hasta que el mundo matrimonial se desmoronó completamente a su alrededor.

Aunque existen situaciones únicas en cada caso, puedo pensar en un elemento que es común a todos los casos. En realidad, es uno de los mayores destructores de familias: *No resolver el problema del enojo.* Sin embargo, el enojo es una emoción humana muy "normal". ¿Cómo es posible que sea tan devastador en una relación?

ABRIENDOLE LA PUERTA A UNO DE LOS MAYORES DESTRUCTORES DE FAMILIAS

Recientemente, un amigo me contó que una estrella del mundo del *rock* había comprado un pequeño cachorro de león para criarlo en su casa de campo. Por supuesto, tuvo que contratar a un abogado para que convenciera al encargado de seguridad de la zona, para que éste permitiera la presencia de un animal salvaje como "mascota", pero habiendo dinero de por medio, no hubo ningún problema para salvar esta dificultad con toda rapidez.

Por varios años, este león "domesticado" era la sensación entre sus invitados. Nunca se comportó como un depredador peligroso, sino como una gran mascota juguetona. Fue entonces, cuando un día, la peor pesadilla que puede tener un padre se convirtió en realidad para ese hombre.

Su pequeño hijo de dos años estaba jugando cerca de la jaula del león. Los padres escucharon desde la casa los gritos del niño pidiendo auxilio, pero no hubo nada que pudieran hacer. El león había roto la jaula y había atacado brutalmente al niño huyendo luego a los bosques. En medio de esta terrible tragedia, el hijo de ese hombre murió antes de que pudieran llevarlo al hospital.

Estoy seguro de que ese hombre amaba a su hijo, y habiendo criado al león desde cachorro, con seguridad que nunca había pensado que algún día le quitaría la vida al niño. Pero todos los razonamientos del mundo para justificar por qué era "seguro" tener un animal salvaje en la casa, no pudieron borrar la naturaleza del león. A través de los siglos, los hombres han aprendido de una manera muy dolorosa lo que es el lado oscuro de la naturaleza de un león. Al aceptar a un depredador en la casa, ese hombre estaba preparando el escenario para una tragedia.

No puedo pensar en ninguna persona que haya conocido, que voluntariamente exponga a su hijo o a su cónyuge a la furia de un león, pero conozco a muchos esposos y esposas que no ponen ninguna resistencia a la entrada a sus hogares de otro terrible asesino: *El enojo insano que queda sin resolver.*

El enojo puede arrancarle la vida a una relación. Sin exagerar, cuando una persona le permite al enojo permanecer dentro de ella, éste actúa como una bomba de tiempo emocional preparándose para la detonación. Lo podemos comparar a cuando un terrorista coloca una bomba dentro de un inocente bolso sin importarle lo más mínimo a quién lastimará o matará.

Algunos pueden decir: "Pero todos nos enojamos. Hasta Jesús se *enojó* con la gente del templo." Aunque es verdad, existe una diferencia fundamental entre el enojo correcto (que puede tener un efecto "corrector" sobre un error), y la clase de enojo insano que se torna salvaje y que nos conduce a conflictos destructivos.

Como el león de aquella estrella de rock, el enojo que se acumula dentro de una persona nunca se puede convertir en una emoción "domesticada". Inclusive el enojo correcto se puede corromper si la persona no es muy, muy cuidadosa.

El hombre que me llamó en el medio de aquella noche aprendió una habilidad esencial que debe estar presente en toda relación saludable. En su caso, ésta resultó ser una habilidad que hizo toda la diferencia en el mundo en su situación. Se dio cuenta de que al permitir que el enojo creciera en la vida de su esposa (enojo del cual él era directamente responsable) había *cerrado el espíritu de su esposa* hacia él.

Como sucedió con aquel león aparentemente inofensivo, este hombre había permitido que su insensibilidad se apilara hasta que finalmente atacó ferozmente su relación. Sin embargo, lo que aprendió le ayudó verdaderamente a reparar el daño. Aprendió a abrir el espíritu cerrado de su esposa quitando el enojo de su vida, y esto produjo cambios drásticos en su situación.

Lamentablemente, el caso de este hombre no es único. Los padres, algunas veces, no tratan con el enojo en la vida de sus hijos cuando son pequeños, cerrando el espíritu de éstos hacia ellos. Estos mismos padres luego ven que el enojo almacenado se transforma en resistencia y rebelión cuando sus hijos son adolescentes. Esto no sucede sólo en las familias. Los patrones pueden cerrar el espíritu de sus empleados y pronto encontrarán resistencia y terquedad en éstos.

Aunque el enojo es potencialmente destructivo, se puede tratar con él, inclusive en aquellos casos en que parece humanamente imposible de solucionar. Este es el tema que vamos a tratar en este capítulo. No es necesario que vivamos continuamente en discordia con los demás. Creánme, podemos estar en armonía con los que nos rodean la mayor parte del tiempo.

Pero nunca aprenderemos a tener éxito en nuestras relaciones más importantes hasta que aprendamos cómo hacer salir el enojo de la vida de otra persona. Es absolutamente esencial aprender a "abrir" el espíritu cerrado de una persona para poder volver a estar en armonía. Esto comienza cuando aprendemos a sacar de nuestros hogares el enojo.

SACANDO DE NUESTROS HOGARES EL ENOJO MALSANO

En primer lugar, permítanme definir lo que entiendo por enojo malsano. *El enojo egoísta es la emoción negativa que sentimos cuando una persona o una situación no satisface nuestras necesidades, bloquea nuestros objetivos o no llena nuestras expectativas.* Es lo que sentimos cuando situamos nuestras necesidades, demandas o deseos por encima de cualquier persona. Entonces nos sentimos frustrados si aquellos que nos rodean no reaccionan en la manera en que nosotros deseamos. Permítanme ilustrar más claramente lo que quiero decir con enojo "negativo", dando un ejemplo hipotético de mi propio hogar.

Si yo llegara a mi casa una noche y reprendiera a Norma por estar cinco minutos atrasada con la cena, yo estaría absolutamente equivocado. Por cierto no es un pecado que ella tenga lista la cena unos minutos más tarde, por lo tanto, una reacción así demostraría que yo estoy más interesado en mi estómago que en su bienestar. Este es el verdadero problema con el enojo, me pone a "mí" por encima de todos los demás y muestra su desagrado cuando "yo" no puedo lograr lo que quiero.

Para una mayor claridad, existen dos cosas que debemos mantener en equilibrio. En primer lugar, existe un enojo "correcto" que enfrenta al pecado. En Efesios 4 tenemos un claro mandamiento de enojarnos por las cosas que pueden traer dolor al corazón de Dios (generalmente las clases de cosas que llenan nuestros periódicos y los noticieros). "Airaos, pero no pequéis" (Efesios 4:26). Aunque nos enojemos correctamente por alguna situación en nuestra vida o en la vida de otra persona, no tenemos justificativo para reaccionar de una manera pecaminosa.

En segundo lugar, por más que lo intentemos y que razonemos lógicamente, no siempre podremos evitar una emoción inmediata. Si accidentalmente alguien nos pisa el pie o se nos cruza en el camino cuando estamos manejando, es probable que nuestra reacción instantánea sea el enojo. Hasta ese momento, el enojo no tiene nada de malo o de pecaminoso. Pero cuando permitimos que el enojo se quede en nuestra vida o cuando lo dirigimos hacia otra persona para lastimarla, pasamos de un sentimiento normal y saludable a un sentimiento destructivo.

Apliquemos lo que Martín Lutero decía refiriéndose a los pensamientos negativos: "No puedes impedir que los pájaros vuelen sobre tu cabeza . . . ¡pero sí puedes impedir que hagan nido en tus cabellos!" Tal vez no podamos impedir que el enojo aparezca como una reacción instantánea e instintiva frente a algún dolor o problema, pero podemos tomar la decisión de no permitirle que se quede en nuestra vida y envenene nuestras actitudes o las actitudes de aquellos a quienes amamos.

COMO PONERLE LIMITES SALUDABLES A UNA EMOCION MALSANA

Volvamos a la pareja que mencionamos al comenzar este capítulo. Desde el momento en que se casaron, su esposo nunca puso límites a su enojo. Cada vez que su esposa se interponía a alguno de sus proyectos o lo demoraba de alguna manera, él la reprendía sin misericordia, sin calcular el impacto emocional de sus palabras.

Se podría argüir que su esposa debería haber sido más "madura espiritualmente", y que no se debería haber sentido tan herida por sus explosiones de enojo. Pero lo que sucedió fue que como consecuencia de una constante corriente de palabras y acciones provocadas por el enojo, ella comenzó a marchitarse por la actitud de su esposo. Esta esposa no se dio cuenta de que es posible librarse del enojo por nuestros propios medios, como verás en los Capítulos 13 y 14, y su esposo no se dio cuenta de dos cosas acerca del enojo que pueden destruir una relación.

1. *El enojo carcome la salud de una persona*

Cuando tomas la decisión de retener sentimientos negativos contra otros, en tu cerebro se pueden producir una serie de eventos que harías bien en evitar. Cuando una persona se enoja, su cuerpo se pone en "estado de alerta". Cuando el cerebro recibe el mensaje de que existe una situación de tensión allí afuera, no hace preguntas, reacciona. Tu cuerpo libera tantos productos químicos y se disturban tantas funciones de tu organismo cuando te enojas con tu pareja, como si te estuviera atacando un animal salvaje.

Luego de varios años de vivir con un hombre iracundo, la mujer de nuestra historia había comenzado a manifestar varios de los síntomas que presenta una persona con mucho enojo acumulado: Insomnio, depresión, tensión, dientes crujientes, una inexplicable sensación de cansancio, excesivo nerviosismo y una creciente irritabilidad. Ninguna de estas consecuencias del enojo es saludable físicamente. En verdad, el enojo que queda sin resolver baja las defensas de la persona y abre el paso a las enfermedades.

Cuando una persona está constantemente tensa (y el enojo incorrecto nunca permite que la persona se relaje, ni siquiera cuando duerme), esta tensión inevitablemente comenzará a destruirla. Es entonces cuando comienzan a suceder cosas indeseables a nivel sicológico, tales como depresión clínica, colitis, úlceras sangrantes, ataques de ansiedad, poca resistencia a los resfríos y a las gripes, y deficiencias respiratorias y cardíacas. Diversos investigadores inclusive piensan que algunos tipos de cáncer se producen como resultado de las elevadas dosis de stress que produce el enojo malsano.

Probablemente, todas estas manifestaciones físicas del enojo se encuentran detrás del primer mandamiento con promesa: "Honra a tu padre y a tu madre, para que tus días se alarguen en la tierra. . ." (Exodo 20:12). El enojo, sin embargo, no sólo afecta nuestra salud, sino que también puede hacernos permanecer en "tinieblas" cuando se trata de amar a Dios y a los demás.

2. *El problema más grande de todos*

En 1 Juan 2:9-11, el apóstol dice que el enojo permanente hacia otro trae como resultado la pérdida de la capacidad para vivir en la luz de Dios. El enojo contra nuestro hermano nos empuja hacia las tinieblas, en donde estamos completamente aislados de la luz del amor de Dios. Cuando vivimos enojados, o cuando provocamos enojo en los corazones de otros, tendemos un velo de oscuridad sobre nuestros ojos que nos ciega y no podemos ver el daño que les hacemos a los demás.

En parte, ésta es la razón por la cual tantos hombres y mujeres iracundos no se "despiertan" al daño que le han hecho al hogar, hasta que las paredes de la familia comienzan a derrumbarse a su alrededor. El enojo que han lanzado sobre los miembros de su familia ha vuelto duplicado y los ha cegado al amor de Dios y al amor de los demás.

El caminar consistentemente en tinieblas impide que seamos

amorosamente sensibles los unos para con los otros. Además nos quita todo interés en estudiar la Palabra de Dios y congela nuestro deseo de orar. Como si esto fuera poco, nos quita todo deseo de agradar a Dios, de honrarle y de experimentar su gozo.

He conocido a muchas personas que, después de años de asistir a una iglesia y de buscar a Dios, todavía no han encontrado paz. Y al conocerlas un poco mejor, he descubierto que en la mayoría de los casos, la principal razón del fracaso es el enojo almacenado. No están dispuestos a perdonar o a procurar que los perdonen, y como resultado esconden rincones de oscuridad en sus almas que pueden expandirse a través de los años.

El enojo produce tremendos daños físicos y espirituales en una persona. Y eso no es todo. También llega hasta la médula de una relación y puede sepultar todo sentimiento de unidad o de ternura.

¿Cómo podemos saber cuándo el enojo ha comenzado a atacar nuestra relación empujándola hacia la oscuridad? Nuestros seres queridos comenzarán a apartarse de nosotros física, emocional y espiritualmente. Ese alejamiento es lo que yo llamo un *espíritu cerrado*. Este espíritu puede quitar todo el entusiasmo y la vitalidad a nuestra familia dejándola vacía, herida y solitaria.

COMO RECONOCER QUE CLASE DE ESPIRITU TIENE UNA PERSONA

Permíteme ser más específico con respecto a lo que es el "espíritu" de una persona. Se podría explicar de esta manera. Cuando conoces a alguien por primera vez, te relacionas con esa persona en tres niveles: En primer lugar con tu espíritu, luego con tu alma, y finalmente con tu cuerpo.

Imagínate que yo me dirijo a una persona en uno de nuestros seminarios a quien conozco por primera vez. Antes de que podamos decir una palabra, la primera cosa que se pondrá en "contacto" será nuestro espíritu. Estoy definiendo al "espíritu" de una persona como la parte intangible y más profunda de nuestro ser que nos dice si existe una afinidad o una fricción natural entre nosotros. Es también la parte de nuestro ser que se relaciona con Dios en los momentos en que las palabras no son suficientes.

Seguidamente, se encuentra el "alma" (la palabra griega para alma es "psyche"). El alma se compone de tres partes inseparables: el intelecto, la voluntad y las emociones. Cuando nos comunicamos con otra persona, nos relacionamos en estos tres niveles. Por ejemplo, con la persona que conozco en el seminario, sin lugar a dudas intercambiaremos palabras al conocernos. Más tarde, si nos conocemos mejor, intercambiaremos ideas e inclusive sueños. De esta manera, nuestras "almas" se habrán comunicado.

Si nuestra relación entra al tercer nivel, y si es apropiado, podría existir la comunicación física. Por ejemplo, tú y yo podríamos estrecharnos las manos si nos conocemos por primera vez. Entonces tendremos una relación completa: cuerpo, alma y espíritu. Por supuesto, a esta altura es una relación superficial, pero por lo menos posee todos los elementos de una relación "total".

En nuestro seminario, utilizo la mano para ilustrar el concepto de un espíritu abierto o cerrado. Para asegurarte de que comprendes este principio, extiende tu mano ahora mismo.

Mírate la palma de la mano con los dedos bien separados. Digamos que los dedos moviéndose libremente son el espíritu de la persona. Son los primeros que se estiran y tocan a otras personas. El borde en forma de semicírculo, en donde los dedos se encuentran con la palma de la mano, podría representar el alma, en la cual las personas se encuentran intelectualmente. Y el centro de la palma podría representar al cuerpo.

Cuando eres feliz y todo está bien en tu relación con tu pareja, tus hijos o tus amigos, esos dedos están libres para moverse felices. La palma está abierta, lista para alcanzar otra mano y estrecharla amorosamente. Una mano abierta podría haber representado a la mujer de la historia que contamos al comienzo de este capítulo. En un principio cuando se casó, estaba abierta y deseosa de amar.

Sin embargo, si yo ofendo a una persona o la provoco a ira, esa mano abierta puede comenzar a cerrarse. Tómate tiempo para darte a ti mismo una lección práctica. Cierra lentamente la mano y observa qué es lo que sucede. El espíritu comienza a cerrarse sobre el alma y el cuerpo. Si permitimos que se cierre totalmente, ¿qué tenemos? Un puño cerrado, el símbolo mundial de enojo y desafío. En resumen, tienes algo similar a lo que tenía aquel hombre cuando me llamó en el medio de la noche: Una esposa tan profundamente herida y tan "cerrada" que respondió con la fuerza de un puño de piedra.

Mientras todo ande bien en una relación, la mano está abierta y los dedos se mueven libremente con felicidad. El espíritu que está abierto tiene la capacidad de responder. Pero cuando permitimos que palabras o acciones hirientes se transformen en un espíritu de amargura, esto puede llevarnos a cerrar totalmente nuestra vida a otra persona.

¿COMO CERRAMOS EL ESPIRITU DE UNA PERSONA?

Aunque probablemente existen cientos de maneras en las que podemos ofender a alguien, y de esta manera cerrar su espíritu, constantemente hemos visto varias que se encuentran a la cabeza de la lista. Por nombrar algunas de ellas, podemos decir que podemos cerrar el espíritu de otra persona:

- Pronunciando palabras ásperas.
- Menospreciando las opiniones de otra persona.
- No estando dispuestos a admitir que nos hemos equivocado.
- No apreciando a una persona.
- Haciendo comentarios sarcásticos o bromas a expensas de alguien.
- Siendo desconfiados.
- Obligando a alguien a hacer algo que le resulta desagradable.
- Siendo descortés con esa persona frente a otros.
- Ignorando las necesidades de la otra persona como si no fueran importantes o como si fueran menos que las nuestras.

Esta es simplemente una muestra de acciones importantes que pueden cerrar el espíritu de una persona. Probablemente nuestros seres queridos podrían hacer su propia lista. Es probable que nosotros no estemos conscientes de cuáles son las cosas que hacemos para depositar enojo en sus vidas. Una importante regla para recordar es la siguiente: *Todo lo que deshonre a otra persona, generalmente cerrará su espíritu.*

Aunque no era mi objetivo, yo no perdí tiempo alguno en comenzar a cerrar el espíritu de Norma. Al comienzo de mi matrimonio, hablé con diversos grupos de jóvenes. Todavía estábamos en la universidad y no teníamos hijos, por lo tanto, Norma siempre me acompañaba a esas reuniones.

En aquel momento, yo pensaba que era muy gracioso, y hacía bromas a expensas de Norma, sin tener la menor conciencia de cómo estaba afectando su espíritu. Yo decía cosas tales como: "Ah, por cierto es una gran cosa estar casado con Norma. ¡Me trata como a un dios! Cada mañana me sirve ofrendas quemadas."

Esto provocaba fuertes carcajadas, entonces seguía con algo como: "Estar casado con Norma es como estar casado con un ángel, siempre está en el aire flotando tocando el arpa, y nunca hay algo terrenal para vestirse." Más tarde, ya pueden imaginarse lo que sucedía.

Norma siempre me decía: —Realmente no me gustaron tus bromas, Gary.

Y yo movía impacientemente la mano diciendo: —Vamos, un poco más de humor. ¡Eres *demasiaaado* sensible!

En ese momento yo no me daba cuenta, pero cada uno de esos comentarios sarcásticos comenzaba a cerrar su espíritu para conmigo.

Una vez más, una parte de los problemas se debe a las diferencias entre los hombres y las mujeres. Generalmente los hombres no se dan cuenta de que Dios ha creado a las mujeres con un espíritu muy sensible a la crítica y al sarcasmo. Yo sé que no era consciente de esta diferencia natural tan importante, particularmente durante los primeros años del matrimonio que son tan importantes.

MI PROPIA MASACRE DEL DIA DE SAN VALENTIN

Unos seis meses después de nuestra boda, llegó el día de San Valentín. Era la primera vez que pasábamos este día estando casados y Norma había pasado horas preparando una elaborada comida para mí. En su mente, mientras trabajaba frente al horno caliente, pensaba cosas como: "Es el día de San Valentín, y mi esposo entrará por esa puerta en cualquier momento. Me traerá una romántica tarjeta y luego disfrutaremos de esta memorable velada juntos."

Lo que yo hice fue por cierto memorable, pero produjo la clase de recuerdo que desearía olvidar. La llamé por teléfono a las dos de la tarde y le dije: —Querida, olvidé decirte algo esta mañana. Tengo un partido de baloncesto esta noche en el que debo jugar.

Pude percibir la sorpresa en su voz al responder: —¡Pero hoy es el día de San Valentín!

—Lo sé, lo sé, pero este partido es *realmente* importante.

Entonces Norma dijo: —Pero yo ya he preparado una cena especial, y he puesto un mantel nuevo, y velas y . . . y . . . .

—Norma, tengo que ir a ese partido. Les he dado mi *palabra* a los muchachos. (Eso quería decir que no iba a pasar vergüenza llamando a mis amigos para decirles que me quedaría en casa con mi esposa en lugar de jugar al baloncesto.)

Por largo rato, lo único que hubo al otro lado de la línea fue silencio. Aunque ahora me avergüenzo, ¿saben lo que pensé en ese momento? *Oh no, tengo una esposa voluntariosa.* Confundí un espíritu cerrado con obstinación.

Entonces decidí que debía aprovechar esa oportunidad perfecta que ella me estaba dando para ponerla en vereda. Así que con un tono de voz controlado y firme, le dije: —Bien, Norma, tú sabes que me dedicaré al ministerio, ¿no es cierto? Una de las cosas muy importantes que dice la Biblia es que la esposa debe estar sujeta a su esposo.

Estoy seguro de que saben cómo prosiguió mi sermón. Su espíritu comenzó a cerrarse hacia mí en ese mismo momento a causa de mi total insensibilidad, pero yo no me di cuenta. Estaba tan cegado por mis propios intereses, que no podía ver las frases negativas escritas en las paredes de su vida, aunque algún día me vería obligado a leerlas.

Poco a poco, mes tras mes, fui sumando esas "pequeñas" cosas insensibles hasta que finalmente quité el brillo de sus preciosos ojos. Aunque han pasado tantos años, me resulta difícil pensar en lo inconsciente que fui con respecto a su espíritu, y cuán equivocado e insensible fui en aquella época.

La tragedia es que cuanto más manipula un hombre el espíritu de su esposa, tanto más lo resiste ella. Cuanto más lo resiste ella, tanto más se cierra el espíritu del esposo para con su esposa. Pronto, tenemos un círculo vicioso de dos personas que viven en el mismo hogar, que han hecho un voto público de amarse mutuamente, pero que ahora viven de acuerdo a una promesa privada de mantener el puño cerrado, en lugar de tener sus palmas abiertas. ¿Qué sucede cuando cierro mi espíritu hacia otra persona? Mi alma y mi cuerpo se cierran también.

¿Pero cómo puedo saber si estoy cerrando el espíritu de otra persona? El estado del espíritu de un niño es el más fácil de reconocer, porque el niño no acostumbra esconder sus emociones. Cuando los niños nos cierran sus almas, comienzan a estar en desacuerdo con todo lo que decimos, pierden el deseo de "estar con la familia", y parecería que les encanta discutir. En el aspecto físico, dejan de tocarnos, e inclusive se resisten a que los toquemos bajo ninguna circunstancia. Hasta pueden llegar a darnos la espalda cuando nos ven.

A nosotros nos puede parecer insignificante el comentario que hemos hecho. Probablemente ni lo recordemos. Nos puede parecer que nuestras palabras fueron tan livianas como un guijarro. Si yo dejo caer un guijarro en el pie de mi cónyuge o de mi hijo, puedo pensar que ha pasado desapercibido. Pero lo que es un "guijarro" para nosotros para nuestros seres queridos puede ser una piedra de cinco kilos. ¡Y la hemos arrojado justo sobre sus pies descalzos!

SEÑALES COMUNES DE UN ESPIRITU CERRADO

Como a muchos de nosotros nos resulta difícil reconocer cuándo hemos cerrado el espíritu de uno de los miembros de nuestra familia, será mejor tomar un momento para aprender cuatro de las señales más comunes que nos avisan cuando esto sucede.

La señal de aviso número uno es *un sentimiento de tensión entre ambos que no puedes explicar*. Esto puede indicar que un espíritu se está cerrando.

La segunda señal es *una actitud argumentativa*. La persona puede negarse a conversar sobre cualquier asunto. Es probable que te esquiven, que nunca te pidan un consejo, o que te critiquen por insignificancias. En poco tiempo, podrás decir que la luna sale de noche y el sol sale de día, y ellos encontrarán la forma de contradecirte.

Algunos de nosotros hemos trabajado con un jefe que nos ha ofendido profundamente. Sabemos muy bien lo que significa no estar de acuerdo con todo lo que dice, ¡y también con lo que no dice! Si mi espíritu se ha cerrado para con otra persona, es probable que tenga pensamientos negativos cada vez que la vea.

Lo mismo sucede cuando les oprimimos el espíritu a nuestros hijos. Por lo general, comienzan a resistirnos. Es la actitud básica de un niño que persistentemente se comporta de forma obstinada. Casi todos los niños antes de aprender a caminar (y en diversas edades también) pueden atravesar "períodos" en los que se muestran muy obstinados. Si ganas la batalla desde temprano, luego podrás librarte de enfrentar muchas batallas más tarde.

Sin embargo, existe una gran diferencia entre un niño que se encuentra atravesando un período normal de desafío a Papá y a Mamá, y uno que desahoga su ira siendo obstinado y "resistiendo" a sus padres. Tú puedes decirle a un niño cuyo espíritu está cerrado que saque la basura, y no se mostrará "típicamente" lento para obedecer la orden, sino que en un tajante desafío te dirá: "No, no *voy* a sacarla. Sácala tú o pídele a otro que lo haga."

La señal número tres es *una pérdida de intimidad física*. ¿Besos y abrazos? Olvídate de ellos; este ser amado probablemente no deseará estar a menos de cien metros de ti. Casi todos los hijos pasan por períodos en los cuales "abrazar" a Mamá o a Papá no les gusta (o no es aceptable o no "está de moda"); pero aun durante estos períodos, si los padres son persistentes e ingeniosos pueden satisfacer la necesidad que sus hijos tienen de "contacto físico" con ligeros abrazos o luchas en forma de juego (con los varones). Por otro lado, si el espíritu de tu hijo o de tu hija está cerrado para contigo, te encontrarás con mucha resistencia para satisfacer esa necesidad.

Si cierras el espíritu de tu cónyuge, verás cómo se evaporan todos los sentimientos románticos. Varias mujeres me han dicho que cuando su espíritu estaba cerrado para con sus esposos, ellas se sentían emocionalmente prostituidas cuando tenían relaciones sexuales con sus maridos.

He oído las quejas de muchos esposos: "¡Esta mujer no tiene ningún interés y no responde de ninguna manera!" Sin embargo, es probable que el principal responsable del bajo nivel de respuesta sexual de la mujer sea él mismo, por haber cerrado el espíritu de ella. Para una mujer, la intimidad física es espíritu, alma y cuerpo, no solamente cuerpo. Los tres niveles deben estar interrelacionados, de otra manera, cualquier respuesta sexual es, en el mejor de los casos, mecánica y, en el peor de los casos, disfuncional.

La señal número cuatro es las *expresiones negativas sin palabras*. Si el espíritu de una persona se está cerrando para contigo, sus expresiones faciales pueden ser peor que sus palabras. Es probable que procure estar lejos de ti, que constantemente deje la puerta de su cuarto cerrada para poder estar a solas, e inclusive que te dé vuelta la espalda en medio de una conversación. Si a tus hijos no les gusta estar en casa, especialmente quedándose solos contigo, esto también puede ser una señal de un espíritu cerrado.

UNA VENTANA DE ESPERANZA

Mi propósito al escribir esto acerca de un espíritu cerrado no es amontonar sentimientos de culpa sobre esposos o padres que pueden encontrarse luchando con un puño cerrado en lugar de con una palma abierta. Más bien, es dar esperanza. Tal como he tratado de compartir en detalle, las cosas que yo les hice a mi esposa y a mis hijos habían cerrado sus espíritus para conmigo en poco tiempo, pero la llave para mantener relaciones fuertes a través de los años es estar dispuestos a reabrir el espíritu cerrado de un ser amado.

Quiero compartir con ustedes lo que tuve que hacer con mi

hijo mayor, Greg, cuando era un niño pequeño, confiando en que sea una ventana de esperanza en sus vidas.

CINCO ACTITUDES QUE PUEDEN AYUDAR A ABRIR EL CORAZON DE UN SER QUERIDO

En mi libro *The Key to Your Child's Heart* (La llave al corazón de tu hijo), cuento la historia de mi hijo Greg cuando tenía alrededor de seis años. En ese entonces, yo trabajaba para una gran organización cristiana y pasaba gran parte de mi tiempo hablando por teléfono con pastores en todo el país. Esto también implicaba que muchas veces recibía llamados en casa de algunos líderes cristianos. Debido a eso, creé una regla en nuestro hogar que nadie podía violar: ¡Nadie debía gritar cuando yo estaba en el teléfono!

Una noche, me encontraba en mi habitación haciéndole una llamada de larga distancia a un distinguido pastor. De repente, mi hijo Greg lanzó un tremendo grito desde el baño. Vino corriendo hacia mi habitación, gritando tan fuertemente que yo no podía escuchar a la persona que se encontraba al otro lado de la línea.

Le hice enfáticas señas para que se callara, poniendo mi mano sobre el micrófono del teléfono y le dije: —¿No ves que estoy hablando por teléfono?

Pero Greg continuó gritando, entonces terminé rápidamente mi conversación telefónica y le dije a este pastor que lo llamaría más tarde.

Cuando colgué el teléfono, tomé a Greg fuertemente del brazo. —¿Por qué estás gritando y corriendo por la casa? —le dije—. ¿No veías que estaba hablando por teléfono?

Sin esperar a que me respondiera, lo saqué rápidamente al pasillo y le dije: —¡Vete a tu cuarto inmediatamente!

Todavía llorando, Greg entró rápidamente a su habitación. Una vez que nos encontramos adentro, tomé la pequeña regla que todos los niños habían decorado (cariñosamente la llamaban "la maestra"). Por haber roto mi regla inviolable, le apliqué la regla en sus asentaderas.

Luego de castigar a un niño, nosotros acostumbrábamos abrazarlo para quitar todo resentimiento, pero esta vez, sucedió algo que me sorprendió.

—Ven aquí para que te abrace —le dije.

—No —dijo, llorando todavía, y la mirada en sus ojos me decía: "Te odio." Se alejó de mí para que yo pudiera ver que no quería ni siquiera estar cerca de mí.

Entonces, luego de todo lo que había sucedido, recién se me ocurrió preguntarle: —Greg, ¿por qué llorabas?

Con la voz entrecortada por los sollozos, me dijo: —Me caí en el baño y me lastimé la oreja, y cuando me pusiste sobre la cama, me la golpeé otra vez.

Se había lastimado. ¡Por eso lloraba! ¿Por qué no se lo había preguntado antes? No sólo me sentía muy mal, sino que me sentía como un abusador de menores. Sabía que había cerrado el espíritu de Greg muy fuertemente en aquel momento, y si no hacía algo, dejaría una cicatriz emocional en nuestra relación.

Arrepentido de corazón, me puse de rodillas.

—Greggy —le dije en el tono de voz más suave que pude—. Lamento tanto no haberte preguntado antes por qué estabas gritando. No merecías una paliza, yo soy quien merece unos azotes —le dije alcanzándole la pequeña regla. Pero él la dejó caer y me dio la espalda. Era evidente que estaba tan ofendido que ni siquiera quería mirarme.

Entonces le dije: —Greg, estuve muy equivocado. Tal vez no puedas hacerlo ahora mismo, pero, ¿podrías perdonarme? ¿Lo harías?

Entonces fue como si su corazoncito se hubiera derretido, y corrió a mis brazos. Me recosté sobre la cama sosteniéndolo entre mis brazos fuertemente hasta que los sollozos se fueron calmando y comenzó a respirar normalmente.

Después de un largo rato, volví a preguntarle para asegurarme: —Greg, ¿estás seguro de que has perdonado a Papá?

Simplemente me palmeó la espalda y me dijo: —Oh, Papá, todos cometemos errores.

¿Sabes lo que esto me quiso decir a mí? Me dijo que el espíritu de Greg se estaba volviendo a abrir. Me estaba tocando, estábamos hablando, y sus sentimientos volvían a surgir. Su cuerpo, su alma y su espíritu se estaban reabriendo.

Lo que estaba sucediendo entre nosotros mientras nos abrazábamos era el resultado de cinco actitudes que obran juntas para ayudar a abrir el espíritu de una persona. Permítanme afirmar claramente que *éstos no son pasos a dar*. No puedes seguir mecánicamente la lista y esperar que de esta manera se borre todo el dolor y todo el enojo. En el caso de Greg, tomó sólo media hora reabrir su espíritu y volver a estar en armonía. En el caso de Norma, tomó casi dos años aplicando consistentemente estas actitudes para revertir el hermetismo de espíritu que yo había provocado.

Lo importante no es el tiempo que lleve, sino la decisión y el compromiso de hacer todo lo que sea necesario para volver a estar en armonía con una persona *ayudándola a que se deshaga de la mayor cantidad de enojo posible.* Por años, he practicado estas mismas actitudes con mi esposa y con cada uno de mis hijos, y me han ayudado muchísimo para que el enojo saliera de nuestro hogar. Sé que también a ti te pueden alentar en este sentido.

CINCO ACTITUDES PARA REABRIR EL ESPIRITU DE UNA PERSONA

1. *Ser suave y tierno con la persona*

El libro de Proverbios dice: "La blanda respuesta quita la ira" (Proverbios 15:1). Todo el problema con Greg comenzó cuando yo me torné áspero e irrazonable. Las cosas comenzaron a cambiar cuando el tono de mi voz se suavizó junto con mi espíritu. Mi actitud y mi voz le decían que estaba preocupado por él. Algunas veces la suavidad sola puede reabrir el espíritu de una persona. Ese es el mensaje del Capítulo 5.

2. *Comprender, lo más posible, cómo se siente la otra persona (recuerda que debes escuchar lo que te dicen, en lugar de reaccionar a las palabras que han usado)*

Yo también hubiera gritado si me hubiera caído en el baño. ¿Y encima de eso recibir un castigo? Por lo tanto, le demostré a Greg con mis palabras, de la mejor manera que pude, que comprendía cómo se sentía. Conversé con él coincidiendo en lo terrible que debería haber sido, cuidándome de no "reaccionar" defensivamente a alguna cosa que él me dijera.

3. *Reconocer que la persona está herida, y asegurarnos de admitir cualquier culpa nuestra que haya provocado el enojo*

Mis palabras a mi hijo fueron: "Greg, estuve muy equivocado." Como padres (o esposos), a veces puede resultar muy duro decir estas palabras, pero como en el caso de Greg pueden obrar milagros. Cuando hemos estado realmente equivocados y lo admitimos, es como si taladráramos un agujero en el "balde del enojo" de nuestro ser amado, permitiendo que drene esa emoción insalubre. Una vez que nos escuchan admitir nuestro error, el enojo encuentra una vía de escape de sus vidas.

Es probable que algunas veces no pensemos que hemos estado equivocados, pero nuestra actitud puede haberlo estado. O tal vez, la manera en que hicimos algo sea ofensiva. Si al decirle a mi esposa algo acerca de un legítimo problema, mi actitud es áspera e iracunda, estoy equivocado. ". . . porque la ira del hombre [o la de la mujer] no obra la justicia de Dios" (Santiago 1:20, los corchetes son míos). Si no somos capaces de admitir que nos hemos equivocado, podemos dejar una brecha peligrosa entre nosotros y nuestros hijos o nuestro cónyuge, que probablemente no se arreglará rápidamente, o tal vez no se arregle nunca.

4. Tocar con ternura a la otra persona

Si avasallaste el espíritu de tu esposa a la diez de la noche (o por la mañana) y luego te vas a la cama y esperas que sea amorosa contigo, ¿qué sucederá? Es probable que tu cónyuge se dé vuelta en la cama hacia el otro lado. Entonces te dirá que le duele la cabeza, que no es el momento apropiado o simplemente que no desea que la toquen. El mensaje sin palabras de "No me toques", puede querer significar: "Mi espíritu se está cerrando."

Si intentas tocar a alguien que tiene el espíritu cerrado, te darás cuenta de cuán profunda es la herida. Si a una mujer la han tocado solamente cuando su esposo estaba enojado o cuando deseaba satisfacer sus necesidades sexuales, es probable que se resienta ante cualquier clase de contacto físico, o que esté rígida e inflexible. Pero si persistimos en ser suaves, brindando contactos físicos que no estén relacionados con demandas sexuales, recorreremos un largo camino permitiendo que el enojo y los sentimientos negativos desaparezcan de una relación.

5. Buscar el perdón y esperar una respuesta

Puedes decir algo así como: "¿Podrías perdonarme? Te he desilusionado tantas veces. Sé que no merezco que me perdones, pero, ¿podrías intentarlo?" O: "No quiero verte amargado y sin responderme. Sé que estoy a millones de kilómetros de ser lo que debería, pero te amo mucho y te pido que me perdones. ¿Lo harías?"

Intenta obtener una respuesta positiva de la persona antes de marcharte, pero si es necesario, comienza con la primera actitud de ser suave ganándote de esa manera el perdón. Recuerda también que *no debes responder simplemente a las palabras de tu ser amado*. En el ardor de la batalla, o si has lastimado profundamente a alguien, es probable que esa persona te diga algo para lastimarte a ti: "Es cierto", puede responder, "no *mereces* que te perdone. En realidad no sé cómo puedo vivir contigo cuando me tratas así tan a menudo."

Muchas personas, en particular los hombres, cuando escuchamos esta clase de palabras nos sentimos tentados a dar un sermón defensivo, o a hacer la invitación para la siguiente andanada de reproches. Pero aquellos hombres y mujeres que son lo suficientemente sabios como para reabrir el espíritu de una persona, deben aprender a escuchar más allá de las palabras, a los sentimientos heridos que se encuentran detrás de dichas palabras.

En algunos momentos sentí que lo que Norma me decía era injusto, considerando que yo estaba tratando de ser suave pidiéndole que me perdonara. Probablemente ella malinterpretaba mis motivaciones o se hacía preguntas en cuanto a mi cambio, pero cuando le pides a alguien que te perdone, no es momento para un sermón concerniente a las palabras adecuadas. Debes concentrarte en quitar el enojo en lugar de empeorarlo.

El pastor de nuestra iglesia es un individuo excepcional. Una de las muchas cosas que hemos aprendido de Darryl DelHousaye es la amonestación bíblica acerca de cómo tratar con el enojo. He descubierto que ésta es una verdad universal con respecto a las relaciones personales. Una y otra vez, Darryl ha dicho desde el púlpito, con respecto a la ira y a la necesidad del perdón: "Bíblicamente, la persona más fuerte siempre inicia la paz." ¿Estás dispuesto a ser la "persona fuerte" que procura arreglar las cosas en una relación? Algunas veces se requiere una gran fuerza de voluntad para no reaccionar frente a las palabras de alguien. Recuerda, en la mayoría de los casos las actitudes impulsivas fueron las que ayudaron a que el espíritu de esa persona se cerrara.

DESATANDO NUESTROS PROPIOS NUDOS

Existe una razón muy importante por la cual el perdón juega un papel tan vital en la apertura del espíritu de una persona. Tiene que ver con la manera en que la Biblia define esta palabra. Recuerda que el lenguaje original de la Biblia, la palabra perdón significa "liberar, desatar".

Teniendo esta figura en mente, comprenderemos que cuando decimos o hacemos algo ofensivo en contra de alguien, realmente estamos ayudando a esa persona a que se ate emocional y espiritualmente, como si se estuviera atando con fuertes nudos. Probablemente, lo que hemos hecho sea el resultado de los "nudos" que alguna otra persona ató en nuestra vida.

¿Sabes por qué la mayoría de las personas "difíciles" son personas que no se quieren a sí mismas, que son rencorosas o que se sienten rechazadas? Estas personas luchan por perdonar a otros o por sentirse perdonadas. La manera que tienen para decirnos que están atadas es a través de sus acciones negativas y aborrecibles. Esa es una de las razones por las cuales las Escrituras nos dicen que debemos amar a nuestros enemigos. Sus reacciones negativas son señales que nos avisan que sus vidas se encuentran espiritualmente atadas.

¿Y qué sucede con mis propios nudos?, puede estar pensando alguien. *¿Cómo puedo desatar los nudos de otra persona si yo mismo estoy atado?* En el Padrenuestro, Cristo responde a esta importante pregunta.

Si pudiéramos parafrasear algunos versículos utilizando la definición literal del perdón, leeríamos así: "Si estás dispuesto a desatar los nudos de alguien que te ha ofendido, entonces Dios desatará (perdonará) los tuyos. Si te niegas a desatar sus vidas atadas, entonces Dios no desatará la tuya." Una de las principales razones por las cuales el perdón es tan necesario, es que el enojo, la falta de perdón, impide la obra del Espíritu de Dios en nuestras vidas.

¿Comprendes ahora que cuando dejamos enojada a una persona permitimos que permanezca en "tinieblas", completamente "atada"? Cuando provocamos a ira a una persona, no solamente la estamos dañando emocionalmente, sino que también la estamos separando de la luz de Dios. Sin embargo, existe un antídoto para el enojo malsano.

Si valoramos y honramos a las personas que nos rodean, entonces haremos todo lo posible para no hacer nada que las ate. Pero si lo hacemos, intentaremos desatarlas. Debemos tener muy presente lo que dice la Palabra de Dios en Efesios 4:26: "No se ponga el sol sobre vuestro enojo."

En los Capítulos 13 y 14 compartiremos específicamente cómo desatar los nudos que tal vez haya en tu vida. Por ahora, diremos que la armonía en un hogar se mantiene comprendiendo cuáles son las actitudes que pueden reabrir la vida de un ser amado y devolvernos su amor.

NUNCA . . . NUNCA TE DES POR VENCIDO

Existe una pregunta final que debemos formularnos. ¿Qué sucede si hacemos todo lo que está de nuestra parte y la otra persona no responde?

Persiste con gentileza . . . persisite con gentileza . . . persiste con gentileza y amor.

Cuando Winston Churchill se encontraba cerca del final de su vida, le pidieron que diera el discurso de apertura en una notable universidad de Inglaterra. Su auto llegó tarde, y la apretada multitud repentinamente hizo silencio mientras uno de los grandes hombres de la historia británica se abría paso lenta y dolorosamente hasta la plataforma.

El discurso de Churchill duró menos de dos minutos, pero provocó una gran ovación. Constó solamente de dieciocho palabras, pero sin embargo fue capaz de inspirar a muchísimos hombres y mujeres desde entonces. Lo que él dijo es el mejor consejo que puedo darte en lo concerniente a ser persistente en el amor para reabrir el espíritu de un cónyuge o de un hijo. ¿Qué fue lo que dijo? Con su voz profunda y resonante dijo: "Nunca se den por vencidos . . . Nunca, nunca se den por vencidos . . . Nunca, nunca, nunca se den por vencidos."

Este fue el final del discurso, pero no fue el final del mensaje. Si el hombre que me llamó a medianoche se hubiera dado por vencido y no hubiera sido persistente en amar, hubiera dejado a una esposa y a una familia llena de nudos y que todavía se encontrarían en la oscuridad.

Creo que nunca en mi vida había escuchado a una mujer hablar en una forma más hostil que aquella mujer. Sin embargo, poco menos de un año después, ella me llamó nuevamente y me dijo: "Gary, simplemente quería que supiera que estoy de nuevo con mi esposo. . . ."

Debo admitir que me quedé helado cuando recibí la llamada. Desde todo punto de vista humano, la relación de aquel matrimonio estaba muerta, había naufragado aquella terrible noche cuando ella echó a su esposo de la casa. Evidentemente, ella había pensado lo mismo que yo.

"Hace un año", me dijo, "si usted hubiera *sugerido* que existía la posibilidad de que volviéramos a estar juntos, que él volvería a gustarme, o mejor aún, que volvería a amarlo, no le hubiera creído. Lo asombroso es", prosiguió, "que he vuelto a amarlo. Verdaderamente deseo estar a su lado. Esto me resulta fascinante."

¿Qué fue lo que produjo ese cambio? Como ese hombre reconoció que había permitido que el enojo arruinara su hogar, y aprendió a hacer drenar el enojo de la vida de su esposa, pudo reabrir el espíritu de ella. Pero hizo algo más. Su compromiso de permitir que Dios lo transformara y que transformara su actitud para con su familia, hizo que nunca, nunca se diera por vencido, aun cuando su esposa le dijo que lo odiaba y que no quería volver a verlo nunca jamás.

Si yo me hubiera dado por vencido en alguna de las cien o más veces en las que he tenido que trabajar para quitar el enojo de la vida de Norma o de alguno de mis hijos, probablemente no estaría escribiendo este libro, y tampoco estaría disfrutando de relaciones bien arraigadas en mi hogar. Lo que mi amigo y yo aprendimos en cuanto a reabrir el espíritu de una persona, también te puede dar resultado a ti, así como sucedió en mi familia, para ayudarnos a todos a evitar a uno de los peores destructores de las familias.

Ahora entraremos en uno de mis temas favoritos: El tremendo valor de un hombre, porque Dios le ha dado al hombre exactamente lo que necesita para ser una persona capaz de amar muchísimo y también un gran líder en su hogar. Los hombres llegamos a la relación matrimonial equipados para contribuir con cuatro elementos esenciales que deben encontrarse en el centro de toda relación sólida. Descubramos cuáles son esos elementos.

7

El tremendo valor de un hombre

Imagínate esta escena. Norma y yo estamos a punto de comenzar una de las reuniones vespertinas para matrimonios (una importante parte del trabajo que realizamos de recién casados en una iglesia). Las personas han estado conversando, sonriendo, tomando café. Ahora todos se encuentran cómodamente sentados en las sillas que hemos acomodado en nuestra sala. Entonces, de repente, la pacífica atmosfera desaparece.

La puerta del frente se abre bruscamente de un golpe, y entra una de las parejas del grupo. El esposo camina adelante de su esposa y toma asiento. Sin decir una palabra, se cruza de brazos y observa a todo el grupo. Su esposa, quien tiene los ojos enrojecidos e hinchados, cruza la habitación y se sienta al lado de otra mujer.

Habían pasado unos pocos segundos, pero la velada había dejado de ser agradable ¡para convertirse en explosiva! Como yo era el líder del grupo, decidí comenzar, pensando que esto ayudaría.

Comencé con una oración y luego volví a mirar al hombre. Todavía estaba sentado con los brazos firmemente cruzados, dando la apariencia de un volcán antes de entrar en erupción. Pensando que aliviaría algo de la tensión, comencé dirigiéndome a él.

—¿Cómo te ha ido esta semana? —le pregunté.

—¡Muy mal! —me contestó con un gruñido.

—¿En qué te ha ido mal? —le pregunté.

—Si realmente deseas saberlo —me contestó, inclinándose hacia adelante en su silla y mirándome a los ojos—, he estado pensando en no venir más a este grupo para matrimonios.

Silencio sepulcral.

—Les diré una cosa —continuó levantando el tono de voz—, tengo una idea mejor. ¡Lo que verdaderamente estoy pensando es en irme, dejar mi hogar! No *soporto* a esa mujer que está allí, y no creo que pueda seguir viviendo con ella.

Sus palabras quedaron flotando en el aire cuando se acomodó nuevamente en la silla con una expresión desafiante en su rostro.

Fue interesante ver lo que sucedió en el instante en que él dejó de hablar. Inmediatamente todas las mujeres lo miraron y fueron a consolar a su esposa, y todos los hombres que se encontraban en la habitación hicieron lo mismo con él. Todos nos miramos y pensamos: *¿Qué hacemos ahora?*

Como líder del grupo, yo sabía que tenía que hacerme cargo de la situación, por lo tanto dije: "¿Por qué no concluimos con una oración?" Y eso fue exactamente lo que hicimos. Probablemente fue la reunión de matrimonios más corta que jamás tuve. Cuando todos se dirigían a la cocina, pude hablar a solas un poco con ese hombre y le pregunté: "¿Por qué no almorzamos juntos mañana antes que tomes una decisión tan drástica?"

No muy convencido, accedió.

Al día siguiente, mientras conversábamos en un restaurante, ambos descubrimos algo fascinante. En realidad, es algo que he usado para fortalecer mi propio matrimonio y que he compartido con cientos de hombres desde entonces.

HERIDAS QUE NOS CAUSAMOS A NOSOTROS MISMOS

—¿Por qué quieres dejar a tu esposa? ¿Qué es lo que más te molesta de ella? —le pregunté.

—Gary, el tiempo del almuerzo no alcanzaría para decirte todo lo que me molesta. ¡Necesitaría toda una tarde!

—Entonces, intenta destacar los puntos más importantes —le dije. En cinco minutos, él me compartió cinco cosas en ella que le resultaban particularmente irritantes.

—Es muy mala ama de casa . . . se pasa todo el día en el teléfono . . . está constantemente con su madre . . . nunca quiere viajar conmigo . . . jamás toma la iniciativa en cuanto a nuestra vida sexual.

Con cada una de esas afirmaciones, su actitud se tornaba más y más dura. Elevé una rápida oración pidiendo sabiduría y luego hice algo que nunca antes había hecho. Comencé a tomar una por una sus quejas y a hacerle algunas preguntas específicas acerca de ellas. Preguntas tales como: —¿Alguna vez la alientas con respecto al trabajo de la casa? Por ejemplo, ¿alguna vez la elogias por las cosas buenas que hace en la casa?

—No —me contestó—. Ella *nunca* hace nada bueno en la casa como para que yo la elogie.

—Por lo menos dame un ejemplo de lo que le dices cuando sus habilidades como ama de casa no están a la altura de lo que tú deseas —proseguí.

—Bueno —dijo con un tono de voz un poco más suave—, el otro día me levanté a las seis de la mañana y comencé a limpiar la casa. Cuando me dirigía hacia nuestra habitación, ella saltó de la cama y me preguntó: "¿Qué estás haciendo?" Yo le respondí: "¡Estoy cansado de vivir en este chiquero! Vamos a limpiar esta casa ¡y vamos a hacerlo ahora!"

—¿Crees que eso la motiva a mantener la casa limpia? —le pregunté.

—No, supongo que no, pero eso no resuelve el problema de que ella sea desaliñada —contestó.

Ignorando sus comentarios mordaces, continué haciéndole preguntas con respecto a la lista. —Cuando vuelves del trabajo o durante los fines de semana, ¿cuánto tiempo dedicas a conversar de verdad con tu esposa acerca de algo que sea importante para ella?

—Bueno, francamente no me queda mucho tiempo libre durante la semana. Tengo muchísimo trabajo en la oficina. Practico pelota paleta tres veces por semana y luego tenemos que cumplir con *tu* grupo, lo cual implica una noche más —dijo, asegurándose de que yo me diera cuenta de cuánto esfuerzo le costaba asistir a nuestro grupo—. Y durante el fin de semana tengo que hacer algo que me relaje, por lo tanto, generalmente juego al golf con algunos compañeros de trabajo. . . .

—¿Pasas algún tiempo conversando con ella durante la cena? —le pregunté.

De mala gana me contestó: —Generalmente miro televisión durante la cena. En realidad, es el único momento en el que puedo mirar los noticieros. Gary, debes comprender, en mi trabajo resulta crucial estar informado de los acontecimientos nacionales e internacionales, puesto que afectan mis negocios.

—Muy bien —le dije—, las noticias pueden ser importantes, pero ¿dedicas *algún* tiempo para estar con ella durante la semana, los dos solos, hablando acerca de ustedes mismos, de lo que es importante para ella y no solamente de tu negocio?

—No —contestó sin emoción en la voz—, en realidad no.

—Entonces no debes asombrarte de que tu esposa esté todo el día en el teléfono y en la casa de su madre. La mujer posee una tremenda necesidad de comunicación significativa, particularmente con su esposo. Si esa necesidad no encuentra respuesta, buscará alguna otra persona con la cual hablar —le dije.

—Oh —dijo, mientras que una serie de lucecitas comenzaban a encenderse en su mente—, nunca lo había pensado de esa manera.

—Ahora tienes tu propia compañía, pero ¿has trabajado alguna vez para alguien muy exigente? —le pregunté.

—Por supuesto que sí —dijo sin detenerse ni por un momento a pensar—. Tuve un patrón al cual odiaba. Era esa clase de hombre que no veía la hora de entrar a mi oficina para comenzar a criticarme. Me señalaba todo lo que estaba mal en mi departamento y todo lo que podía llegar a estar mal. Luego me gritaba: "¡Haz esto! ¡Haz lo otro!" Luego de que me denigraba frente a mis compañeros, volvía a su oficina y tomaba café mientras que yo trabajaba como loco tratando de hacer todo lo que me había pedido.

Le pregunté: —¿Cómo te hacía sentir?

—¿Cómo me hacía sentir? Odiaba trabajar con él —contestó—. No veía la hora de que terminara el día para no verlo más.

—¿Te hubiera gustado salir de vacaciones con él? —le pregunté.

—¿De vacaciones? ¿Estás bromeando? —dijo con un tono de voz incrédulo—. Eso hubiera sido lo *último* que hubiera hecho.

—Don —le dije—, ¿te das cuenta de que estás tratando a tu esposa de la misma manera en que te trataba ese jefe?

Sus ojos se abrieron, y se sentó muy derecho mientras trataba de asimilar lo que le había dicho.

—No es de asombrarse que tu esposa no quiera ir de viaje contigo, ni que sea reacia a responderte físicamente. La manera en que la has tratado, es como si ella hubiera estado viviendo día y noche con tu antiguo jefe.

Luego de un gran silencio, dijo de mala gana: —Veo lo que me quieres decir.

Recorrimos las cinco áreas que él había mencionado e hicimos un asombroso descubrimiento. En cada uno de los problemas que él tenía con su esposa, compartía la responsabilidad de haber creado aquellas actitudes y acciones que tanto lo irritaban.

—¿Qué tengo que hacer? —me preguntó sencillamente.

No quiere decir que las contribuciones negativas que este hombre había hecho a su matrimonio justificaran el comportamiento negativo de su esposa, pero en gran parte, su comportamiento ayudaba a mantener las actitudes de ella. En realidad, él no tenía la menor idea de que estaba contribuyendo para que sucedieran aquellas cosas que no quería ver en su casa. ¿Podrías describir a este hombre como una persona capaz de amar muchísimo? En realidad no. ¿Podrías describirlo como protector? Probablemente no. ¿Podría (y lo logró) llegar a tener estas dos características? Con toda seguridad.

DESCUBRIENDO LA FUERZA NATURAL DE UN HOMBRE

Estoy convencido de que la mayoría de los hombres, si es que tienen un plan y saben cómo desarrollarlo, están dispuestos a dar los pasos necesarios para establecer una relación amorosa y duradera. El problema es que la mayoría de los hombres no saben intuitivamente cómo lograrlo, ni tampoco se dan cuenta de los increíbles beneficios que trae a todas las áreas de su vida una buena relación en el hogar. Al desarrollar habilidades para relacionarse, un hombre se beneficia física, emocional y espiritualmente.

¿Te acuerdas del "manual inherente del matrimonio" que poseen las mujeres, del cual hablamos en el Capítulo 4? Allí compartimos cómo, por naturaleza, parecería que Dios ha equipado a la mujer desde su nacimiento con importantes habilidades que los hombres no tienen. En parte, ésa es la razón por la cual recibe el título especial de "ayuda idónea" del hombre (Génesis 2:18).

Para algunas personas, esta habilidad natural para relacionarse de la mujer puede ser usada como medio para infamar a los hombres y para ocupar su lugar en el hogar. Algunas personas que han leído algunos de mis libros anteriores, sintieron que yo me estaba uniendo al grupo que está contra los hombres. Pero ahora quiero dejar este punto bien claro.

Aunque es verdad que un hombre no habla tantas palabras como su esposa ni es tan sensible como una mujer, eso no quiere decir que no sea capaz de ser muy amoroso en su hogar. Por cierto, parecería como si *Dios hubiera puesto dentro de cada hombre la*

habilidad natural de ser el verdadero líder amoroso que su familia necesita.

Esto de que Dios haya diseñado al hombre para que sea amoroso en su hogar puede sonar un poco raro, luego de haber dicho que es un conquistador, que posee una naturaleza lógica y que se guía por los hechos concretos, pero justamente esa naturaleza es la base de mi convicción.

¿Por qué? Porque la clase de amor que perdura, la clase de amor que crece y que no se sostiene en los sentimientos, es la clase de amor que proviene de una decisión. Y tal como mencioné en el Capítulo 3, *el amor*, en su misma esencia, es justamente eso, *una decisión que no debe depender de nuestros sentimientos.*

Hay momentos en la vida cuando es probable que no sintamos deseos de hacer algo que es importante, pero sin embargo, igual debemos hacerlo. Debemos darle un medicamento a nuestra hijita de dos años aunque se rehúse vehementemente a tomarlo. O tendremos que quedarnos hasta altas horas de la noche para terminar algún informe que debe estar listo al día siguiente, sin importar cómo afecte eso a nuestros planes o cuántos deseos tengamos de irnos a dormir. O tal vez, se trate de levantarnos una hora antes en la mañana para dedicar tiempo a la Palabra y a la oración. Sea cual sea la situación, hay momentos en los que nuestros instintos naturales pueden decir "no", pero la Palabra de Dios o los intereses de otra persona demandan que digamos "sí".

Cuando se trata de las relaciones familiares, esa misma naturaleza conquistadora que puede hacer que un hombre progrese en su profesión, puede provocar dos resultados en su hogar. En muchos casos, si el hombre pretende bregar con sus relaciones familiares de la misma manera en que lo hace con los proyectos en su trabajo, puede crear tensión y desgaste emocional. Si tomamos ese mismo ímpetu, y lo encausamos dándole al hombre un plan de acción específico para su hogar, esto puede resultar en la fuerza que cree una relación como la que la mujer ha soñado.

En honor a la verdad, aquel hombre de mi grupo para matrimonios se casó llevando un tremendo "lastre". Cuando era niño no tuvo un padre amoroso, y las dos habilidades comunicativas que le transmitieron sus padres fueron el enojo y el silencio. Sin embargo, a pesar del mal ejemplo que había tenido durante su crecimiento, todavía poseía una habilidad dada por Dios a la cual podía recurrir para desarrollar un matrimonio firme. Por cierto, una vez que supo lo que se necesitaba para desarrollar una relación satisfactoria, pudo encausar su deseo de "ganar" utilizándolo para fortalecer su matrimonio.

A muchas mujeres les cuesta entender cómo un hombre, en una relación íntima, generalmente se siente más motivado a comunicarse si pone los hechos antes que los sentimientos. Normalmente, una mujer primero siente algo y luego lo hace. Por ejemplo, siente una necesidad emocional de comunicarse y entonces busca a su esposo para que satisfaga esa necesidad. Sencillamente, ése no es el caso con la mayoría de los hombres.

Generalmente, a un hombre no lo mueve a relacionarse una necesidad emocional. Más bien, se sentirá mucho más motivado a desarrollar alguna actividad de relación (como pasar media hora conversando) una vez que haya decidido puntualmente que es lo correcto. Para un hombre, las acciones son las que dictan los sentimientos y no a la inversa.

En gran parte, creo que la habilidad única del hombre para mezclar los hechos con los sentimientos, es un importante don que Dios le ha dado para que pueda cumplir con su responsabilidad de ser el amoroso líder de su hogar. Cuando a un hombre le damos la información correcta y le decimos lo que está bien y cómo debe hacerlo, podrá utilizar su fuerza de voluntad natural para tomar una decisión que *permanezca* aunque los sentimientos vayan y vengan.

UN PATRON BIBLICO PARA EL LIDERAZGO AMOROSO EN EL HOGAR

Cuando un hombre intenta construir una familia firme, lo primero que debería consultar es el patrón que encontramos en Efesios 5. En este importante capítulo se nos dice que el hombre es la "cabeza" de su esposa, la principal fuente de amor, así como Cristo es la cabeza de la iglesia y es su principal fuente de amor.

En ninguna parte dice que el varón deba "señorear" sobre su esposa. En realidad, Cristo nos manda específicamente que en las relaciones cristianas nadie debe "enseñorearse" de otra persona. Lo que las Escrituras me dicen es que debo amar a mi esposa como Cristo ama a la iglesia.

¿De qué forma es Cristo nuestro líder amoroso? Sirviéndonos y comprometiéndose a ayudarnos sin tomar en cuenta el costo. Los mayores entre nosotros simplemente estamos siguiendo un ejemplo que Cristo nos señaló, sirviendo por amor a aquellos a quienes El amó y por quienes entregó su vida.

Pero, tomemos ahora el mandamiento dado al hombre de ser un líder amoroso en su hogar y trasladémoslo a un nivel práctico. ¿Qué significa ser el líder del hogar?

Cuando se trata de ser el líder o la cabeza del hogar, encontramos una guía muy específica en los versículos 28 y 29 del capítulo que estamos considerando, Efesios 5: "Así también los maridos deben amar a sus mujeres como a sus mismos cuerpos. El que ama a su mujer, a sí mismo se ama. Porque nadie aborreció jamás a su propia carne, sino que la *sustenta* y la *cuida*, como también Cristo a la iglesia" (las cursivas son mías).

Si estamos siguiendo el modelo bíblico para el liderazgo familiar, nosotros los hombres debemos sustentar y cuidar a nuestra esposa (y a nuestros hijos). Debemos hacerlo de la misma manera en que cuidamos y sustentamos nuestros propios cuerpos, y como Cristo sustenta y cuida a la iglesia.

Cuando un esposo toma la importante decisión de honrar a aquellos que le han sido confiados, está dando el primer paso para llegar a ser el amoroso sustentador que Dios desea que sea. Como resultado, podrá ver cómo su relación comienza a florecer y a crecer ante sus ojos.

DESARROLLANDO UN MATRIMONIO FIRME

¿Qué significa en verdad "sustentar" a la esposa?

La palabra griega para denominar a la persona que sustenta, *"epitrepho"*, se refiere también a los labradores. Para quienes no hemos crecido en una granja, el labrador es un agricultor, un jardinero profesional. Un sustentador es alguien que ayuda a que las cosas crezcan, que provee una atmósfera "saludable" en la cual las plantas están protegidas y cobijadas.

En resumen, ésa es la función de un esposo. Como lo hace el jardinero de un vivero, soy responsable por comprender cuáles son los elementos que harán que mi matrimonio crezca y florezca, y luego seré responsable por proveerlos con constancia. El salmista lo dijo de esta manera: "Bienaventurado todo aquel que teme a Jehová . . . Tu mujer será como vid que lleva fruto a los lados de tu casa; tus hijos como plantas de olivo alrededor de tu mesa" (Salmo 128:1, 3).

¿Puedes imaginarte lo que sucedería si ese jardinero de vivero se guiara por conjeturas o "corazonadas" cuando se trata del cuidado de sus plantas? No debemos asombrarnos que en muchos hogares encontremos un cartel que dice "Nuevo dueño", o "Cerrado por conclusión de negocios". Recordemos que el esposo ha sido llamado a ser el "jardinero del vivero" de su hogar. Él debe ser el primero en reconocer y suplir los elementos que se necesitan para el crecimiento y el bienestar de la familia, y debe ser el primero en descubrir y quitar cualquier maleza que amenace ocasionar daños.

En resumen, *mi papel como "sustentador" es ser una persona que esté al tanto de lo que acontece.* Yo debería hablar con cada miembro de la familia para ver qué necesidades tiene, y de qué manera se pueden suplir dichas necesidades. Cuando hago esto, estoy sustentando, cubriendo y protegiendo a mi familia, y tendré el privilegio de verlos crecer. En mi propia vida, un ejemplo real me ayudó a grabar en la memoria este concepto.

EL HOMBRE TIENE UNA CAPACIDAD NATURAL PARA SUSTENTAR

Cuando compramos nuestra primera casita, decidí plantar un buen huerto. Había escuchado que las cenizas de las hojas quemadas abonan la tierra, por lo tanto, junté una gran pila de hojas de todo el terreno. Esta pila de hojas ardió toda la noche, y no sólo eso; en un momento el viento comenzó a soplar con más intensidad y casi le incendio el garaje a mi vecino.

A duras penas escapé del desastre, y al día siguiente me dediqué a esparcir todas las cenizas en el terreno donde planeaba comenzar mi huerto. En realidad, yo no sabía muy bien qué era lo que estaba haciendo, ¡pero se veía estupendo! La tierra estaba oscura y húmeda, y unas pocas semanas después, los resultados eran mucho mejores de lo que yo esperaba. Todo lo que plantábamos crecía tal como se veía en la foto de los sobres de semillas.

Todo crecía. Por cierto, los zapallos se entusiasmaron tanto con la tierra, que crecieron por toda la cerca y se treparon a un árbol y colgaban de allí como si fuesen adornos navideños. Luego de esta experiencia en jardinería y huerta, me pareció que estaba dotado de un talento permanente como jardinero. Sin embargo, un día descubrí que ese talento estaba desapareciendo.

Nos trasladamos a unos mil quinientos kilómetros de allí, así que en ese nuevo lugar decidí desplegar mis talentos de jardinero otra vez. Desde el momento en que removí la primera palada de tierra, vi que las cosas serían diferentes. En ese lugar la tierra era blanca, pedregosa, arcillosa; no era la tierra color café oscuro a la que yo estaba acostumbrado.

Sin consultar a ningún jardinero local o a algún libro de jardinería, simplemente decidí que la tierra necesitaba un fertilizante adicional. Teniendo eso en mente, salí a comprar la bolsa de fertilizante más grande que encontré. La foto de la etiqueta de la bolsa mostraba vegetales iguales a los que había cosechado en mi otro huerto. No dudé ni un instante de que eso era precisamente lo que necesitaba.

Llegó la primavera y plantamos las semillas, seguros de que todo saldría como en las fotos. Al poco tiempo, el cuadro comenzó a cambiar radicalmente. Las arvejas comenzaron a ponerse color café en los bordes, los tomates estaban podridos en el centro, y las zanahorias estaban esponjosas y marchitas. Era evidente que algo andaba mal en ese huerto, pero yo no sabía exactamente qué hacer.

DEDICA TIEMPO PARA HABLAR CON TU "HUERTO" . . .

En aquel momento, yo no me di cuenta de que con todos mis kilos de fertilizante con alto contenido de nitrógeno, ¡estaba quemando las plantas! ¿Saben qué me hubiera sido de incalculable ayuda si hubiera sido factible? Si mi huerto hubiera podido hablar, me hubiera dejado saber exactamente lo que estaba mal, y lo que yo debería hacer para corregir la situación. Puede parecer un poco tonto, pero, por ejemplo, yo podría haberle dicho a mi huerto: —Buenos días, plantitas, ¿cómo están?

Y allí mismo, las arvejas me hubieran respondido. —¿Que cómo estamos? ¡Nos estamos muriendo! ¿No nos ve?

—¿Qué dijeron? —hubiera preguntado nuevamente.

—¡Nos estamos muriendo! ¡Perecemos sofocadas!

—¿Qué les pasa, cuál es el problema?

Entonces me hubieran respondido: —Sr. Smalley, ¿recuerda esas cositas blancas que colocó alrededor de nuestras raíces? Bueno, ahora hay miles de ellas, y nos están matando. ¿No sabía usted que esta tierra ya posee muchísimo nitrógeno? ¡Y usted todavía le agregó kilos y kilos más!

Entonces yo les hubiera dicho: —¿De verdad? Yo no sabía que les estaba haciendo daño. Ni siquiera pensé en investigar para ver qué clase de tierra hay por estos lados. ¿Qué puedo hacer para tratar de solucionar el problema y que no se mueran?

Y ellas me hubieran contestado: —Vaya a un negocio y compre algún producto químico para neutralizar el nitrógeno. Debe apurarse, Sr. Smalley, ¡sólo nos quedan unos pocos días!

—¡Buena idea! Me encargaré de eso.

Pero cuando salgo corriendo para comprar lo que necesitan las arvejas, veo a las zanahorias y les digo: —¡Miren sus hojas, se están marchitando!

—Sr. Smalley —exclaman—, cuando vaya a ese negocio, compre un pedazo de tejido para cubrirnos y protegernos del calor. Entonces ya no nos marchitaremos.

—¡Yo no sabía eso! —les digo—. No se preocupen que me haré cargo de todo.

Si tan sólo hubiera podido hablar con mi huerto en aquel lugar, podría haber resuelto mis problemas de jardinería en unas pocas horas. ¿Quién sabe? Tal vez, hasta podría haber comercializado un nuevo fertilizante. Lamentablemente, para lo único que sirvió mi huerto fue para que se lo comieran los pájaros. Como nunca me tomé el tiempo o no tuve sabiduría como para preguntarle a alguien lo que necesitaban las plantas en ese lugar, arruiné toda la cosecha del verano.

Supongo que hubiera podido encarar de manera diferente ese problema con mi huerto "parlante". Por ejemplo, podría haber caminado por allí una mañana temprano, y al echar una mirada les podría haber dicho: "¿Qué es todo este desastre? Miren esas hojas, se están marchitando. ¡Cuidado, plantas! ¡No quiero más hojas café en ninguna de ustedes o pienso sacudirles las raíces! Arréglense ahora mismo, y ¡estoy diciendo *ahora*!"

¿Hubieran cambiado mis gritos la situación del huerto? En realidad, yo había causado gran parte de ese desastre porque había confiado en mis expectativas en lugar de en la sabiduría.

Luego de veinte años trabajando con parejas y con familias, puedo afirmar que muchos esposos sustentan las valiosísimas relaciones en su hogar usando los mismos principios que yo utilicé en mis huertos: *conjeturas*. Generalmente un esposo entra en la vida matrimonial con un ideal muy elevado de lo que es un hogar, pero confía en sus expectativas en lugar de confiar en el trabajo duro y en la sabiduría, para lograr que ese ideal se haga realidad. Lamentablemente, cuando muchos hombres se dan cuenta del daño que le han ocasionado a su familia, la cosecha del verano se ha perdido casi totalmente y un amargo invierno está a las puertas.

En resumen, ésa es la razón por la cual Dios llama a los esposos a ser "jardineros" sabios de sus familias. En cada estación de la vida, un hombre debe preparar la tierra para las vidas de cada uno de los integrantes de su familia, para protegerlos de los elementos adversos. Cuanto más un hombre aprenda a ser el sustentador de su hogar, tanto más se parecerá éste al cuadro que pinta la Escritura de una relación exitosa. Las esposas y los hijos, al igual que las plantas de las que habla el salmista, reflejarán cuán bien han sido cuidados.

YENDO A UNA PLANTA PARA TOMAR LECCIONES DE JARDINERIA

Puedo escuchar decir a algunos hombres: "Un momento, este asunto de sustentar parecería que coloca toda la responsabilidad sobre el hombre. ¿Qué me dice de la responsabilidad que tienen la esposa y los hijos para hacer de un hogar lo que debe ser?"

Cada vez que escucho esto, me vienen dos cosas a la mente. En primer lugar, es verdad que se lo llama al hombre a ser el sustentador de su familia y no a la mujer. Por cierto, la Escritura nunca le dice a la mujer que "ame" a su marido, pero al hombre sí se le ordena específicamente a "amar" a su esposa.

A través de todas las Escrituras, se describe a la mujer como la que "responde" o refleja la luz de su esposo y la luz de Dios. En el Cantar de los Cantares, la novia de Salomón hace este importante comentario con respecto a su relación: "Atráeme; en pos de ti correremos" (1:4).

¿Puedes ver el equilibrio en esta perspectiva? El hombre es quien inicia las acciones amorosas (atrayéndola hacia él); la mujer responde ("en pos de ti correremos"); y luego, como resultado, ambos progresan juntos en su relación. Como vimos en el Capítulo 3, el llamado natural de la mujer es a ser una ayuda, a completar a su esposo, a responder a su amor. Además, se le dice que honre a su marido (Romanos 12:10; 1 Pedro 3:1). Cuando se trata de quién debe ponerse los pantalones de sustentador en la familia, bíblicamente es el hombre.

"¿Pero cómo puedo saber específicamente qué es lo que necesita mi esposa para que su vida y nuestro matrimonio florezca y progrese?", puedes preguntar. "A duras penas tengo tiempo para terminar con todo lo que tengo que hacer en el trabajo. ¿Cómo voy a aprender todo lo que implica cuidarla a ella de la manera correcta? ¿No es mucho pedir eso?"

Estás en lo cierto. Se pide mucho para que un matrimonio sea un éxito. Sin lugar a dudas, el esposo posee el alto llamado a ser el sustentador de su hogar, pero esta tarea está muy lejos de ser algo imposible.

¿Cuáles son esos ingredientes en los que no se debe transigir para obtener un matrimonio exitoso? Luego de años de aconsejar, investigar y entrevistar a parejas en todo el mundo, he comprendido que una relación saludable necesita por lo menos cuatro elementos.

Como ya hemos mencionado, la mujer por naturaleza tiende

a manifestar estas acciones y a desearlas profundamente. Pero si el esposo comprende esas necesidades en su hogar (necesidades que su esposa e hijos tienen a diario), y luego toma la decisión de suplirlas con constancia en su matrimonio, es virtualmente seguro que su matrimonio prospere. ¿Cuáles son esos cuatro elementos que pueden servir de libro de referencia para alguien que debe cumplir con la tarea de sustentador, *sea hombre o mujer*?

Si queremos sustentar a nuestros seres queridos debemos proveerles:

1. Una profunda seguridad
2. Conversación significativa
3. Momentos románticos o momentos emotivos
4. Contacto físico positivo

En casi todos mis libros, he hablado de estos cuatro factores, y de la fuente de poder que les sirve de fundamento. Pero en la medida que hablo, estudio y converso con gente en todo el país, mi comprensión de estos elementos se profundiza cada vez más. Estas cuatro necesidades son tan esenciales que tomaremos varios capítulos para arrojar luz sobre cada una de ellas. Luego, en los dos últimos capítulos del libro veremos en particular dónde encontrar el poder para lograr un amor que perdure.

Para comenzar, echemos una mirada al primer ingrediente que puede hacer que la vida de un cónyuge o de un hijo florezca y prospere. Es un elemento esencial, y cuando una familia lo posee, puede experimentar relaciones plenamente satisfactorias. Sin él, por lo regular, lo que encuentra es frustración y altercados constantes.

8

El primer aspecto del sustento: Añadir la luz de la seguridad a nuestras relaciones

En algunas sesiones de asesoramiento, tratar de sacar a luz los verdaderos problemas con los que está luchando una pareja puede ser tan difícil como tratar de desenroscar la tapa de un viejo frasco de miel. Cuando todo lo demás fracasa, existe un método que jamás falla. En realidad, es tan efectivo como sostener el frasco de miel debajo del agua caliente.

Todo lo que tienes que hacer es invitar a los hijos de la pareja a la sesión de asesoramiento, y resulta asombroso cómo en un instante pueden sacar a luz los problemas escondidos. Esto fue lo que sucedió cuando el Dr. Trent le preguntó a la hijita de seis años de una pareja: —Querida, ¿qué es lo que te hace sentir peor cuando Papá y Mamá discuten?

La niña frunció el ceño y con una suave y vacilante vocecita dijo: —Cuando Papá se quita su anillo de compromiso y lo arroja por allí enojado.

El esposo se defendió rápidamente diciendo que en realidad no era que lo arrojara por allí. Más bien, era su manera de demostrar su enojo durante una pelea con su esposa.

Cuando esta pareja discutía acaloradamente, si él deseaba terminar la discusión, se quitaba el anillo de bodas y lo arrojaba por la habitación. Mientras el anillo rebotaba en las paredes y rodaba por el piso, la esposa y la pequeña contemplaban en silencio. Más tarde, alguien recogía el anillo y lo dejaba sobre un mueble. Eventualmente, el esposo volvía a ponérselo.

Para ese hombre, el arrojar su anillo de bodas le proporcionaba un inmaduro alivio emocional a su frustración. A su esposa y a su hijita, esto les causaba un profundo sentido de inseguridad y de temor.

Cuando esas personas, que dependían tanto de él, veían volar su anillo por el aire, también veían volar su nivel de seguridad. En realidad, él nunca tuvo necesidad de decir que se iba, pero dejaba que aquella argolla de oro lo dijera por él. Cada vez que el anillo volaba por el aire, gritaba sin palabras: "Si en esta casa las cosas no salen como yo quiero, también voy a quitarlas a ustedes de mi vida."

CAMINANDO SOBRE UNA CALLE CUBIERTA DE HIELO

¿Alguna vez has salido a caminar por la calle luego de una tormenta de nieve y hielo? Eso se puede hacer, pero siempre existe el nerviosismo interior de saber que en cualquier momento podemos darnos un terrible golpe.

Lo que muchos esposos y esposas no se dan cuenta es que la ausencia de seguridad en una relación es como sentenciar a una persona a vivir caminando sobre una calle cubierta de hielo.

Nunca tienes libertad para vivir completamente tranquilo en un hogar en el cual la inseguridad ha congelado la relación. Es imposible disfrutar de un matrimonio si siempre estás luchando por mantener el equilibrio.

Lamentablemente, en más y más hogares es siempre invierno y nunca primavera. Pasan meses y meses en los cuales la cálida luz de la seguridad jamás penetra las frías nubes invernales de la inseguridad. Sin embargo, existe un antídoto para vivir la vida debajo de una oscura nube.

Puedes traer calor a una relación de una manera extraordinaria. En verdad, *hoy* mismo puedes hacer algo que será como liberar toda la fuerza del sol del verano sobre tu matrimonio. ¿De qué se trata? Se trata de proveer a nuestros seres queridos seguridad incondicional, que es un aspecto importantísimo del sustento.

EL CALOR PARA DERRETIR LA DESCONFIANZA Y AYUDAR A QUE UNA RELACION PROSPERE

La seguridad actúa en un matrimonio como la luz del sol en una planta. Si dejas a una planta en la helada oscuridad de la inseguridad, pronto todas sus hojas se marchitarán y se pondrán color café. Si recién hemos "plantado" una relación, las frías sombras de la desconfianza pueden impedir que esa relación crezca. Una planta debe recibir luz solar si esperamos que sea saludable y florezca. La seguridad para un matrimonio es lo mismo que la luz del sol para una planta.

Se recibe seguridad cuando un hombre y una mujer se dicen mutuamente: "Eres tan valioso para mí, que suceda lo que suceda en esta vida, yo estaré comprometido contigo. Eres tan valioso, que pasaré el resto de mi vida cumpliendo mi promesa de amarte." En resumen, es un reflejo de la clase de seguridad que tenemos en nuestra relación con Cristo. Veamos Romanos 8 por ejemplo:

"¿Quién nos separará del amor de Cristo? ... Por lo cual estoy seguro de que ni la muerte, ni la vida, ni ángeles, ni principados, ni potestades, ni lo presente, ni lo por venir ... ni ninguna otra cosa creada nos podrá separar del amor de Dios, que es en Cristo Jesús Señor nuestro" (versículos 35-39).

Dios también nos asegura con toda claridad que sus planes para nosotros están cimentados en su seguridad y en su protección. "Porque yo sé los pensamientos que tengo acerca de vosotros, dice Jehová, pensamientos de paz, y no de mal, para daros el fin que esperáis" (Jeremías 29:11).

¡Eso es seguridad! Y cuanto más podamos reflejarles a nuestros seres queridos el mismo nivel de seguridad que tenemos en Cristo, tanto más estaremos bañándolos con esa tan necesaria luz solar. Esto es válido para aquellas madres que desean que sus hijos se sientan confiados en sus relaciones de amistad y más tarde en la relación de noviazgo. Es válido para los padres que desean que esos mismos hijos tengan éxito en la escuela y más tarde en sus profesiones. Es especialmente válido para el esposo o la esposa que desea un matrimonio saludable, y no uno que se está marchitando.

Todo matrimonio duradero implica un compromiso incondicional con una persona imperfecta. Esto significa que podremos mirar las imperfecciones del otro y decir: "Esas hojas color café me irritan, pero voy a descubrir qué es lo que las ha causado, y veré si puedo ser de ayuda. No me importa cómo te encuentres, yo estaré a tu lado y te ayudaré a crecer." Sin esta clase de compromiso, será más probable que digamos: "No puedo soportar esas hojas café. ¡Me han molestado por años! ¡No aguanto más; me voy!"

Si estás casado por segunda vez, comprendo que el hablar acerca de un compromiso total, absoluto, tal vez te traiga sentimientos de culpa. Estudio tras estudio demuestra los prolongados efectos negativos de inseguridad que suceden a un divorcio. Sin embargo, eso no significa que la genuina "seguridad" sea algo inalcanzable en un segundo matrimonio.

Los hombres y las mujeres que, bíblica y personalmente, han tratado con el divorcio y que se han vuelto a casar, tienen una necesidad igual o mayor de construir seguridad en su presente matrimonio. Al igual que el amor, la seguridad es una decisión que debemos tomar diariamente. (Para aquellos que puedan estar luchando con la culpa o el temor por una relación pasada, en los Capítulos 13 y 14 veremos las maneras en que Dios puede utilizar inclusive algo tan traumático como el divorcio para hacernos más amorosos.)

Para todos nosotros, la seguridad es un prerrequisito esencial, no una opción emocional. Seamos aún más específicos discutiendo cómo podemos ayudarles a nuestros seres queridos a crecer proveyéndoles la luz de la seguridad en su vida. Existen por lo menos tres cosas que un hombre y una mujer pueden comenzar a hacer diariamente para disfrutar de un matrimonio seguro.

Pueden comenzar (1) construyendo en su hogar su propia "galería de honor", la cual podrá ayudar a sacar a su cónyuge y a sus hijos del umbral del deshonor. Luego (2) pueden buscar al Señor para obtener la fuerza para realizar un compromiso incondicional y elegir el camino del sacrificio. Finalmente (3) pueden convertirse en estudiosos de los intereses de su cónyuge como una manera tangible de expresar su compromiso.

Todas éstas son formas importantes de impartir seguridad en un hogar, pero la primera tiene un beneficio doble. No solamente agrega elementos positivos a la relación, sino que también ayuda a evitar mucho dolor en la vida de las personas que amamos.

1. *Una galería de honor*

En la galería de nuestra casa hay una placa colgada en una pared que proclama: "Como prueba de mi compromiso de por vida. Para Norma, Kari, Greg y Mike. Navidad de 1976." Casi nunca pasa una semana sin que les recuerde a esas cuatro personas especiales las palabras de la placa y mi compromiso con ellas.

Comprendo que las palabras pueden ser huecas. He hablado con muchas personas heridas que creían que las palabras de compromiso de un hombre o de una mujer tienen tanto peso como una pluma de ave. Para ellos, la persona que ha abandonado el hogar dejó abierta una puerta de vergüenza en lugar de una galería de honor.

Comprendo muy bien que las únicas cosas que trasladarán las palabras de mi placa a los corazones de mi esposa y de mis hijos son mis palabras diarias respaldadas por mis acciones, a través de los años. Cada vez que hago que esas palabras concuerden con la demostración de mi compromiso, estoy agregando elementos a la "galería de actos de honor" de mi hogar. Como resultado, estoy dejándoles a mi esposa y a mis hijos un legado de amor, en lugar de una herencia de dolor emocional.

Un matrimonio o una familia no puede crecer de una manera saludable si la seguridad se ve constantemente amenazada en el hogar, pero personas que se aman pueden vivir sin la perfección. Por cierto, cuanto más seguro se siente un cónyuge o un hijo, tanto más tolera los errores de la otra persona. Esto se puede comparar un poco a la anécdota del granjero que se dirige al banquero y le dice: —Tengo buenas noticias y malas noticias.

—Primero déme las malas noticias —le dice el banquero.

—Bien, ¿recuerda el préstamo que le pedí para comprar mi granja? No me va muy bien, así que no tengo dinero para pagarle.

—Ay —es lo único que exclama el banquero.

—En segundo lugar, ¿recuerda la suma importante que me prestó para comprar los equipos, el tractor y demás? Tampoco puedo devolvérsela.

—¿No? —gime el banquero.

—Y en tercer lugar, ¿recuerda el préstamo que me hizo para comprar semillas? Tampoco puedo pagárselo. No puedo devolverle nada.

—Bueno, ¿y cuáles son las buenas noticias, por amor de Dios? —gime el banquero.

—Las buenas noticias son que ¡todavía quiero que siga siendo mi banquero!

Mi familia sabe que no soy perfecto; ellos saben que a veces pierdo los estribos, y saben que no siempre soy tan sensible como debería ser. Pero una de las cosas que les ayuda a ser pacientes con mis imperfecciones es saber que estoy comprometido con ellos en un 100 por ciento. "Todavía quiero que sean mis banqueros", e intento por todos los medios ser la clase de padre y de esposo que debo ser. Con cada acto de compromiso, ellos me ven con el martillo y los clavos, añadiendo un pedazo más a la galería de honor de nuestra casa.

Es probable que para tu esposa o esposo, una placa en la galería no les hable de seguridad; pero algunas veces, un símbolo de nuestro compromiso actúa como un anillo de bodas. El anillo en sí mismo no compromete a la persona a casarse, pero sí le muestra al mundo que se ha hecho un compromiso.

Probablemente, para tu cónyuge, la seguridad sea un evento especial tal como una cena romántica. Inclusive puede ser algo tan pequeño como enviar una tarjeta o llamar por teléfono desde la oficina todos los días simplemente para ver cómo se encuentra ese ser amado.

Norma me ha dicho muchas veces que la manera en que salgo con mis hijos la hace sentir segura. Tengo la costumbre de llevar a mi hija Kari a dar un paseo especial una vez por mes para mostrar mi compromiso con Norma. Los hijos son de tal manera una extensión de ella misma, que el simple hecho de saber que estoy pasando algún tiempo con cada uno de ellos individualmente, la hace sentir segura en la fuerza y el amor con que sostengo a mi familia.

Nuevamente, te recomiendo que como un jardinero sabio le preguntes a tu cónyuge: "¿Qué es para ti la seguridad?" Luego toma nota cuidadosamente de lo que él o ella te dice. La seguridad puede traducirse de la siguiente manera: "Permíteme dar mi opinión en las decisiones financieras." "Haz tiempo para los devocionales familiares." "Llámame cada día cuando salgas de viaje."

Si comprendes lo que es la "seguridad" para ellos, entonces podrás comenzar a hacer un depósito tras otro en su banco de amor. Esto te redituará altos intereses en tu relación. Simplemente comienza con unas sencillas preguntas tales como: "En una escala del 1 al 10, en la cual el 1 representa *mucha inseguridad* y el 10 representa *sentirse seguro*, ¿cuán confiado te sientes en mi amor?" O: "¿Qué cosas específicas podría hacer yo en los meses siguientes para elevar el nivel de seguridad en nuestra relación?"

Al procurar construir seguridad en tu cónyuge, a través de actos pequeños y positivos, lograrás algo más que añadir marcas positivas en el libro mayor de tu matrimonio. Les ayudarás también a ellos (y a ti mismo) a guardarse de la tentación de atravesar la puerta llamada "deshonor".

Cuanto más construyamos la seguridad y el honor en nuestros hogares, tanto más ayudaremos a cerrar con fuerza la puerta de la tentación para nuestros seres queridos. Curiosamente, ésa es también la manera de cerrar más fuertemente la puerta de la tentación para nosotros mismos.

Cuanto más concentrados estemos en nuestro único propósito de comprometernos con Cristo, tanto menos nos atraerán las distracciones de este mundo. Cuanto más concentrados estemos en nuestro único propósito de construir una "galería de honor" para nuestros seres queridos a través de actos honrosos, tanto menos lugar dejaremos para que la inseguridad more en nuestros hogares.

Existe una segunda manera de desarrollar seguridad en un matrimonio que apela al valor para tomar y guardar un compromiso incondicional con el cónyuge. Este compromiso se demuestra en la disposición que tengamos a hacer sacrificios si fuere necesario.

2. *Nuestra disposición a realizar algunos sacrificios es una manera de proveer seguridad*

Betty aguardaba en el pequeño consultorio del doctor con la mirada fija en el suelo. Allí estaba, a sólo dos semanas de la boda de su única hija, y había sufrido otro ataque de artritis.

De joven, Betty había participado en muchas actividades deportivas de su liceo. Pero ahora nadie lo hubiera creído. Su corazón y su espíritu eran los mismos de entonces, pero hoy (a la edad de cincuenta y cinco años) se encontraban atrapados en un cuerpo que estaba tan imposibilitado, que apenas podía caminar.

El dolor constante de sus coyunturas había sido difícil de soportar, pero esos ataques de ahora, en los que quedaba completamente rígida, eran terribles. Cada vez que tenía una reacción a alguno de los medicamentos "experimentales" que le prescribían, era como si cada articulación de su cuerpo se congelara, y el dolor y la incomodidad eran casi intolerables.

Betty era una mujer valiente, pero mientras esperaba sola la llegada del médico, las lágrimas comenzaron a rodar por sus mejillas. Pensó en su matrimonio con Rusty y en los sueños que tenían. Recordó todos los planes que habían hecho para cuando se jubilaran, que ahora quedarían como simples sueños. Pensó en todos los lugares a los que pensaban viajar, pero que ahora nunca verían. En lo más profundo de su corazón, ella sabía que sus brazos estaban tan estropeados por la artritis que nunca podría sostener a su primer nieto, porque el dolor simplemente sería insoportable.

La puerta del consultorio se abrió y entró su esposo. Al mirarla, vio cómo le temblaba el mentón luchando por no llorar. Pero los intentos de Betty fueron en vano, y rompió a llorar.

—Oh, Rusty, por favor, déjame, no sigas a mi lado —le rogó—. En lugar de mejorar, cada día estoy peor. A causa del dolor ni siquiera puedes tocarme. Estoy gastando cada centavo que ahorramos para nuestra jubilación luchando contra esta enfermedad. Soy una carga para ti y para nuestros hijos; y no me lo niegues.

Su alto y curtido marido acercó una silla y se sentó a su lado. Suavemente, le tomó la mano torcida por la artritis y le dijo: —Amor mío, no te duele sonreír, ¿no es así? Si de vez en cuando me sonríes, eso es todo lo que necesito. En realidad, ni siquiera necesito eso. Simplemente te necesito a ti.

El verdadero amor significa un compromiso sacrificial que implica valor, especialmente cuando la otra persona no está en condiciones de respondernos. Ninguno de los miembros de nuestra familia debería sentir lo que sentía aquella niña cada vez que veía volar por el aire el anillo de bodas de su padre. La seguridad nunca debería ser algo que tomamos o dejamos de acuerdo a las conveniencias. Debe ser una convicción permanente de que nuestro compromiso sigue inmutable y lo seguirá siendo, pase lo que pase.

Algunas veces, en un matrimonio se deben realizar sacrificios, pero una y otra vez elevarán el nivel de seguridad en un hogar. Por ejemplo, veamos el caso de Bill y Brenda.

Brenda siempre había querido ser veterinaria. Sin embargo, ella y Bill tenían solamente la educación secundaria, y ninguno de los dos podía hacer frente a una educación universitaria. Pero Bill no dejó que ese sueño muriera. Decidió que Brenda asistiría a la universidad, fuese cual fuese el costo.

El sabía lo que significaba animarla a seguir sus estudios. A Bill le esperaban largas horas en un segundo empleo para ganar el dinero que costaría la carrera de Brenda. Les llevó siete años de duro trabajo y sacrificio de ambas partes, pero finalmente llegó el día en el que Brenda obtuvo su diploma de veterinaria. Eso significaba que su título la ponía en una posición más elevada que la de Bill, pero ambos no podían haber estado más felices. Su relación no sufrió porque él hubiera sacrificado su tiempo y su esfuerzo por su esposa, sino que más bien floreció.

¿Por qué aporta tanto el sacrificio a una buena relación? Para quienes vivimos de este lado de la cruz debería ser obvio. Aquel símbolo de sacrificio es un inolvidable cuadro del amor de Dios por un mundo perdido, y por cada uno de nosotros que amamos a Dios.

Bill, simplemente, estaba siguiendo un modelo bíblico al construir seguridad en su matrimonio a través del sacrificio. Luego de atravesar por el invierno de una dura lucha para que Brenda se recibiera de veterinaria, el matrimonio de ambos experimentó un verano polar, en el cual la luz del sol dura casi veinticuatro horas diarias.

Hemos visto cómo construir una "galería de honor" y cómo hacer sacrificios para añadir la luz de la seguridad a nuestro matrimonio. Existe una tercera manera de elevar el nivel de seguridad en un hogar y es practicar la clase de amor que se interesa en la vida de la otra persona de una manera muy especial.

3. *Construir seguridad estudiando los intereses del cónyuge*

Recientemente, un amigo muy cercano, Jim Brawner, realizó una encuesta a varios cientos de adolescentes en un importante campamento cristiano. Una de las primeras preguntas que respondió cada muchacho y muchacha en el cuestionario fue: *"¿Cuál es alguna forma tangible en la que tu madre y/o padre te demuestran que eres importante para ellos?"* ¿Puedes adivinar cuál fue la respuesta número uno?

"Sé que ellos piensan que soy importante porque asisten a los partidos en los que yo juego, a mis conciertos, a mis competencias." En otras palabras, para un adolescente, la seguridad se traduce en cuatro palabras: "¡Ven a verme participar!"

A pesar de que muchos hombres y mujeres no se dan cuentan de ello, nunca crecemos lo suficiente como para no sentir una profunda necesidad de que nuestros seres queridos apoyen con entusiasmo nuestros intereses. Lo que esto significa en un matrimonio es que la luz de la seguridad puede brillar sobre la pareja cuando mostramos un interés activo por la vida de nuestro ser amado.

Esta realidad se me hizo muy patente cuando conocí a un matrimonio del cual nos hicimos muy buenos amigos. El era un alto y fornido jugador de fútbol americano, y su esposa apenas medía un metro cincuenta. Desde el punto de vista de las apariencias, probablemente no existía una pareja más despareja. Pero desde el punto de vista de los intereses compartidos, podríamos decir que esta pareja era de un solo corazón.

Los conocí en una Conferencia para Atletas Profesionales y quedé fascinado con una conversación que tuve con ellos durante un almuerzo. Por simple curiosidad, le pregunté a la esposa de este jugador cuánto sabía ella acerca de la posición en la que jugaba su esposo. Esperaba que me dijera algo así como: "Bueno, le pagan para cortarle el paso a otros jugadores." En cambio, me dio una explicación de diez minutos sobre técnicas ofensivas de bloqueo.

Sorprendido por el dominio del tema que demostraba, le pregunté cómo se había vuelto tan experta en la posición que jugaba su esposo en el equipo. Fue entonces cuando me dio una lección de la vida real con respecto a cómo convertirse en el principal admirador del cónyuge: Estudiando seriamente lo que le gusta y lo que no le gusta a nuestro cónyuge.

Ella me explicó que cuando recién se habían casado, no le gustaban las prácticas, ni las reuniones de equipo ni los viajes. Finalmente, se cansó de sentirse tan negativa todo el tiempo, así que decidió tomar la ofensiva. Dejaría de arrojar pelotas desde las líneas traseras, y pasaría al frente y aprendería todo acerca de esa carrera que le producía tantas incomodidades.

Comenzó a hacerle toda clase de preguntas a su esposo acerca de lo que era jugar en un equipo profesional. Inclusive entrevistó a algunos de los entrenadores para aprender más sobre los intrincados detalles de ese deporte. Cuanto más aprendió y leyó, más se convirtió en un aliento para su esposo. Fue entonces cuando sucedió algo gracioso.

Ella notó que a medida que crecía su interés por el fútbol americano, su matrimonio mejoraba. Aunque su propósito no era obtener de su esposo nada a cambio, él comenzó a mostrar un interés no tan superficial en los gustos de ella.

Lo que hizo esta sabia mujer fue empujar las oscuras nubes de resentimiento para permitir que la luz de la seguridad brillara sobre su matrimonio. Ella no trató de convertirse en "entrenadora" de su esposo, pero sus conocimientos y su interés en su vida decían claramente: "Como tú eres tan importante para mí, tus intereses son mis intereses."

Al final de nuestra conversación, mi amigo hizo un comentario que nunca olvidaré: "Alguna vez tengo que contarle cuánto me ha enseñado mi esposa con respecto a restaurar objetos antiguos. No me sorprendería si cuando termine mi carrera deportiva me dedico al negocio de vender objetos antiguos."

Para esta pareja, estar comprometidos el uno con el otro

significaba mostrar interés en las cosas que valoraban individualmente. El mensaje era bien claro y ambos se sentían seguros en el amor y el compromiso del otro. Este nivel de seguridad en sus vidas mostraba claramente la calidad del amor que existía entre ambos.

Como luz para una planta, así el calor de la verdadera seguridad puede ser el primer elemento que un esposo o una esposa aporte a una relación exitosa. En el siguiente capítulo veremos detenidamente un segundo elemento crucial para que prospere la intimidad. En verdad, les presentaremos algo que podemos hacer en el matrimonio, que puede actuar en nuestros seres queridos como el agua que da vida.

9

La conversación significativa le da vida a una relación

La mayoría de las personas casi no aprecian la lluvia, pero no sucede así con los granjeros. Una de las películas en blanco y negro más dramáticas que he visto es la de un granjero que vive en una zona de sequías. Ha esperado durante un año que llueva y, ahora, por fin llega la lluvia. Su rostro se eleva al cielo mientras la lluvia que tanto ha esperado cae y se mezcla con sus lágrimas.

Cada vez que veo esa película, me acuerdo de lo que sucede en muchos hogares. En un matrimonio, las palabras significativas son como aquellas gotas de lluvia. Pueden proporcionarle agua de vida a una persona. En realidad, toda relación amorosa y significativa necesita el continuo suministro del agua de la comunicación, o de lo contrario, sencillamente se secará.

Cuántas parejas he aconsejado que luego de quince o veinte años de matrimonio dicen: "¿En qué nos equivocamos?" "¿Por qué ha fracasado nuestro matrimonio?" Una y otra vez, conversando con ellas descubro que en lugar de construir una fuente de conversación constante y significativa, han dejado que su aljibe se seque careciendo de palabras de aliento.

Si esto es así, si la conversación significativa e íntima en una relación se parece tanto al agua, ¿por qué, por lo general, la comunicación entre el hombre y la mujer es tan difícil? ¿Por qué las parejas generalmente aprenden de qué cosas *no* hablar, en lugar de sobre *qué* cosas hablar?

Con demasiada frecuencia, las palabras de aliento se oyen tanto como la lluvia en el desierto. ¿Por qué? Existen por lo menos cuatro obstáculos naturales que impiden la comunicación significativa, que parecen surgir típicamente después del día de la boda:

IMPEDIMENTO NO. 1: PRETENDEMOS "LEER LA MENTE" O PEDIMOS PISTAS

Debido a la sensibilidad natural de una mujer, nueve de cada diez veces, ella será la primera en detectar un problema que puede surgir en la relación. Sin embargo, el problema tal vez sea tan "obvio" para ella, que legítimamente piense: *Con seguridad que mi esposo va a ver el problema. No voy a ponerlo en una situación incómoda hablándole de algo tan obvio.*

¡Sin embargo, eso es lo que la mayoría de los hombres necesita! Si le señalamos a un hombre los puntos importantes para discutir, generalmente él se sentirá motivado a hablar acerca de ellos. Pero si esperamos que un hombre "perciba" las sutilezas (o las realidades evidentes) de un matrimonio o de una familia, es probable que no las vea con tanta claridad.

Una y otra vez le he agradecido a Norma por su disposición para señalarme aquellas cosas "obvias" que yo había pasado por alto.

—¿Te diste cuenta de que Greg estuvo un poco decaído durante la cena? —me ha preguntado.

—No, no lo noté.

—¿No te parece que deberías hablar con él?

—¿Sobre qué? —le preguntaba yo.

Como la mayoría de los hombres, yo me siento motivado a hablar sobre hechos concretos. Hasta hoy, Norma me ha dado pistas acerca de sentimientos o de comportamientos mudos que ella presentía y que yo no captaba. Yo necesito "hechos" para sentirme realmente motivado a conversar.

A esta altura, Norma podría haberse dado por vencida y dirigirse a hablar con Greg, o anotar otra marca en la lista de mis insensibilidades. Pero su amor y su conocimiento de cómo motivarme para que me comunique, no la detuvieron.

—Gary, no estoy segura si es la escuela, o la joven con la que está saliendo; no sé exactamente de qué se trata. Pero puedo asegurarte de que algo lo está molestando. ¿Estarías dispuesto a utilizar tu naturaleza "buscadora de hechos" y *amorosamente* descubrir qué le pasa a tu hijo?

Casi nunca puedo rehusarme a un pedido de Norma para salir de caza detrás de un problema que necesita solución, y ella casi nunca se ha equivocado en su intuición con respecto a alguno de los hijos.

La diferencia entre mala comunicación o comunicación significativa generalmente surge cuando una mujer está dispuesta a tomarse el tiempo de pintarle a un hombre un cuadro evidente que él no puede ver, o viceversa. Las Escrituras nunca alientan la lectura de la mente, y aunque pueda formar parte del acto de un ilusionista, puede causar desastres en la realidad de la vida de un hogar.

IMPEDIMENTO NO. 2: "YO NO HABLO TU IDIOMA"

Recordarás que en el Capítulo 4 discutimos los diferentes "idiomas" que hablan los hombres y las mujeres. Resumiendo, parecería que existe "un idioma del corazón" que hablan las mujeres y "un idioma de la cabeza" que hablan los hombres. Permíteme que te pinte un cuadro. Si fallamos en el intento de entrar en el mundo único de la conversación del cónyuge, encontraremos esta clase de frustración. Ayudará a ilustrar un error muy común que muchas mujeres cometen en su trato con los hombres. En realidad, al tratar de mejorar el nivel de comunicación significativa en su hogar, ¡una mujer, sin darse cuenta, puede sofocar aquello mismo que tanto desea!

Supongamos que entro a un auditorio donde en pocas horas más, el Dr. Trent y yo presentaremos nuestro seminario "El amor es una decisión". Estoy tranquilo y espero pasar momentos muy agradables con los asistentes, cuando de repente, echo una mirada al salón y casi se me corta la respiración.

No cabe duda de que éste es el salón y que ésta es la noche del seminario, ¡pero tampoco se puede negar que alguien ha cometido un gran error! Las sillas están todas desordenadas, en el piso hay basura, y nadie ha preparado el escenario. Lo que es peor aún, falta poco para que la gente comience a llegar y no veo a nadie trabajando para limpiar y ordenar el lugar.

Frenéticamente, comienzo a hacer lo que puedo para poner en condiciones el lugar. Luego de trabajar durante diez minutos con la velocidad de un relámpago, veo a una pequeña mujercita, sentada en una silla cerca del frente del salón. Corro hacia ella, y con una sonrisa le digo: "Disculpe, pero en muy poco tiempo debo presentar una conferencia en este lugar, y tengo un problema muy grande. Si usted no tiene nada que hacer, ¿podría darme una mano, por favor? ¿Le importaría acomodar estas sillas mientras yo recojo la basura y preparo el escenario? ¡Le agradeceré mucho su ayuda!"

Ella me responde con una cálida sonrisa y asiente con la cabeza, así que yo continúo con mi trabajo, contento de tener a alguien que me ayude. El único problema es que cuando han pasado dos minutos ella todavía se encuentra sentada allí. Un poco molesto me acerco a ella nuevamente.

"Disculpe, señora, si no sabe acomodar las sillas, ¿podría ayudarme con el escenario mientras yo me encargo de las sillas y de la basura? ¡Muchas gracias!"

Una vez más sonríe y asiente con la cabeza, pero luego de algunos minutos más todavía se encuentra sentada en el mismo lugar. Ahora me siento realmente irritado, así que me acerco tempestuosamente hacia ella y le digo: "Discúlpeme, señora, pero ¿es usted creyente?"

Yo podría enojarme de verdad con esta mujer y podría hablarle rudamente, pero es entonces cuando abre la boca y me dice: *"Excuse me, sir. I don't speak Spanish. May I help you?"*

Si yo descubro que esta mujer habla un idioma diferente, sería muy insensible de mi parte continuar enojado con ella. Pero eso es lo que muchas mujeres hacen sin siquiera darse cuenta.

Lo que muchas mujeres no tienen presente es que es probable sus esposos no ven o no comprenden sus preocupaciones. En muchos casos, ¡sencillamente no hablan el mismo idioma!

Por lo general no da resultado enojarse con un hombre para "motivarle" a un nivel más profundo de comunicación. Más bien, es probable que convierta el terreno de la incomprensión en una roca dura e impenetrable.

IMPEDIMENTO NO. 3: PRUEBA LA TIERRA DE LA RELACION PARA DETERMINAR LA HUMEDAD QUE NECESITA

Tal como lo hemos dicho, la comunicación significativa es como el agua para una relación que se desarrolla, pero, ¿cómo descubrimos cuánta "agua" se necesita en un matrimonio para obtener el máximo crecimiento posible? Así como descubrimos en el capítulo anterior que la necesidad de "seguridad" es como la luz del sol para el cónyuge, en este capítulo veremos lo que puede hacer un esposo o una esposa que desee sustentar y alentar a su compañero. Descubriremos cuánta comunicación significativa necesita él o ella para sentir que tiene la cantidad de "agua" necesaria. Pero permíteme hacer una observación.

A cientos de mujeres en unas sesenta ciudades les he hecho esta pregunta: "¿Cuánto tiempo de conversación significativa necesitas *cada día* para sentirte realmente bien con respecto a la relación con tu esposo?" Una y otra vez, la mayoría de las mujeres contestan que necesitan por lo menos *una hora por día* de conversación íntima para mantener su relación matrimonial "sin sed", y mejorando.

Puedo escuchar decir a muchos hombres: "¡Una hora! ¿De dónde voy a sacar una hora por día?" Este puede ser un gigantesco impedimento para muchos hombres.

Antes de que sientas pánico, es importarte que te des cuenta de que no es necesario que pases una hora corrida hablando con tu esposa. Quince minutos en la mañana mientras te arreglas para ir a trabajar, cinco minutos en el teléfono durante el día, veinte minutos cuanto regresas del trabajo, quince minutos luego de que los niños se duermen, cinco minutos antes de irte a acostar y luego orar juntos, pueden ser maneras de aportar "la humedad" que tu matrimonio necesita.

No estamos sugiriendo que pongas un cronómetro cuando conversas. (Un amigo nuestro miró el reloj de la cocina y le dijo a su esposa: "Muy bien, querida, tenemos diez minutos para conversar, así que ¡conversemos!") Los límites exactos de tiempo no son necesarios, pero sí es importante proveer suficiente tiempo para hablar sobre asuntos importantes.

Para ser exactos, me doy cuenta de que no todas las mujeres necesitan una hora de conversación por día. Una pareja puede contentarse con media hora de conversación, mientras que otra puede necesitar dos horas para tratar asuntos difíciles. Cada pareja debe explorar aquello que mejor satisfaga sus necesidades, y buscar, con diligencia, tiempo para hablar, asegurándose así de que su matrimonio es una prioridad dentro de su ocupada agenda. Es importante que veamos que si la comunicación es como el agua que da vida, un matrimonio comenzará a marchitarse si este elemento necesario para el crecimiento es insuficiente.

¿POR QUE DEBEMOS INTENTAR COMUNICARNOS SI HAY TANTOS IMPEDIMENTOS?

A esta altura es probable que te estés preguntando: "¿Para qué tratar? Somos completamente distintos; nunca nos vamos a comprender ni lograremos la intimidad."

Eso no es verdad. Una y otra vez hemos visto cómo las "incompatibilidades" naturales de los dos sexos se convierten en el fundamento de un buen matrimonio. En lugar de retraernos en el silencio, de frustrarnos o de recurrir a explosiones verbales, ¿por qué no tomamos el tiempo para aprender dos habilidades específicas sobre la comunicación que cambiarán nuestra vida? Estas dos habilidades particulares ayudan a llevar a la comunicación a un nivel que jamás soñamos posible.

UNA DESCRIPCION VIVIDA ES MEJOR QUE MIL PALABRAS

Una descripción vívida es una herramienta de la comunicación que activa simultáneamente las emociones y el intelecto, ya que la persona no sólo escucha nuestras palabras, sino que las "vive".

Algunos de los grandes comunicadores de la historia utilizaron metáforas o descripciones vívidas para inspirar patriotismo, para conducir naciones y para dirigir el curso de la historia. Trágicamente, en contraste con todo el bien que ellos han hecho, muchos líderes perversos también han sido maestros usando esta poderosa forma de comunicación.

Sin lugar a dudas, el mayor uso de metáforas se encuentra en las Escrituras. A través de las páginas del Antiguo y del Nuevo Testamento se usan metáforas para enseñarnos algunas de las lecciones de fe más grandes que podamos aprender.

¿Qué otra cosa podría ser más descriptiva de lo que debería ser nuestra actitud hacia Dios que la figura que utiliza el rey David en el Salmo 42:1? "Como el ciervo brama por las corrientes de las aguas, así clama por ti, oh Dios, el alma mía." ¿O qué otra cosa describiría más gráficamente el amor de Dios por la gente rebelde y de corazón duro que la relación de Oseas con Gomer, aquella mujer perdida?

¿Qué cuadro más claro podría haber para describir lo que es el llamado a una vida de fe que el del atleta, entrenándose diligentemente y corriendo con todas sus fuerzas para obtener el premio (Filipenses 3:14)? ¿Y qué creyente que seriamente se preocupa por el mundo perdido, no ha echado una mirada al relato del buen samaritano y no se ha convencido de la necesidad de evangelizar a los perdidos (Lucas 10)?

No cabe duda de que las metáforas son una poderosa manera de comunicarse. Ellas llevan nuestras palabras al corazón de la otra persona y también las encierran en la memoria. Por ahora, miremos algunos ejemplos de metáforas dentro de una relación. Fíjate si no captan tu atención más que las palabras que usamos a diario.

Digamos que una mujer siempre le dice a su esposo: —Estoy cansada de que me ignores. Siempre estás mirando televisión.

A lo cual él contestará: —¿Por qué me dices que *siempre* estoy mirando televisión? ¿Miré televisión *esta mañana*? ¿Miré televisión en algún momento *ayer*?

Recuerda que si compartes sentimientos con un hombre, tú usas el idioma del corazón, y es muy probable que recibas una respuesta concretando los hechos, ya que él usará el lenguaje de la cabeza.

En lugar de utilizar las mismas frases trilladas, que realmente no expresan el asunto que te preocupa (que no es que él "siempre" esté mirando televisión sino que tú te sientes ignorada), puedes utilizar una metáfora para transportar tus palabras.

La esposa podría preguntar: "Querido, ¿podríamos conversar ahora, o esta noche si te parece mejor, acerca de algo que me preocupa?"

Al sentarse con tranquilidad para conversar, la esposa podría *alcanzarle al esposo el control remoto de la televisión*. En lugar del acostumbrado sermón, podría decirle: "¿Sabes cómo me siento en este mismo momento? Cuando miras televisión, utilizas el control remoto para pasar por alto algo que no te gusta y buscar algo realmente interesante. Durante las últimas semanas me he sentido como si fuera uno de los canales de tu televisor, uno de los que pasas por alto buscando algo que te interese.

"Cuando mi rostro aparece finalmente en la pantalla, pasas a otro canal o dejas el televisor *mudo*. Durante los pocos minutos que me dejas en la pantalla, siento que te hablo y te hablo, pero tú sólo me miras como si no pudieras oír ni una palabra de lo que digo.

"Lo que me gustaría saber es qué debo hacer para que tu dedo oprima el botón que me devuelva la voz, de tal manera que pueda tener un poco de tiempo para hablar de algunos temas que para mí son muy importantes."

O un hombre tal vez le responda a su esposa en estos términos: "Estoy harto de que me regañes. Te diré cuándo voy a reparar la cerca. *¡Cuando tenga ganas de hacerlo!* Y eso será si dejas de sermonearme, porque si lo sigues haciendo, pasará más tiempo aún."

Pero él podría utilizar una descripción vívida para comunicar su frustración: "Mi amor, debemos conversar. ¿Puedo hacerte una pregunta? ¿Cómo te sentirías si estuvieras con los dos niños en el supermercado, y en cada caja registradora hubiera una interminable fila de personas esperando? Y no sólo eso, una vez que te has ubicado en una fila, la cajera decide tomarse un recreo justo cuando faltan dos personas para que llegue tu turno. Eso quiere decir que debes volver a ponerte al final de otra larga hilera y esperar nuevamente, y durante todo ese tiempo los niños se comportan mal y se pelean poniéndote en una situación muy molesta. ¿Cómo te sentirías?"

Con seguridad, si ella ha experimentado algo similar en un negocio, se habrá sentido muy frustrada, y luego de escuchar su respuesta, él podría decir: "Bueno, es probable que no te hayas dado cuenta, pero eso es exactamente lo que ha estado sucediendo en el trabajo últimamente. Como pronto nos mudaremos, y como tengo que trabajar con tantos departamentos diferentes que tienen infinidad de problemas, me siento como si tuviera que ponerme en una larga fila para conseguir los nuevos equipos, luego tengo que ponerme en otra fila para conseguir el espacio en el nuevo edificio para esos equipos. Entonces descubro que no consigo el espacio, y me encuentro nuevamente en la línea, y debo comenzar todo el proceso otra vez. Durante todo ese tiempo, tengo a un sinnúmero de personas alrededor, trayéndome sus pequeños problemas y haciendo que las cosas resulten verdaderamente frustrantes.

"Finalmente, luego de estar todo el día esperando en interminables filas, vengo a casa y tú me dices que tienes una tarea para mí. Yo sé que la casa y la cerca son importantes para ti, pero en este momento en que tengo tantas complicaciones en el trabajo, no puedo ocuparme de la cerca. ¿Podría dejar de hablarme en cuanto a la cerca hasta que haya terminado con la mudanza en el trabajo?"

¿AYUDAN A CAMBIAR EL COMPORTAMIENTO DE UNA PERSONA LAS DESCRIPCIONES VIVIDAS?

Sí, porque éstas pueden ayudar a simplificar las situaciones difíciles al proveer el factor inicial que motiva y pone en marcha el proceso de cambio. Mi propia familia utiliza descripciones vívidas y metáforas constantemente porque son muy poderosas.

Recientemente, mi hija Kari compartió conmigo una descripción vívida de algo que me motivó a cambiar una actitud que tenía con Michael, mi hijo menor.

Estábamos volviendo de una vacación de cinco días en nuestra casita rodante. Eran las diez de la noche cuando finalmente emprendimos el regreso a casa. Todos los demás estaban dormidos, cuando mi hija Kari, de veintidós años, vino a sentarse a mi lado. Esto me trajo recuerdos especiales de otros tiempos, ya que desde pequeña ella era la que siempre se quedaba despierta para conversar conmigo y ayudarme a no quedarme dormido al volante. Sólo que esta vez, en lugar de hablar acerca de sus sueños, me dijo: —Papá, hay algo que quisiera conversar contigo, pero puedo esperar hasta que volvamos a casa.

—Hablemos ahora —la animé—. Tenemos tiempo de sobra.

—Pero no sé exactamente cómo explicártelo —me dijo ella.

—¿Por qué no tratas de pensar en una metáfora o en una descripción vívida? —le sugerí.

—Muy bien —me respondió.

Para ayudarla un poco más, le dije: —Elige alguna área que me sea familiar.

Viajamos en silencio durante algunos minutos mientras ella pensaba en cómo me hablaría.

—Muy bien, ya sé cómo hablarte —anunció finalmente—. Imagínate que estás presentando un seminario en alguna parte, y se trata de uno verdaderamente grande. Me refiero a 2.000 personas. En la primera noche, te muestras agradable y cálido, y todos responden muy bien y casi no pueden esperar hasta el otro día. Pero a la mañana siguiente cuando comienza el seminario, no te comportas de manera agradable ni tampoco cálida. En cambio, te pasas todo el tiempo criticando a las personas, aun cuando muchos de ellos no lo merecen. Les dices cosas como: "Me siento frustrado con ustedes. ¡Asisten a la iglesia y leen la Biblia pero realmente no aman a sus familias como deberían amarlas!" O les dices: " ¡Estoy cansado de la manera en que ustedes, mujeres, reprochan a sus maridos, una, y otra, y otra vez! Y ustedes, hombres, ¿por qué no crecen y aman a sus esposas como se suponen que deberían hacerlo?"

Le dije: —Kari, probablemente la gente no se quedaría por mucho tiempo. Sin lugar a dudas, algunas personas se irían inmediatamente, y muchas otras se irían en el primer descanso. Se dirían: "¿Pero qué hago aquí escuchando esta diatriba? ¿Quién se cree que es? Ni siquiera sabe en la situación en que me encuentro."

Pensé por un momento, sin darme cuenta de que me estaba cavando una fosa más profunda, y expresé: —Tú sabes que en Proverbios dice: "Panal de miel son los dichos suaves; suavidad al alma y medicina para los huesos." Le ruego a Dios que me ayude a hablar de esta manera. No quiero ser una persona ruda.

Kari me dijo: —Papá, siento tener que decirte esto, pero eso es más cierto de lo que tú crees. Verás, Michael vive diariamente en uno de esos seminarios en los que tú estás constantemente criticando a la gente, pero con la diferencia de que él no puede retirarse cuando tú lo criticas, como la gente del seminario imaginario.

Si me hubiera topado con una pared de cemento, no me hubiera detenido más bruscamente. Tal vez sea porque Michael es muy parecido a mí, pero siempre he tenido que luchar con la tendencia a criticarlo una y otra vez por las pequeñas cosas que hace. "Mike, mastica con la boca cerrada. Mike, no bebas de esa manera. Mike, no...."

Hace un año que Kari me pintó esa descripción vívida y todavía no la he olvidado porque literalmente cambió mi comportamiento. Sus palabras se convirtieron en un rayo laser que me atravesó el corazón. Lo primero que hice aquella mañana cuando Michael se despertó fue pedirle perdón. Desde hace un año, la descripción vívida de Kari me ha recordado constantemente que debo ser el mayor alentador de mi hijo y no su más fuerte crítico. Las descripciones y metáforas pueden ser muy efectivas, pero como sucede con cualquier otra habilidad, debemos aprender los elementos básicos que las componen, para usarlas con efectividad.

PASO A PASO, COMO LLEGAR A SER UN EXPERTO

Cuando aprendí a esquiar, el instructor tuvo que mostrarme cómo hacerlo de a un paso a la vez. En un principio, eso me frustraba, porque yo veía a todos esos expertos esquiadores descendiendo graciosamente por las colinas, y durante todo ese tiempo, yo me sentía completamente inútil. El instructor nos hacía ejercitar en distintas habilidades que se necesitan para esquiar, y después de un rato, me desalenté tanto que pensé que jamás aprendería a esquiar. Pero estaba equivocado.

Poco a poco, mientras practicaba lo que él me había enseñado, comencé a unir una habilidad con la otra. Muy pronto pude deslizarme por la loma sin tener que pensar: *Planta la pértiga, ejerce presión sobre el esquí, inclínate, mueve la pértiga, desliza el esquí.* Luego de practicarlo muchas veces, ¡me salió naturalmente! Ahora me encanta esquiar.

Lo mismo sucede con las metáforas y las descripciones vívidas. Al principio, es probable que te sientas extraño y desanimado cuando intentas usarlas. Cada paso puede resultar tedioso. ¡Pero persevera! Te harás diestro en su uso, y serás un experto antes de lo que piensas.

Una y otra vez hemos visto relaciones frustradas y tensas que cambian totalmente cuando las parejas han utilizado esta forma de comunicación. Este cambio en sus vidas no sucede de la noche a la mañana. Los problemas muy arraigados no se desvanecen instantáneamente sin el trabajo constante de la pareja y la confianza en la fortaleza de Dios para perseverar.

Si las metáforas y las descripciones vívidas son los medios de comunicación más poderosos que conocemos, existe un segundo aspecto para comunicarse que debería existir en todo hogar. Este método ha evitado que muchas conversaciones se deterioren convirtiéndose en peleas desagradables. Se pone en funcionamiento hablando más despacio para poder ¡escuchar atentamente!

LA EFECTIVIDAD DE HABLAR MAS DESPACIO PARA ESCUCHAR ATENTAMENTE

Una mañana, mientras realizaba mi caminata habitual, pensé en algún acto amoroso que pudiera hacer por Norma. Como aquella tarde saldríamos de campamento, decidí que me ofrecería para empacar nuestros enseres en la casa rodante. Ella podría salir a desayunar con su buena amiga Helen, mientras que yo me hacía cargo de las cosas para el campamento.

Comencé a caminar más ligero, y cuando llegué a casa le dije: —¡Norma, tengo una sorpresa para ti!

—¿De qué se trata? —me preguntó ella.

—¿Qué te parecería la idea de llamar por teléfono a Helen para salir a desayunar con ella? Yo me encargaré de empacar las cosas para nuestro viaje.

Emitió un sonido ininteligible y se dio vuelta alejándose de mí. Esta no era la reacción que yo esperaba.

—¿Qué sucede? —le dije, siguiéndola.

Fue entonces cuando dijo algo que me parecía imposible estar escuchando.

—Has estado pensando mucho tiempo en cómo empacar las

cosas para nuestro viaje, ¿no es cierto?

Me sentí aturdido. —¡No! —contesté enfáticamente.

—Entonces, ¿por qué tengo la impresión de que piensas que puedes empacar las cosas mejor que yo? —me preguntó ella.

—¿QUE?

En aquel momento, yo tenía deseos de decirle que fuera a empacar las cosas, que yo iría a desayunar con algún amigo.

Cuando el enojo inicial desapareció, comprendí que ella tenía una idea totalmente equivocada de cuáles eran mis intenciones, pero antes de entrar en una discusión mayor, decidí que necesitábamos *escucharnos atentamente* para aclarar las cosas.

—¿Por qué reaccionas de esta manera? —le pregunté.

—Porque sé que en el fondo a ti no te gusta la manera en que yo preparo nuestra casa rodante cuando viajamos.

—Entonces, ¿piensas que arreglé esto de que salieras a desayunar con Helen para quitarte de en medio y poder preparar la casa rodante a mi manera?

—Sí, exactamente.

—Norma, ¡ésa no fue mi intención! Yo estaba tratando de hacer algo amable por ti hoy.

—¿Estás diciendo que querías hacer algo *agradable* para que yo me sintiera bien? —me preguntó pausadamente.

—Por extraño que parezca, ¡sí!

Al escuchar atentamente, pude aclarar lo que ella pensaba, y darle la oportunidad de ver que realmente la comprendía, y luego pude corregir la mala interpretación en nuestra comunicación. Al escuchar, en lugar de reaccionar, evité una confrontación mayor.

Escuchar atentamente es simplemente una técnica que puedes utilizar para ayudarte a comprender lo que en realidad dice la otra persona. Habla más despacio hasta que lleguen a un punto en el que puedan entenderse. Es una paradoja, pero en este mundo que marcha a toda velocidad, cuando expresamos nuestros pensamientos lentamente, avanzamos mucho más rápido hacia la comprensión mutua.

Esta es una herramienta que nos puede ser de mucha ayuda cuando está por estallar una discusión, y también es muy útil en la conversación diaria para aclarar algún significado y llegar a comprender cabalmente a la otra persona. Nos ayuda a hablar acerca de los problemas más concisamente y con mayor claridad.

Debemos dar tres sencillos pasos para dominar el arte de escuchar atentamente.

TRES PASOS PARA APRENDER A ESCUCHAR ATENTAMENTE

1. *Trata de reconocer el problema detrás del problema*

Supongamos que tú y yo estamos discutiendo y tenemos bastante dificultad para entendernos. Al escuchar atentamente, puedo honrarte dándote la oportunidad de aclarar lo que realmente quieres decir. Te permite saber que estoy genuinamente preocupado e interesado por lo que dices, y que me esfuerzo por comprenderte, y no por ganar la discusión.

En el caso de Norma, el problema no era el desayuno con su amiga. El problema era que sus sentimientos estaban heridos porque pensaba que yo criticaba su manera de empacar la casa rodante. Podríamos haber hablado todo el día acerca de mis palabras, pero cuando hablamos despacio para tratar el problema que se encontraba *detrás* de sus palabras y de su reacción, rápidamente comprendimos cuál era el verdadero problema.

2. *Repite lo que dijo la otra persona en tus propias palabras*

Una vez que la otra persona ha tenido la oportunidad de resumir lo que dijo, puedo responderle: "Ahora permíteme repetir lo que has dicho para estar seguro de que he entendido." Entonces puedo poner en palabras mías lo que la otra persona ha dicho.

Si he interpretado correctamente, me dirá: "Sí, así es." De lo contrario, podrá decirme: "No." Entonces puedo tratar de decir de nuevo lo que la persona ha expresado. Y eso es precisamente lo que hice con Norma. Tuve que hablar más despacio y preguntarle específicamente, repitiendo sus palabras, si a ella le parecía que yo la estaba criticando en lugar de tratar de ayudarla. A esta altura, mi responsabilidad es seguir haciendo preguntas hasta obtener un "sí". Cuando logro obtener ese "sí", entonces es mi turno para decir cómo me siento. De esta manera, los dos recibimos honor con nuestras palabras.

3. *Trata de resumir lo que dices*

Si usamos demasiadas palabras durante una discusión importante, en realidad podemos anular una conversación íntima. Cuando empleamos largos párrafos en lugar de oraciones breves y concisas, aumentamos la posibilidad de que la otra persona reaccione a lo que decimos porque no nos comprende. Si continuamos añadiendo palabras sin aclarar cuál es el problema o qué es lo que sentimos, la otra persona puede sentirse tan frustrada o aburrida que no nos escuchará.

Aprender a ser breve no es tan fácil como parece. Hace poco, asistí a un curso intensivo de dos días en Los Angeles, sobre cómo responder en entrevistas por televisión, radio o para periódicos. El primer día me sentí como un fracaso total. Los instructores trataban de lograr que fuera breve y que fuera justo al punto, pero yo simplemente no podía hacerlo.

"Ahora bien, Gary", me dijo uno de ellos, "tienes que resumir la parte más importante de tu mensaje en una oración." Luego de años de ser por naturaleza una persona de muchas palabras, no podía hacerlo. El instructor detenía el cassette una y otra vez y me pedía que lo intentara otra vez.

"Gary, lo has dicho en cinco oraciones, y yo dije ¡en una!", insistía mi instructor. "Si presentas un mensaje por televisión, debes ser breve. Tal vez a la gente le guste leer en detalle, pero en la televisión o personalmente, no te escucharán atentamente cinco oraciones."

Al segundo día, ya había mejorado bastante. Cuando me concentraba en lo que decía, me sorprendía ver cómo podía utilizar la mitad de las palabras y decir el doble. A mí me encanta hablar, así que, ten ánimo, si *yo* puedo hablar más despacio y resumir lo que digo, ¡*cualquiera* puede hacerlo!

Muchas veces, las parejas deben limitar sus palabras para aumentar la comprensión mutua. Una vez, mientras aconsejaba a una pareja en la cual la esposa rara vez dejaba de hablar para escuchar, tuve que interrumpirla para decirle: "Lo siento, pero si realmente deseas que tu esposo pase tiempo contigo, debo ser bien honesto ahora." Eramos lo suficientemente amigos como para decirle: "Debes tomar la decisión de usar menos palabras. Me estoy aburriendo de escucharte, ¡y piensa que yo soy el consejero! Recuerda que usar menos palabras y escuchar atentamente a tu esposo es una de las cosas más importantes que puedes hacer para demostrarle tu amor."

A algunos de nosotros, Dios nos ha dotado con un amor especial por las palabras. Esto es tremendo, ¡pero algunas veces se nos va la mano! Como sucedía con la esposa que mencioné anteriormente, podemos perder la atención de la persona con quien hablamos.

Escuchar atentamente ha detenido varias discusiones en mi

casa, y sé que también puede marcar una diferencia en tu hogar. Conscientemente hemos tomado la decisión de no permitir que se ponga el sol sobre nuestro enojo, y de hacer el esfuerzo de honrarnos los unos a los otros comprendiéndonos más.

Proverbios 14:29 dice: "El que tarda en airarse es grande de entendimiento; mas el que es impaciente de espíritu enaltece la necedad." Una de las llaves de una relación saludable es la disposición de decir: "Estoy más interesado en comprender lo que me dices que en pensar en lo que voy a responderte." Escuchar atentamente es una de las mejores maneras que conozco de ayudar a otros a descubrir lo que pienso yo, y me ayuda también a saber lo que piensan ellos.

En el capítulo anterior vimos cómo un esposo o una esposa necesita seguridad para que la relación crezca, como las plantas necesitan la brillante luz del sol. Ahora hemos visto cómo la conversación significativa es como la lluvia de verano que estimula ese crecimiento. Estos son dos de los cuatro elementos esenciales que necesita un amoroso "sustentador" para cultivar un matrimonio o una familia firme.

Ahora prosigamos descubriendo un tercer elemento importante para un hogar donde reine el amor. Es tan importante como lo es la tierra para que una raíz encuentre el medio apropiado para desarrollarse. Al mismo tiempo, descubriremos un secreto para mantener vivo el romance en el matrimonio.

10

Cómo mantener vivo el romance en el matrimonio

Sin lugar a dudas, ésta sería la velada más romántica de toda su vida de casados. Claro que hacía solamente un año que habían contraído matrimonio, pero Greg sabía que la sorpresa que tenía preparada para Sharon le daría un nuevo significado a la palabra "romance".

Sin que su esposa lo supiera, Greg había salido antes del trabajo para hacer los preparativos para el aniversario. El sabía que lo que más le gustaba a su esposa era disfrutar de una cena en un lugar que tuviera una hermosa vista, por lo tanto se dirigió al "restaurante" que el pensaba era lo último en vista: ¡La cima de una montaña cercana!

Greg pasó cinco horas llevando una mesa, sillas, una cocinita a gas, hielo y bebidas al pináculo de una pequeña montaña cercana a su casa. En su mente podía verse junto a su esposa compartiendo una maravillosa cena juntos y disfrutando del hermoso paisaje.

Todo lo que le quedaba por hacer era ir a buscar a su esposa al trabajo, darle la sorpresa y luego subir hasta el nido íntimo que había creado en aquel lugar tan romántico. Greg había pensado en todo, excepto en los intereses de su esposa y en la respuesta de ésta. Porque desde el momento en que la sorprendió esperándola a la salida del trabajo, su hermoso plan comenzó a desintegrarse.

En primer lugar, ella estaba tan cansada después de un arduo día de trabajo luchando con conflictos en la oficina, que deseaba quedarse en casa y descansar, en lugar de salir a "disfrutar" de una larga velada. Luego, cuando él sacó las botas de escalar de su esposa, ella le dijo que estaba demasiado cansada como para escalar y que ni siquiera tenía apetito.

Greg no deseaba abandonar su sorpresa cuidadosamente planeada. (Además, él sabía que les llevaría una hora llegar a la cima de la montaña.) Por lo tanto, le dijo que dejara de quejarse y comenzara a ascender.

Con desgano, ella comenzó a ascender la montaña hasta el lugar en donde el viento había volcado casi todo el campamento. La cocinita no quería prender, el hielo se había derretido, y el viento seguía soplando tierra sobre la mesa. Y para colmo, a Greg se le habían olvidado los tenedores.

Finalmente, sirvió la cena, pero Sharon estaba tan cansada del ascenso y de aquel viento que casi se los llevaba a ellos también, que no quiso comer. Sintiéndose totalmente frustrado, Greg arrancó el mantel de la mesa haciendo volar los platos por todos lados. Esto hizo que ella comenzara a llorar y que él se enojara muchísimo.

En lugar de descender de la montaña tomados de la mano a la luz de la luna, descendieron en silencio a los tumbos en medio de una impenetrable oscuridad (naturalmente, a él se le había olvidado la linterna). El hielo para las bebidas se había derretido en lo alto de la montaña, pero la pared de hielo que existía entre ellos mientras viajaban de vuelta a casa era tan espesa como una pared de ladrillos.

Greg tuvo una idea correcta. El estaba tratando de añadir un elemento importante a su matrimonio que falta en muchas parejas. Lamentablemente, él no tuvo en cuenta algunos aspectos importantes de esta tercera manera de sustentar un matrimonio.

ES POSIBLE MANTENER VIVO EL ROMANCE EN EL MATRIMONIO

Durante el noviazgo, el romance es algo que parece fluir naturalmente. Sin embargo, con el correr de los años de vida matrimonial va disminuyendo. Pero el romance es un ingrediente esencial en una relación fuerte. La mayoría de las mujeres admiten que este elemento falta en sus hogares, y la mayoría de los hombres confiesan su incapacidad y sus fracasos al tratar de suplirlo.

Por cierto, el romance no es algo de nuestros días. Ha sido el tema de historias desde que existe el tiempo. Pero con las imágenes distorsionadas que el cine nos ha dado de lo que es la intimidad, no es de sorprenderse que a muchos de nosotros nos resulte difícil mantener el romanticismo en nuestra vida. Aunque no parezca ser algo tan importante como la conversación significativa, o como la manera de mantener abierto el espíritu de una persona, el romance es un elemento esencial para construir la clase de relación amorosa y duradera de la que hemos estado hablando.

El romance encuentra su lugar en un matrimonio justo entre las páginas que ilustran al amor como una decisión de nuestra voluntad, y la relación sexual que involucra nuestros sentimientos y emociones. En muchos aspectos, el romance es el puente entre ambos. Es una manera importante de expresar honor a nuestro cónyuge, y provee las bases para una vida sexual significativa.

Poéticamente, podríamos decir que el romance es la llama que arde en la vela del amor incondicional; es el acto de honor que suaviza y refresca un matrimonio como una suave lluvia de primavera, y es la tierra fértil en la cual crece la pasión. Pero para aquellos que no somos expertos en poesía, ¿qué es el romance en lenguaje de todos los días?

El romance es el acto que mantiene vivo el espíritu del noviazgo mucho después del día de la boda. Dicho de otra manera, el romance es una amistad íntima que se celebra con expresiones de amor reservadas solamente para el cónyuge.

ALGUNAS REGLAS PARA QUE EL ROMANCE FLOREZCA

En cierto sentido, el romance deja al descubierto los sentimientos más profundos de una persona. Greg tenía la esperanza de que todos sus esfuerzos especiales le mostraran a Sharon cuán feliz estaba de que ella fuera su esposa. Procuró crear un ambiente natural que abriera la vida de su esposa a una intimidad más profunda. Pero en cambio, su relación sufrió una caída, y podríamos añadir que fue "montaña" abajo. ¿Por qué? Por la misma razón por la cual muchas parejas tienen que luchar por mantener vivo el noviazgo en sus matrimonios. Necesitan seguir varias reglas para mantener al romance en el camino correcto hacia la intimidad.

La razón más común por la cual el romance muere en una

relación es que lo asociamos a la intimidad física. Generalmente, esto sucede porque ésta es la manera en la que la televisión o el cine lo pintan. Parecería como si cualquier muestra de ternura o de emoción sencillamente fuera el preámbulo para el acto de intimidad física. Pero aunque efectivamente el romance *algunas veces* conduce al sexo, nuestro objetivo al ser románticos no debería ser el sexo.

Dios ha creado a los hombres con la capacidad de ser "iniciadores" con objetivos concretos en mente. El llenó sus cuerpos con un maravilloso componente químico que eleva sus impulsos sexuales (ver el Capítulo 11). Sin embargo, algunas veces, permitimos que nuestro entusiasmo natural se apodere de nosotros y nos haga cometer el error fundamental de sustituir la cercanía emocional por la experiencia sexual.

Si el único momento en el que tomo la mano de mi esposa es cuando le digo: "Vayamos a la cama", estoy ignorando la necesidad que ella tiene de momentos románticos fuera del dormitorio. En el caso de muchas mujeres, es casi como si Dios les hubiera dado un "interruptor para la seguridad de la relación" que no permite que unos pocos momentos de placer pretendan ser una relación significativa.

Si el romance es algo más que ver que el pasillo que conduce al dormitorio esté libre, entonces, ¿qué es? En primer lugar es . . .

AMISTAD, NO ESTIMULACION SENSUAL

En su libro, *Romancing Your Marriage* (El romance en su matrimonio), Norm Wright cita a una pareja que define al romance de la siguiente manera: el romance no es un ambiente, sino que es una *relación* que puede trasladarse a una diversidad de ambientes.

¡Me gusta esta definición! El romance es una *relación*, no es un acontecimiento. No es algo que hacemos ocasionalmente para encender el fuego de la pasión. Más bien, debería ser una parte integral de nuestra relación, algo que no viene y va como la marea, sino que fluye constantemente como un río. Un aspecto inseparable del romance es ser "el mejor amigo" de tu cónyuge.

En el Cantar de los Cantares, la esposa de Salomón le alaba diciendo: "Tal es mi amado, tal es mi amigo . . ." (5:16). Durante el noviazgo ideal, las parejas deberían tener tiempo para fomentar la amistad hasta su grado máximo. ¿Por qué la amistad está tan ligada al romance?

¿Puedes recordar "tu canción" en la radio, tu mesa en un

restaurante favorito, la manera secreta de tomarse de las manos? Durante el noviazgo, toda la nación puede estar escuchando la misma canción de amor en la radio, pero esa misma canción crea un lazo especial entre ustedes dos.

Una llave para entretejer la amistad con el romance es tomarse tiempo para explorar los intereses del cónyuge, y luego compartirlos. Recientemente leí una tira cómica que mostraba esta idea. La escena mostraba a una pareja caminando alegremente tomados de la mano, mirándose a los ojos, y disfrutando obviamente de la conversación. La leyenda dice: "El romance tiene lugar cuando . . . él le pregunta por sus plantas, y ella le pregunta por el partido de fútbol." Por más poco románticos que parezcan los goles y las plantas, esta tira cómica realmente encierra la esencia de un importante elemento del romance.

Si no estás cultivando una amistad basada en los intereses de tu cónyuge, casi puedo garantizarte que la tierra romántica de tu relación carece de los elementos nutritivos esenciales. Yo lo aprendí de la manera más difícil, un verano cuando lo único que consiguió un "romántico" viaje fue alejar a Norma de mí.

NO TOMAR EN CUENTA LOS GUSTOS DEL CONYUGE

Durante años, pensé que una de las cosas más románticas sería ir de viaje con Norma por las montañas. Este sería un viaje especial de dos semanas, en el cual transitaríamos por los lugares más bellos del estado, visitando sitios históricos y haciendo campamento en lugares muy apartados de la civilización. Después de varios años de aguijonearla, finalmente la convencí de que sería una experiencia inolvidable, así que cargamos nuestras cosas y nos dirigimos hacia las montañas.

Antes de que hubiera pasado una semana, Norma no podía más. Finalmente estalló y dijo: "No sé cuánto tiempo más podré soportar esto. No hay lugares donde pasear, no hay negocios interesantes ni restaurantes. No podré soportar otro día más, y mucho menos otra semana. ¿No podemos acampar en las montañas cerca de una ciudad para poder ir a caminar y ver a otra gente o a comprar cosas para nuestros hijos?"

Al principio yo me enojé porque ella estaba tratando de arruinar mi "romántica" vacación soñada. Inclusive manejé durante todo el viaje de regreso a casa sin decirle una palabra. Más tarde, me disculpé por mi actitud, y me di cuenta de que nunca había pensado en preguntarle a ella qué sería en *su* criterio un viaje romántico. A mí no me interesaba saber lo que a ella le interesaba. Yo tenía mi propia aventura romántica en mente, aunque para ella era muy aburrida.

Afortunadamente, aunque nos sintamos inútiles para crear una experiencia romántica, hay algo específico que podemos hacer para ayudar a nuestro cónyuge a convertirse en el romántico que desearíamos que fuera.

¿QUE CONSTITUYE UN "DIEZ" PARA TI?

Contrario a lo que popularmente se cree, los momentos románticos no suceden porque sí. Con el agitado estilo de vida que llevamos, si no ordenamos nuestras agendas, alguien más lo hará por nosotros. Como las oportunidades para crear grandes recuerdos de momentos juntos pasan tan rápidamente, es importante que aprovechemos las oportunidades para el romance que se cruzan en nuestro camino.

La llave es planear. Yo sé que algunos de ustedes estarán pensando: *Pero Gary, si se planea se pierde toda la emoción. Se supone que el romance es algo espontáneo.* No hay duda de que la espontaneidad tiene su lugar, y ya hablaremos sobre eso. Sin embargo, por ahora es importante que nos libremos de la idea falsa de que el secreto de una relación romántica es la llamada telefónica de las cinco de la tarde para planear una cena a la luz de las velas a las seis.

Lo que quiero decir con planear es usar el método de preguntarle a tu cónyuge. Esto es algo que hemos hecho en seminarios por todo el país, y es asombrosa la cantidad de información "romántica" que se obtiene en poco tiempo. Si recuerdas, en el Capítulo 4 mencionamos algunas preguntas que un esposo le puede formularle a su esposa, las cuales pueden cambiar totalmente su relación. Cada pregunta utiliza la escala del uno al diez para evaluar la respuesta del otro.

Lo mismo sucede aquí. Los esposos y las esposas deberían comenzar a entretejer sus ideas en cuanto al romance preguntando:

Querido(a): En una escala del uno al diez, ¿cuál es el "diez" del romanticismo para ti?

Es una buena idea tener listo papel y lápiz para anotar cada idea que se sugiera. Luego "escudriña" estas respuestas para añadir información por medio de preguntas adicionales.

Por ejemplo, si tu cónyuge te dice: "Pienso que en el diez ubicaría una vacación para esquiar", entonces tú le podrías preguntar: "¿Adónde te gustaría ir? ¿En qué momento del año? ¿Qué clase de nieve te gustaría más? ¿Necesitarás ropa nueva para esquiar? ¿De qué color y qué modelos? ¿Qué restaurantes te gustaría visitar? ¿Dónde nos hospedaríamos? ¿Iríamos con amigos o solos? ¿Haríamos alguna otra cosa aparte de esquiar?" Esta lista podría continuar mucho más.

Cada pregunta que haces te convierte en un romántico más perspicaz. Cuanto más sepas con respecto a lo que representa un "diez" para tu cónyuge, tanto más podrás comprender sus intereses e involucrarte en ellos.

Muchos de nosotros no estamos en condiciones de planear una vacación para esquiar, lo cual nos conduce a un principio muy importante que debemos tener en mente. *El éxito de los momentos románticos juntos tiene poco que ver con cuánto dinero gastemos.* Si una relación romántica y exitosa dependiera de lo abultado de nuestra cuenta bancaria, ¡la mayoría de nosotros ni siquiera tendríamos una relación de saludarnos de lejos! Si pensamos en el dinero como el secreto para poder compartir los intereses mutuos, nos privaremos de algunos de los momentos más románticos que hayamos podido compartir.

Steve Lyon, quien pertenece a nuestro equipo, recientemente no tenía dinero en sus bolsillos y disponía un domingo de tarde libre. Dándose cuenta de la necesidad que tenía su esposa, Brenda, de salir de la casa, fue con ella y con su hijita de meses a un museo de artes en el centro de la ciudad.

Los vendedores ambulantes estaban por todos lados ofreciendo sus productos. Algunas parejas y familias se encontraban sentadas en el césped escuchando a un cuarteto de instrumentos de viento. Las fuentes se veían preciosas en medio de aquel paisaje, y el museo de arte estaba abierto y la entrada era gratis. No compraron *nada*, ni siquiera un helado o una limonada.

Dos horas más tarde, eran mucho más ricos en su relación y no habían gastado dinero. Más tarde Brenda dijo: "Aquel fue uno de los momentos más románticos que disfrutamos en mucho tiempo." Sorprendente ¿no es cierto? No lo fue para un hombre que conocía el interés de su esposa por el arte y que utilizó el tiempo de una siesta dominguera para crear un recuerdo romántico en la memoria de ésta.

Por lo tanto, ¿qué importa si no puedes salir una semana de vacaciones para esquiar? Dedica un sábado de mañana para salir de compras o para ir a tomar un helado. Tu romance no será mejor por tener la billetera con bastante dinero. (Luego compartiremos veinte ideas muy económicas para mantener vivo el romance en el matrimonio.)

¿Por qué no sentarse con el esposo o la esposa para mirar el resto del año que tenemos por delante? Descubran mutuamente los "diez" de cada uno y planifiquen lo que puedan en el calendario. ¡Resulta asombroso cómo las expectativas aumentan el romanticismo! Asegúrate de comprometerte a hacer que estas actividades sean una prioridad. Si no lo haces, otras cosas u otras personas se encargarán de ocupar tu tiempo.

En nuestra casa, muchas veces sabemos lo que vamos a hacer con un año de anticipación. La mayoría de las familias no hacen planes tan anticipados, pero mi trabajo me demanda que planifique para que las demás cosas no sofoquen el romance en nuestra relación. Norma y yo conversamos de los momentos especiales que pasaremos como familia (algo que discutiré más exhaustivamente en el Capítulo 12), pero nos aseguramos de reservar algunos momentos especiales solamente para nosotros dos.

El primer ingrediente esencial en una relación romántica es desarrollar un nivel profundo de amistad compartiendo los intereses mutuos. Si descubrimos los "diez" del otro y realizamos planes para poder hacerlos realidad, notaremos una enorme diferencia en la calidad de nuestros momentos románticos. Existe una tercera manera de mantener el romance vivo en el matrimonio. Es aprender a . . .

DISFRUTAR DE CADA MOMENTO EN LA VIDA

Quienes han aprendido a ser románticos saben que hay alguna fecha especial o acontecimiento en el año que se puede utilizar para encender la llama del romanticismo. Recuerdo a un hombre que estableció una celebración especial para honrar a su esposa por el sacrificio que ella había hecho por él.

Era la noche en la que recibiría su título de doctor. Habían sido cuatro años de estudio intensivo que finalmente habían culminado con la entrega de su diploma.

Su esposa planeó una fiesta especial a la cual asistirían muchos de sus amigos para celebrar con él el esperado día de graduación. Habría torta, refrescos, estandartes, una pileta de natación, criquet, y otros juegos al aire libre. Muchos habían aceptado la invitación y parecía que la casa estaría llena. Su esposo, sin embargo, tenía otra idea. Secretamente se puso en contacto con cada uno de los invitados y les dijo que él quería que la fiesta fuera una sorpresa en honor a *ella*. Sí, habría estandartes y todo lo demás, pero llevarían el nombre de ella, no el de él.

El quería hacer algo especial para que ella supiera cuánto apreciaba todos los años de sacrificio que había hecho para que él pudiera graduarse. En muchas maneras, el trabajo de tiempo completo para que él pudiera estudiar, y la postergación de sus sueños de tener una casa y una familia, habían sido más duros para ella de lo que habían sido las largas horas de estudio para él.

Cuando llegó el día, ella estaba ocupada con los preparativos y los detalles de último momento, todavía convencida de que todo estaba saliendo conforme a los planes. Su esposo se las arregló para que ella saliera de la casa, y mientras estaba afuera, colgó un enorme estandarte con el nombre de ella. En ese tiempo llegaron los invitados.

Cuando ella regresó, la recibieron con un fuerte grito de: "¡SORPRESA!" Cuando esta mujer comprendió lo que sucedía, no pudo contener las lágrimas. Su esposo les pidió a algunas personas que compartieran lo que más apreciaban de ella. Luego él se puso de pie y con tiernas palabras de amor y de afecto expresó su gratitud por todo lo que ella había hecho. Cuando él terminó, todos la saludaron con un brindis con té helado.

El resto de la velada fue una fiesta llena de risas, de conversaciones, de juegos acuáticos, juegos de jardín y más comida de la que se podía comer. Era una celebración de una experiencia que ambos habían compartido, y al conmemorarla de una manera especial, este esposo había creado un recuerdo romántico permanente del amor y la dedicación de su esposa.

Los cumpleaños, los aniversarios o las vacaciones pueden convertirse en algo más que simples tradiciones. Pueden ser una oportunidad personal para hacer saber a nuestro ser amado que es muy especial para nosotros, de maneras que nunca olvidará.

CUANDO UNA SORPRESA ES LO ULTIMO EN ROMANTICISMO

Los lazos románticos de una relación se hacen más fuertes cuando la amistad se basa en intereses compartidos y se celebran momentos de significado especial. Existe otro aspecto del romance que, si no se abusa de él, puede servir de mucha ayuda en el hogar, porque si es verdad que el elemento sorpresa ha ganado innumerables batallas, también es cierto que ha ganado el corazón de un sinnúmero de enamorados.

Un joven en nuestra iglesia recientemente desarrolló una sorpresa romántica que es una de las mejores que he oído. Es algo que su prometida jamás olvidará, y algún día será una gran historia para sus hijos y nietos.

Era una hermosa y clara mañana. El sol todavía no había salido en todo su esplendor, pero coloreaba el cielo con sombras doradas. Las montañas se erguían como silenciosos centinelas en aquel amanecer fresco y cristalino, y las estrellas se veían como puntitos de plata sobre terciopelo negro.

"GHHHHHOOOOOOSSSSSHH", el sonido del liberador de aire caliente del globo rompió el silencio del amanecer. En pocos instantes, aquel globo de brillantes colores comenzó a elevarse del suelo. A bordo iban Steve, su novia Jan, y el piloto.

Los dos habían deseado por mucho tiempo viajar en globo, ¡y ahora su sueño se había hecho realidad! En unos pocos momentos, se encontraban a varios cientos de metros de altura, deslizándose con las corrientes de aire.

El paisaje era espectacular, y mientras Steve y Jan disfrutaban del momento, el piloto se aseguraba de que el vuelo continuara sin inconvenientes.

De repente, el inconfundible rugido de un motor rompió el silencio. Al principio, Jan pensó que debería ser el ruido de un camión que transitaba por la ruta justo debajo de ellos, pero luego se dio cuenta de que se hacía más y más fuerte. Sobresaltada, levantó la vista para ver a un avión que se dirigía hacia ellos. Se sintió paralizada por el temor, pero si hubiera mirado a Steve o al piloto, hubiera visto que ambos sonreían.

La avioneta que Steve había alquilado para que siguiera al globo había llegado justo a tiempo. Cuando estuvo cerca de ellos, vieron la cola que se movía con el viento, revelando un mensaje escrito con letras gigantescas: *"Te amo, Jan. ¿Te casarás conmigo?"*

Cuando Jan finalmente descubrió aquellas palabras, comenzó a dar saltos de alegría como si fuera una niña de seis años en la mañana de Navidad. "¡Sí, me casaré contigo!", dijo, riendo y llorando al mismo tiempo. Para esta pareja, una sorpresa especial fue la muestra de que el romance formaría parte de la relación entre ambos.

Las maneras sorprendentes de decir "te amo", no están reservadas sólo para el espacio aéreo. Pueden ser una nota en el paquete del almuerzo, o un cassette con un saludo amoroso puesto en el tocacassette del auto, o un helado que llega junto contigo a la oficina de tu esposo en una tarde calurosa. La planificación puede asegurar que el romance forme parte integral de tu relación, pero las sorpresas pueden hacer que un momento sea inolvidable. Todas estas acciones dicen: *Estoy pensando en ti, mi amor por ti es seguro, eres importante para mí, estaremos juntos por el resto de nuestra vida.*

PERO YO NO SOY MUY INGENIOSO. . . .

Una vez tuve un amigo que trabajaba con estudiantes secundarios en Vida Joven. Era una de las personas más graciosas e ingeniosas que jamás he conocido. Un día le pregunté cuál era su "secreto" para ser tan ingenioso, y él me dijo: "La definición que yo tengo de ser ingenioso es olvidarme de quien me prestó la idea."

Ahora bien, esto no se puede aplicar en lo que se refiere a escribir libros, pero por cierto quiere decir que si eres lo suficientemente desafortunado como para tener un "cero" en el departamento de ingenio, aún hay esperanza. Simplemente copia algunas ideas de los románticos que te rodean, olvídate de dónde provienen ¡y ponlas en práctica!

No se trata de tener excelentes ideas propias, se trata de saber cómo encontrarlas y cómo ponerlas en práctica. Es importante tener una buena fuente de donde sacar ideas románticas e ingeniosas. Permíteme sugerirte dos:

La primera fuente es tu cónyuge. Algunas veces pasamos por alto esta fuente porque resulta demasiado obvia. Si le preguntas a tu cónyuge: "Querido(a), ¿qué experiencia romántica merecería un diez en tu opinión?", puedes recibir valiosísimas ideas. La mayoría de las personas poseen una lista de cosas que encuentran muy románticas.

Una de las piedras fundamentales de la ingeniosidad es ésta: *Las ideas dan a luz más ideas.* Cuando tu cónyuge te menciona una idea, a ti se te puede prender "una lamparita" en el cerebro y ocurrírsete una manera ingeniosa de ponerla en práctica. Ten presente esta posibilidad cuando conversan juntos. De cualquier manera, asegúrate de escribir las ideas. Trata de mantener a mano tu libro de "Recetas románticas".

La segunda fuente es coleccionar listas de ideas románticas. Estas se pueden encontrar en muchos lugares, pero tu librería cristiana favorita sin duda tendrá buenos libros de donde sacar algunas ideas.

Permíteme añadir algunas ideas propias.

VEINTE IDEAS ECONOMICAS QUE SON INGENIOSAS Y ROMANTICAS

1. Vístanse como si fueran a salir a cenar afuera, pero compren la comida ya preparada en su rotisería favorita. Usen el mantel y la loza que sacan cuando hay visitas. Preparen el ambiente con su música romántica favorita.

2. Compren una caja de helado, vayan a un hermoso parque en la ciudad, coloquen un mantel en el suelo y cómanse el helado.

3. Visiten un museo o una galería de arte. Conversen acerca de la clase de arte que les gusta y del que no les gusta. Utilicen el método de hacerse preguntas para aprender todo lo que puedan acerca de por qué a tu cónyuge le gusta o no le gusta lo que ve. Concéntrate escuchando a la otra persona aprendiendo todo lo que puedas de lo que dice.

4. Vayan a jugar golf miniatura o golfito y victoreen los buenos tiros del otro.

5. Vayan juntos a jugar bowling. Piensen en los premios que se pueden dar por los partidos ganados; por ejemplo, un masaje, una semana de lavado de platos, una promesa de pintar la cerca, etc.

6. Planeen una parrillada de noche, bajo un cielo estrellado.

7. Escríbanse notas de amor y escóndalas en lugares inusuales tales como el congelador, dentro de un zapato, la guantera del auto, en la petaca de maquillaje, o debajo de la almohada.

8. Vayan a nadar a un lago o al mar.

9. Junten hojas y piñas en un día otoñal. Llévenlas a casa y confeccionen adornos otoñales para decorar su casa.

10. Asistan a un concierto al aire libre.

11. Compren una paráfrasis moderna del Cantar de los Cantares y léansela el uno al otro.

12. Caminen tomados de la mano por un sendero campestre.

13. Miren juntos una puesta del sol.

14. Hagan adornos de masa, hornéenlos y luego píntenlos con los niños.

15. Alquilen las viejas películas favoritas y organicen una doble función en casa.

16. Vayan a su restaurante favorito a comer el postre. Lleven el álbum de fotos del bebé o el de la boda y revivan recuerdos juntos.

17. Organiza una fiesta rememorando el día de graduación de tu cónyuge.

18. Junta a los niños y hagan un libro de "Por qué amo a Mamá" y "Por qué amo a Papá", con texto e ilustraciones.

19. Lleva a tu esposo o a tu esposa a su negocio favorito. Recuerda los objetos que más le gustan y que no cuesten demasiado. Regresa al día siguiente y cómprale uno de esos objetos de regalo.

20. En una fría tarde invernal, miren llover desde la ventana de su sala, mientras conversan tomando una taza de café.

La amistad, la planificación, las sorpresas y aprovechar la ingeniosidad del cónyuge son todos aspectos importantes del romance. Pero antes de concluir este capítulo, debemos hacer una advertencia. Veamos brevemente algo que puede hacer morir una experiencia romántica más rápido de lo que un gato se avalanza sobre un ratón.

ALGO QUE PUEDE CONGELAR EL ROMANCE

Imagínate la siguiente escena. Un hombre y una mujer pasean despreocupadamente por una hermosa playa. Las olas bañan suavemente la playa, y las gaviotas revolotean por doquier. La luna llena brilla en el cielo nocturno haciendo que la arena mojada parezca un sendero de plata. Es un final romántico para un día perfecto, hasta que . . .

Si miras más atentamente, verás la expresión del rostro de la mujer. No es una expresión de paz y de amor, sino de frustración y de enojo. ¿Por qué? El lugar es perfecto, pero algo que él hizo está mal.

Diez minutos antes, ella le dijo que deseaba dar un paseo por la playa para conversar. El accedió a la caminata lo cual entusiasmó mucho a la mujer, pero destruyó el ambiente romántico cuando la tomó a ella con una mano y con la otra tomó su caña de pescar.

"Soy un pescador experimentado", le dijo. "Puedo conversar y pescar al mismo tiempo, *¡no hay problema!*"

Ese hombre quebrantó dos reglas cardinales del romance. (1) Asegúrate de que tu actividad romántica recibe toda tu atención. (2) Asegúrate de que estás realizando esa actividad procurando satisfacer los intereses de tu cónyuge, no los tuyos.

Cada vez que le envío flores a Norma, o que le doy una tarjeta, o que hago algo especial, le estoy diciendo: "Te amo." Ese momento es espontáneo y no se halla oscurecido por motivos ulteriores, pero enseguida puedo echarlo todo a perder. Todo lo que tengo que hacer es pedirle un favor, o comentarle mis planes de salir a pescar con los muchachos ese fin de semana, o sugerir que lo que he hecho "merece" una respuesta romántica, y entonces es como si yo entrara en la casa diciendo: "Oye, querida, hoy te ves muy mal."

Hemos visto varias maneras en las que podemos preservar el encanto del noviazgo en el matrimonio. En primer lugar, el romance no es algo que sucede "naturalmente" en el matrimonio; no es simplemente la extensión de la intimidad física. ¡Requiere esfuerzo! En segundo lugar, la receta ganadora para el romance se encuentra desarrollando una amistad centrada en intereses compartidos que han sido cuidadosamente planeados. En tercer lugar, utilizando la sorpresa, la espontaneidad y la ingeniosidad en el romance, podemos celebrar aquellos momentos especiales que nos unen de una manera significativa. Finalmente, debemos asegurarnos de dar lo máximo de nosotros mismos, y de brindar toda nuestra atención a nuestro ser amado durante los momentos románticos. Cada una de estas sugerencias para mantener vivo el noviazgo en el matrimonio, nos puede ayudar a asegurar que esta área importante de nuestra vida se abra como una flor luego de la lluvia primaveral.

Por lo tanto, la llave para ser románticos es concentrarnos en cómo nos relacionamos con nuestro cónyuge. Cuando esto sucede, y tu cónyuge siente verdaderamente que tú deseas una amistad íntima y profunda, entonces se prepara el escenario para disfrutar de los maravillosos placeres de la intimidad física. En el próximo capítulo examinaremos qué es lo que hace que la unión sexual sea significativa y satisfactoria tanto para el esposo como para la esposa.

11

Las relaciones sexuales son mucho más que intimidad física

Es un hecho que la intimidad física no significa lo mismo para el hombre que para la mujer.

¿Cuál es la necesidad física básica de un hombre? En la mayoría de los casos, es el acto sexual, y luego, de vez en cuando, algún contacto físico que no esté relacionado con el acto sexual. ¿Cuál es la necesidad física básica de una mujer? Comunicación significativa, contacto físico que no esté relacionado con el acto sexual, y luego éste.

Hemos visto tres maneras en las que un hombre o una mujer pueden sustentar un matrimonio para verlo florecer y crecer. Cada una de ellas es una parte importante para establecer una relación exitosa, pero estas tres no están completas sin la cuarta. Dentro de los confines del matrimonio, Dios ha provisto una manera de satisfacer una importante necesidad en la vida de un hombre o de una mujer, la necesidad de intimidad física.

SATISFACIENDO LAS NECESIDADES DEL CONYUGE

Numerosos estudios han demostrado que el 70 u 80 por ciento de la necesidad física de una mujer simplemente es que la toquen o que la abracen. Exactamente lo contrario es cierto con respecto a los hombres, especialmente durante los primeros años de matrimonio. En la mayoría de los hombres, hasta que llegan al final de la década de los treinta, se puede pintar en sus espaldas una gran "T". Esta "T" representa la hormona sexual "testosterona" que conduce sexualmente al hombre.

En estudios de laboratorio, si los investigadores inyectan a una mona con esta hormona, ella juntará a otras hembras alrededor de sí y tratará de reproducirse. Luego, una vez que el nivel de la hormona baja, volverá a su comportamiento habitual.

(Algunos hombres han escuchado acerca de los efectos de la testosterona y se han dirigido inmediatamente hacia la farmacia para ver si pueden conseguir una dosis para sus esposas. Sin embargo, como es un esteroide peligroso, los efectos físicos secundarios incluyen la necesidad de tener que afeitarse la barba y la posibilidad de ganar una pulseada.)

Probablemente, una metáfora nos podrá ayudar a explicar la diferencia común que existe entre un hombre y una mujer en el área sexual. Cuando se trata de la intimidad matrimonial, los hombres tienden a ser como un horno de microondas, listos para que los enciendan en cualquier momento, de día o de noche, y también listos para realizar aceleradamente el proceso de cocción. Sin embargo, la mayoría de las mujeres se parecen más bien a una olla de barro. Necesitan "fuego lento" para llegar a la experiencia sexual y saborear el proceso.

Para que tengas una idea del apetito sexual de tu esposo, piensa en tu propio deseo de comer. ¿Cuántas veces sientes hambre? Si eres como la mayoría de las personas, tres veces al día, a la mañana, al mediodía y a la noche. La tendencia alimenticia de una mujer se parece mucho a la tendencia sexual del hombre, especialmente durante los primeros años de matrimonio. Es por eso que un hombre puede irse a la cama a las diez de la noche, luego de no ver a su esposa durante todo el día, acercarse a ella, tocarla en el hombro y decirle: "¿Qué piensas>?"

Luego de un difícil día en el trabajo, con los niños o con ambas cosas, y con muy poco o nada de tiempo de relación significativa como para prepararla, su respuesta puede ser:

"¿Qué pienso? ¡Que te estás comportando como un animal! ¡Ni siquiera pienses en lo que estás pensando!"

Para la mayoría de las mujeres, el sexo es mucho más que un acto físico independiente. Es la culminación de un día lleno de seguridad, de conversación, de experiencias románticas y emotivas y, luego, si todo está bien, la relación sexual. Para la mayoría de los hombres, podemos revertir el orden, ¡o sencillamente omitir todo lo que viene antes de la relación sexual!

En muchas maneras, para la mayoría de los hombres es tan difícil iniciar conversaciones íntimas o planear actividades románticas como es para la esposa iniciar la actividad sexual. Pero estas dos necesidades diferentes en el área física pueden conciliarse, tanto para el hombre como para la mujer, de una manera satisfactoria. Esto es particularmente cierto si eres consciente de varias actitudes y acciones prácticas que pueden ayudar a encender la llama de la pasión.

EL CONTACTO FISICO SIGNIFICATIVO FUERA DE LA ALCOBA PUEDE AYUDAR AL CONTACTO FISICO DENTRO DE ELLA

Recientemente, leí una encuesta realizada entre varios cientos de mujeres. En ella, casi el 70 por ciento respondió que si nunca volvieran a tener relaciones sexuales con sus esposos, no se quejarían mucho. Lo que sí echarían mucho de menos sería que no las tocaran, que no las abrazaran o que no las acariciaran. Todas las áreas de la vida de una mujer se ven afectadas si ella no recibe el contacto físico de aquellas personas que son importantes en su vida. Como mencionamos anteriormente, ocho o diez contactos físicos significativos son realmente el requirimiento mínimo para que una mujer se encuentre emocional y físicamente sana.

Cuando se trata de contactos físicos significativos se debe tener en cuenta el momento apropiado para brindarlos, pero con toda seguridad, son una manera importante de crecer en una fuerte relación física.

APRENDIENDO A PONER LOS PROBLEMAS A UNA DISTANCIA PRUDENTE

¿Sabes cuáles son las dos áreas de las que menos se habla en la mayoría de los matrimonios? La muerte y el sexo. No estoy seguro de cuál es la relación que existe entre estos dos temas, pero sí sé que muchas parejas no encuentran nada gracioso en ninguno de los dos. Lamentablemente, la falta de comunicación en el aspecto físico del matrimonio puede añadir problemas a una pareja, en lugar de sustraerlos.

Para disfrutar de una relación sexual saludable, una pareja

necesita tener libertad para hablar acerca de esta área que muchas veces está "fuera de límites"; libertad para compartir lo que les gusta y lo que les desagrada, sus expectativas y sus frustraciones. Conocemos a una pareja que utilizó el método de las metáforas del que hablamos en el Capítulo 9 para abordar esta área tan sensible. El resultado fue que llegaron a un acercamiento como nunca antes habían experimentado.

Darryl era jugador profesional en un equipo de fútbol que no estaba acostumbrado a perder. Sin embargo, cuando se trataba del área sexual en la relación con su esposa, él sentía que siempre tenía una temporada de derrota. En particular, se sentía frustrado por las pocas veces en que ella respondía a sus avances, y por los desenlaces negativos que venían como resultado de sus deseos fracasados.

Finalmente, llegó a sentirse tan frustrado, que decidió utilizar una metáfora para explicar sus sentimientos. Por lo tanto, luego de haber sido rechazado nuevamente al tratar de iniciar un momento de intimidad mientras la observaba preparándose para acostarse, se sentó cerca de su esposa y compartió esta metáfora.

—Querida, *tenemos* que hablar —le dijo—. ¿Sabes cómo me siento con respecto a nuestra vida sexual? Siento como si todas las noches estuviéramos jugando al juego de la taza. ¿Sabes a qué me refiero? Es ese juego en el que se encuentran tres tazas dadas vueltas sobre la mesa, y debajo de una de esas tazas hay una arveja. Y si yo puedo levantar justo la taza debajo de la cual se encuentra la arveja, tú estarás de humor como para que compartamos algo de "ya sabes qué". Pero el problema es que *nunca* levanto la taza correcta. Me parece que cada día mientras me encuentro en las prácticas, tú cambias las tazas de lugar, y levante cual levante, nunca es la correcta. Lo que quiero saber es ¿cuándo dejarás de esconder la arveja?

Darryl se echó hacia atrás, confiando en que su metáfora penetraría la mente de su esposa como un buen tiro asestado al arco. Con toda seguridad, ahora que ella comprendía sus sentimientos, su metáfora lograría el gol de sus deseos. Sin lugar a dudas, eso traería como consecuencia la continua "disponibilidad" de su esposa. El único problema fue que ambos podían jugar al juego de las metáforas, y la que ella le compartió revirtió el resultado otorgándole tantos a favor de ella.

—Darryl, ya que me lo has preguntado, permíteme decirte cuál es la razón por la cual terminamos jugando al juego de las tazas todas las noches. Digamos que yo soy tu caña de pescar favorita

—Susana captó instantáneamente el interés de Darryl cuando mencionó la pesca que era una de sus actividades favoritas—. Cuando recién nos casamos, me parecía que yo estaba en hermosas condiciones, recién salida de la fábrica y envuelta para regalo. Sin embargo, al poco tiempo de casados, me pusiste una vieja cuerda y me llevaste a pescar en agua salada. Luego, cuando volviste a casa, no me lavaste ni me cuidaste. Al principio, me podías arrojar a más de un kilómetro porque mi línea no estaba toda anudada, y estaba aceitada y bien cuidada. Pero a través de los años, por la manera en la que me has tratado, el hilo se ha corroído por la sal y la línea está toda anudada. Cada vez que sientes el impulso, me sacas de un rincón del garage en el cual me has arrojado, y sin tener jamás cuidado de mí, esperas que pesque como si fuera nueva. ¿Te das cuenta por qué lo único que encuentras cuando quieres pescar conmigo son nudos?

Su esposo contestó: —Bueno, ¿qué puedo hacer?

—Puedes dejarme en el garaje y obtener la clase de respuesta que has obtenido hasta ahora, o puedes arreglarme —dijo ella—. Querido, si me abrazaras y me escucharas, y dejaras de sermonearme cuando te hago una pregunta, me ayudarías a responder como una caña de pescar nueva.

Aquella noche, Darryl se encontró dentro de una metáfora que lo golpeó más fuerte que un pelotazo. Por primera vez, pudo ver y comprender cuál era el problema en la relación sexual entre ambos.

Hablaron por mucho rato sobre una "caña de pescar", pero en realidad, estaban hablando acerca del área más íntima de su matrimonio. Darryl aprendió lo que se requería para "mantener" a Susana con entusiasmo y en condiciones de responderle. Por otro lado, ella pudo comprender cuán frustrantes eran los "partidos" que estaban jugando por no hablar sobre sus sentimientos.

Como un regalo inesperado, concluyeron compartiendo una de las noches más románticas que habían tenido en meses. ¿Por qué? Porque una metáfora puede ayudar a tratar los temas más difíciles haciendo que resulte más fácil hablar acerca de ellos y verlos con más claridad.

Al igual que muchas otras parejas, Darryl y Susana estaban tan cerca de sus problemas, que no podían verlos con claridad. El efecto de la metáfora fue como elevarlos en un helicóptero desde donde pudieron tener una vista panorámica, viendo en qué lugar del camino se habían desviado, y así poder volver al camino de la intimidad sexual.

El contacto físico significativo fuera de la alcoba puede encender chispas en un matrimonio, y la comunicación significativa puede inflamar las llamas. Si una pareja se preocupa lo suficiente como para explicarse mutuamente sus necesidades, sus frustraciones y lo que realmente le hace gozar, podrá transformar totalmente su relación. Pero todavía puede hacer otras cosas más.

LA PURIFICACION DE NUESTRO CARACTER AUMENTA EL NIVEL DEL AMOR EN EL HOGAR

La historia de amor más grande de todos los tiempos se encuentra registrada en las Escrituras. Si los adolescentes supieran que en la Biblia existe un libro completo que habla específica y explícitamente acerca del romance, del sexo y de la intimidad, se volcarían de lleno a leer la Biblia. (Por supuesto, tendrían que comprender un poco más acerca de poesía hebrea.)

¿Cómo sabemos que ésta es la historia de amor más grande? Porque el mismo título del libro nos lo dice. Este libro se anuncia como "El Cantar de los Cantares" en negrilla. Para alguien que conoce hebreo, aquí encuentra algo significativo. Cuando los escritores de la Biblia deseaban señalar algo como "lo máximo, lo supremo, algo sin igual", lo repetían. En otras palabras, es por eso que leemos afirmaciones tales como "Rey de reyes" y "Señor de señores" refiriéndose a Cristo. El es el Rey por sobre todos los reyes y el Señor sin igual.

La repetición de palabras en este título: "El Cantar de los Cantares", entonces, nos dice que ésta es la historia de amor más grande de todos los tiempos. Comienza con una fuerte afirmación de pasión.

"¡Oh, si él me besara con besos de su boca!" Esto lo dice la esposa de Salomón en el segundo versículo del libro. Para los lectores observadores, esta mujer está iniciando una respuesta íntima y le está pidiendo a él que la bese ¡repetidas veces!

Para aquellos hombres que estaban listos para inyectar a su esposa con testosterona, aquí tenemos un ejemplo de una mujer que no necesitaba ningún estímulo artificial para desear besar a su esposo. ¿Te interesa saber qué fue lo que impulsó estas palabras apasionadas de la boca de la esposa de Salomón?

Si miramos el siguiente versículo, encontraremos la razón, y es probable que nos sorprenda. Ella nos dice que no fue su encanto o su buena apariencia; tampoco fue la costosa colonia o las ropas que él podía vestir al ser el rey; ni siquiera fue su prestigio y poder. Lo que la condujo a responderle fue su carácter (Cantar de los Cantares 1:3). La pasión de esta joven surgió como un reflejo directo de las cualidades positivas en la vida de él.

"¡Oh, si él me besara con besos de su boca! . . . *Tu nombre es como ungüento derramado*", le dice ella.

El ungüento era aceite purificado, pero no confundamos la manera en que actualmente se purifica el aceite con el proceso que se utilizaba en los tiempos bíblicos. El proceso que esta mujer tenía en mente se realizaba con varias bandejas en las cuales se colocaban en camadas, piedras de diversos tamaños, las piedras más grandes debajo y las más pequeñas encima. Cuando el aceite se había escurrido por todas aquellas piedras, todas las impurezas se habían filtrado y lo único que quedaba era el aceite "purificado". Para esa esposa, la vida de Salomón, o sea su "nombre", reflejaba este mismo proceso de purificación. Todos los bordes ásperos de indiferencia e insensibilidad habían sido filtrados, y su sabiduría y su carácter reflejaban la pureza de "nombre" y de propósito.

Lo que la esposa de Salomón nos dice aquí es una verdad acerca de la pasión en la vida matrimonial. Cuanto más purificado esté mi carácter, tanto más atractivo seré para mi cónyuge, y como resultado obtendré una mayor respuesta. Una y otra vez he visto este principio obrando en las relaciones personales, para bien y para mal.

Recuerdo el caso de un hombre que perdió su trabajo en una agencia de seguros, principalmente porque no estaba dispuesto a hacer algo que era ilegal. El sabía que si se negaba a acceder a los deseos de sus superiores, instantáneamente lo despedirían, pero también sabía que si mentía perdería mucho más que un empleo.

El día antes de hablar con su jefe para decirle que él no iba a "cooperar", fue a su casa y le dijo a su familia lo que tendría que hacer. La cena se enfrió aquella noche, mientras él les explicaba claramente a su esposa y a sus hijas que la pérdida de su trabajo también podría significar la pérdida de la casa.

La lección práctica acerca de la importancia de la verdad dejó una marca indeleble en sus hijas y unió mucho más a la familia durante las semanas siguientes. Pero la respuesta de su esposa lo asombró. Aunque la cena de aquella noche se enfrió, la respuesta sexual de su esposa fue la más cálida y la más romántica que había experimentado en catorce años de casado.

Antes de seguir adelante, hay otro aspecto de este principio que debemos considerar. Esto va dirigido a aquellos que deseen apagar con agua helada las chispas de romanticismo en su matrimonio. Lo único que tienen que hacer es permitir la mayor cantidad posible de impurezas en su carácter. Recuerdo el caso de una persona que hizo esto, y estuvo a punto de arruinar su matrimonio.

Bill era un arribista, y siempre tenía que tener las mejores ropas y el mejor auto, pero no tenía solvencia como para mantener ninguna de esas dos pretensiones. No era que no ganara dinero, sino que no ganaba ni cerca de lo que gastaba. Un día, esta actitud deshonrosa impactó tremendamente a su esposa.

Ambos trabajaban, y mucho de su presupuesto se utilizaba para que sus hijos pudieran asistir a una excelente escuela cristiana. Al comenzar el semestre, ella le dio a su esposo un cheque para cubrir el costo inicial de la instrucción de los niños. Sin decirle nada, él se gastó ese dinero en una traje nuevo que "necesitaba".

Intentó "desvestir a un santo, para vestir a otro", pero pronto el "santo desvestido" hizo escuchar su voz. Fue entonces cuando sonó el teléfono en la oficina de su esposa. Ese llamado le cayó como una bomba.

La secretaria de la escuela estaba al otro lado de la línea. Lamentándose, le informó a la mujer que sus hijos no podrían asistir más a clase hasta que pagaran lo que debían. Al llegar a casa, la mujer enfrentó a su marido. Al principio él mintió, tratando de encubrir sus andanzas. Luego inventó otra mentira para cubrir la primera. Pronto su carácter estuvo tan lleno de impurezas, que su esposa ni siquiera quería verlo, y mucho menos tener contacto amoroso. Hubo que aconsejarlo durante meses acerca de sus problemas de despilfarro del dinero, y él tuvo que restablecer un historial de confianza, antes de que ella comenzara a responderle físicamente.

¿Cuál es la moraleja de esta historia? Es probable que nuestra relación romántica nunca se llame el "Cantar de los Cantares", pero podemos cantar el coro con gusto. Y una de las estrofas de esta canción nos dice: "Si deseas elevar el nivel de pasión de tu matrimonio, aumenta la pureza de tu carácter."

EL ERROR DE LOS PROMEDIOS

Todos hemos leído en diarios y revistas los "promedios" que se publican con respecto a con qué frecuencia la pareja "promedio" tiene relaciones sexuales, diariamente, semanalmente, mensualmente, anualmente o cada diez años. No estoy muy seguro de cuál es el propósito de estos promedios, pero sí creo que aumentan la cantidad de personas que buscan aconsejamiento.

Muchas parejas que tienen luchas en el área sexual, permiten que este fantasma de los promedios dictamine su respuesta amorosa. Esos esposos pueden llegar a estar tan ocupados tratando de alcanzar esos promedios, que se olvidan que el objetivo que procuran alcanzar con tanto esfuerzo no es más que eso, promedios.

¿Cómo deberían interpretar esas cifras las parejas? Francamente, yo recomiendo que ni siquiera las lean. En un matrimonio normal, existen tiempos de mucha actividad sexual, y períodos de poca actividad. Tratar de estar a la altura de lo que otro entiende como "promedio" es una invitación a la frustración, y no a la satisfacción sexual.

¿Cuál es la mejor guía para el matrimonio? El sabio manual de la vida escrito por el Dueño, es decir la Biblia. En 1 Corintios 7:3-5 se nos da un "promedio" saludable para seguir: "El marido cumpla con la mujer el deber conyugal, y asimismo la mujer con el marido. La mujer no tiene potestad sobre su propio cuerpo, sino el marido, ni tampoco tiene el marido potestad sobre su propio cuerpo, sino la mujer."

En otras palabras, el deseo de responderse mutuamente en amor y la constante voluntad de satisfacer las necesidades del otro es el mejor consejo sobre cuándo tener intimidad sexual. No permitas que ningún libro ni revista determine tu "agenda" amorosa. Consulta al Libro, para recibir el mejor consejo sobre cuándo y cómo acrecentar la intimidad.

DEJEMOS LA "ACTUACION" EN EL ESCENARIO, QUE ES DONDE CORRESPONDE

Existen dos palabras que vienen muy bien en el mundo del espectáculo, pero que son absolutamente asesinas en la alcoba, y son *actuación* y *ansiedad*.

El *Diagnostic Statistical Manual*, Volumen III, es una enciclopedia sobre disfunciones sicológicas. Contiene casi 200 páginas acerca de posibles problemas sexuales. ¿Sabes cuál es uno de los principales tratamientos para gran cantidad de estos desórdenes? "Disminuir la ansiedad por la actuación." En otras palabras, si logras sacar fuera de tu alcoba la actuación y las expectativas irrealistas, podrás borrar casi todas las disfunciones sexuales que no poseen fundamento sicológico. Y la ansiedad por la actuación se disminuye bajando las expectativas a niveles realistas, centrándose en el amor genuino, y procurando satisfacer las necesidades, la comodidad y el placer de *la otra persona* en lugar del propio.

Muchas veces, el hombre que tiene ansiedad por la actuación es aquel que mide la calidad de su matrimonio por sus proezas sexuales. Si, en el curso normal del matrimonio, experimenta alguna frustración en su actuación sexual, el miedo se apoderará de él y podrá perder toda la confianza en esa área. Por otro lado, si una mujer "actúa" en el acto matrimonial fingiendo sus sentimientos o respuestas, no podrán alcanzar la genuina intimidad. Las parejas deben mantenerse claramente al margen de la ansiedad de la actuación si desean que la pasión tenga lugar, y no que sea una memoria del pasado.

De alguna manera, el aspecto sexual de una relación puede ser un barómetro que mida la condición del matrimonio. En otras palabras, si una esposa no responde sexualmente a su marido 99 de cada 100 veces, puedes encontrar la razón en su relación emotiva o espiritual. Algunos hombres dicen: "Olvídate de todas esas razones para nuestros problemas sexuales, simplemente estoy casado con una mujer frígida."

Si tú eres uno de estos hombres, te sugiero que honestamente controles la temperatura de tu relación, el nivel de seguridad, la conversación, la sensibilidad y el romance, y el contacto físico significativo fuera del acto sexual. En realidad, *menos del tres por ciento de las mujeres son orgánicamente frígidas*. Por supuesto, puedo escuchar decir a algunos: "Yo tengo una de esas mujeres del tres por ciento." Si ésa es tu actitud, entonces necesitas dar lugar al honor.

EL AMOR NO DESHONRA

Las palabras deshonrosas que aparecen en el área sexual actúan como luces rojas para una respuesta íntima. Tomemos por ejemplo al hombre que hace un comentario sobre la necesidad que tiene su esposa de "bajar de peso", justo cuando ella se está desvistiendo para acostarse. Generalmente, es el mismo hombre que no comprende por qué ella es fría y no responde. ¿Y qué me dicen de la mujer que "hace bromas" a su esposo por su resistencia sexual hasta que tienen un problema serio en la respuesta de él?

La esposa de Salomón sabía que su esposo la amaba profundamente, pero sin embargo dice: "No reparéis en que soy morena . . ." (Cantar de los Cantares 1:6). Desde que Adán y Eva escondieron su desnudez de Dios y del uno hacia el otro, ha existido una inseguridad natural alrededor del acto sexual. Ese nivel de inseguridad se puede multiplicar por diez si empleamos palabras insensibles o dichas en mal momento. Pero no sólo las palabras pueden deshonrar y disminuir el nivel de pasión, sino que las acciones pueden hablar más fuertemente y con mayor poder.

Hace un tiempo atrás, un hombre se me acercó cuando me dirigía hacia el auto, luego de un seminario. Se notaba que estaba nervioso.

"Gary, ¿podría hacerle solamente una pregunta antes de que se vaya?" Eran cerca de las once de la noche, luego de nuestra primera sesión del seminario.

"No quería preguntar esto frente a los demás", dijo, "es por eso que no me acerqué a usted allí adentro. Usted verá, tengo un problema en mi matrimonio. Durante años he obligado a mi esposa a hacer algo que ella odia mientras hacemos el amor, y ahora se han puesto tan mal las cosas, que ya no quiere tener nada que ver conmigo. *Gary, ¿no se supone que mi esposa se debe sujetar a mí, o yo estoy leyendo mal la Biblia?*"

Las respuestas a sus preguntas eran sí y sí. Sí, la Biblia dice que la mujer debe ubicarse bajo el amoroso liderazgo de su esposo, y sí, este hombre estaba leyendo la Biblia mal. En ninguna parte dice que la "sujeción" le otorgue al hombre (o a la mujer) el derecho de obligar al cónyuge a hacer algo que él o ella sienta como terriblemente "deshonroso", simplemente para satisfacer una necesidad egoísta.

Sé que existen libros escritos por líderes cristianos que dicen que básicamente todo es legal en la cama, pero yo no estoy de acuerdo con eso. Como discutimos en el Capítulo 2, en la médula del amor existe la decisión de honrar a la otra persona, considerándola increíblemente valiosa. Si obligo a mi esposa a violar su conciencia para satisfacer mis apetitos sexuales, estoy absolutamente equivocado y estoy invitando a los problemas sexuales.

A pesar de los cuadros pornográficos que se pintan en todos los ámbitos de nuestra cultura como si fueran aceptables, algunas formas de comportamiento sexual son deshonrosas. Pedirle a un esposo o a una esposa que realice un acto sexual que para él o ella está mal o es repulsivo, es mostrar por lo menos un grado de insensibilidad o falta de amor.

Ser "una carne" es un maravilloso regalo de un matrimonio feliz. Pero es sólo una parte de una relación exitosa. La seguridad, la comunicación significativa, los momentos emotivos o románticos

. . . y la intimidad física van juntos como las piezas de un rompecabezas para lograr un cuadro casi completo de una relación satisfactoria. Como veremos en los dos últimos capítulos de este libro, todavía existe una "parte perdida" cuando se trata de un matrimonio que quiere verdadera unidad. Si un matrimonio realmente desea alcanzar la plenitud, la pareja debe aprender a recurrir a la *única fuente de poder real* para mantener su amor vivo en todas las etapas de su vida. Pero antes de mirar este aspecto tan importante de la intimidad, veamos una manera final de construir una familia unida.

12

El secreto de una familia unida

Hace poco tiempo atrás, John y yo presentamos nuestro seminario "El amor es una decisión" en la ciudad donde vivimos. Siempre que puede, mi familia asiste al seminario, así que no me sorprendí cuando mi hijo mayor, Greg, me dijo que me acompañaría. Lo que sí me sorprendió fue un pedido especial que me hizo.

"Papá", me preguntó, "¿podría tomar unos cinco minutos para compartir algo que creo que es realmente importante que los padres sepan?"

¡Glup! Me sentía honrado por el pedido de Greg, pero también sabía demasiado bien que él es el payaso de la familia. Debido a su naturaleza vivaz, él es capaz de hacer o decir cualquier cosa una vez que se encuentra frente a una audiencia. Ahora estaría frente a mil personas, y las posibilidades de desastre eran incontables. Pero por otro lado, ¿cuántas veces tu hijo te dice que quiere compartir contigo una conferencia acerca de la familia? Por lo tanto, accedí de buena gana.

Solamente por las dudas, programé sus cinco minutos para la tarde del segundo día. Pensé que si él decía algo fuera de lugar, la gente ya habría tenido un día y medio de enseñanzas positivas.

A medida que se acercaba el momento en que él hablaría, tengo que admitir que yo estaba un poco nervioso. *Esta gente está a punto de escuchar algunas historias íntimas de la familia Smalley,* recuerdo haber pensado.

Greg comenzó diciendo: "Quiero que sepan que es un privilegio para mí estar aquí con mi Papá, compartiendo este seminario. Realmente me gusta estar con él en momentos como éste, *porque es una de las pocas veces en las que está sobrio. . . .*"

La audiencia lanzó una carcajada, y yo por supuesto pensé: *Esto me pasa por culpa mía, por dejarlo hablar. ¿Qué será lo próximo que diga este hijo mío?*

"No, no", rio Greg, "estoy bromeando. Mi padre jamás bebe."

Luego dijo: "Deseo compartir por algunos momentos algo con ustedes, padres." Yo había estado hablando con esa gente durante dos días, y la mayor parte del tiempo me habían prestado atención. Sin embargo, cuando mi hijo comenzó a hablar, vi cómo la gente literalmente se inclinaba hacia adelante para escuchar lo que él iba a decir.

"Quiero animarles a que hagan el mayor esfuerzo posible para convertirse en los mejores amigos de sus hijos, y existe una razón muy importante para que les diga esto. Yo sé por experiencia propia la gran diferencia que hace en los hijos cuando ya han crecido.

"Actualmente estoy en la universidad, y encuentro tentaciones en todas partes. He visto a muchos de mis amigos recurrir a otras personas en la universidad para buscar consejo con respecto al sexo, a las drogas, al copiar en los exámenes, etc. Y las sugerencias que reciben les helaría la sangre a ustedes. ¡Son como ciegos tratando de guiar a otros ciegos! En muchos casos, yo sé por qué recurren a amigos y obtienen malos consejos. Es porque muy pocos de ellos sienten que pueden recurrir a sus padres para hacerles preguntas difíciles.

"Esto me resulta raro, porque yo siempre he podido hablar con mi Mamá y con mi Papá. Algunas veces, les hablo por teléfono a las dos de la mañana desde la universidad para hablar acerca de algo con lo cual estoy luchando. Nunca tengo temor de despertarlos porque sé que realmente me aman, y que desean escuchar lo que me está sucediendo.

"Si yo no tuviera confianza en la amistad que me une a ellos, nunca los llamaría, y sé que tampoco les pediría consejo. Les puedo asegurar que el consejo que ustedes les den a sus hijos será mucho más sabio que todo lo que puedan escuchar en los dormitorios de la universidad. Por lo tanto, por favor, para asegurarse de que ellos los escuchen cuando llegue el momento . . . hagan lo que deben hacer hoy para construir una fuerte amistad con sus hijos mientras son pequeños, para que ellos *deseen* recurrir a ustedes cuando sean grandes. . . ."

Yo he dado conferencias durante años, pero no recuerdo una sola vez en la que haya podido captar la atención de una audiencia como lo hizo Greg aquella tarde. Tampoco recuerdo de otra vez en la que me haya sentido más orgulloso de él o más humilde de ser su padre.

Greg tocó un punto que es uno de los factores cruciales para desarrollar y mantener una relación amorosa: *Aprender a ser los mejores amigos de tus hijos.* En esencia, una familia unida es aquella en la que sus miembros se respetan, se honran mutuamente y experimentan un profundo lazo de intimidad.

No hay casi nada que fortalezca más a un esposo o a una esposa que una familia unida en la cual todos son los mejores amigos. La pregunta es: "¿De qué manera llega a lograr este objetivo una familia?"

¿CUAL ES EL SECRETO DE UNA FAMILIA UNIDA?

Años atrás, cuando nuestros hijos eran pequeños, comencé a hablar en retiros para familias en todo el país. Mientras hablaba, detectaba a familias que se veían felices y que parecían responderse bien los unos a los otros. Cuando tenía la oportunidad, me acercaba al esposo y a la esposa y les hacía varias preguntas.

En primer lugar les decía: "Parece que ustedes disfrutan mucho del estar juntos y que sienten un verdadero amor los unos por los otros. ¿Qué creen que es lo más importante que hacen como familia para mantenerse tan unidos?"

Casi sin excepción, cada familia que entrevistaba me decía: "Hemos hecho el compromiso de dedicar regularmente tiempo en cantidad y calidad para estar juntos. Tenemos intereses diferentes, pero nos aseguramos de hacer cosas juntos como familia."

Luego les preguntaba: "¿Qué es lo que más los une?" Una y otra vez, escuchaba una respuesta que simplemente no podía creer. ¿Cuál era el común denominador de la mayoría de esas familias "exitosas"? *¡Salir a acampar!*

En aquel entonces, Norma y yo jamás habíamos acampado juntos. Pero cuando aprendimos ese secreto, hemos salido a acampar juntos por más de quince años. Esto me da alguna autoridad para hablar del tema, y puedo decir con absoluta convicción que acampar *no* es el secreto. Sin embargo, antes que nuestros amigos que no han acampado nunca pierdan el interés, debo decirles que el campamento sigue siendo el mejor método que conozco para *encontrar* el verdadero secreto de una familia verdaderamente unida. Ya verán lo que quiero decir cuando lean nuestra primera experiencia de campamento.

BAUTISMO DE RELAMPAGOS Y RAYOS

Hace muchos años, mi esposa y yo sentimos que había llegado el momento para salir a acampar. Los niños eran pequeños, pero eran lo suficientemente grandes como para viajar, así que decidimos intentarlo. Compramos una pequeña casa rodante de segunda mano, preparamos nuestro equipaje y salimos un día al atardecer.

Habíamos dormido algunas noches en la casa rodante ubicada en nuestro jardín para "probarla", pero la primera vez que la usamos para acampar fue en ese viaje. Descubrimos un hermoso lugar de campamento con muchos pinos. Ubicamos nuestro campamento debajo de la sombra de los pinos más grandes que encontramos. Aquel atardecer encendimos una fogata, asamos salchichas para la cena, y pasamos un hermoso tiempo juntos.

Cuando se hizo de noche, los niños se durmieron dejándonos a Norma y a mí solos para conversar largo rato junto a un fuego chisporroteante. Finalmente, entramos a nuestra casita rodante y nos acostamos allí, en paz y felices al lado de nuestros hijos. No podía comprender por qué no habíamos disfrutado antes de las maravillas del salir a acampar, ¡pero pronto lo descubriría!

Sin aviso previo, el viento comenzó a soplar con fuerza. Enseguida, una hilera de nubes oscuras comenzó a desfilar, y una suave lluvia empezó a caer sobre nuestro techo. Todavía, yo era un tranquilo soñador dentro de mi casita rodante. Me acomodé para oler la maravillosa fragancia de la lluvia de una noche de verano, y para escuchar la suave canción de cuna que nos enviaría al país de los sueños. . . .

Entonces, sin advertencia, la suave precipitación se convirtió en una violenta tormenta. La lluvia comenzó a caer a cántaros, y el viento adquirió proporciones ciclónicas. Nuestro pequeño refugio, que parecía haber estado sobre tierra firme, comenzó a sacudirse y a balancearse. En pocos momentos, la lluvia caía con tanta fuerza que se filtró por el techo y comenzó a chorrear por el interior de las paredes.

Mucho peor que la lluvia fue lo que siguió a continuación. La segunda fase de la tormenta se precipitó sin piedad sobre nosotros. Durante una larga hora, unos rayos monumentales rugieron y cayeron por todas partes. Cada uno de esos fogonazos encendía el cielo nocturno como los fuegos artificiales de las fiestas patrias o de fin de año. El primer rayo dejó a todo el campamento sin luz, así que alternábamos entre los enceguecedores resplandores de los relámpagos y la profunda e impenetrable oscuridad.

Cuando había transcurrido media hora de tormenta, Norma y yo nos tomamos de la mano. Finalmente, ella me susurró lo que los dos temíamos: —¿Crees que se nos volará el techo?

Como sabía que mi deber era mantener la calma y tranquilizar a mi esposa, le dije: —Nooooo . . . ¡cómo se va a volar!

En honor a la verdad, yo no creía que se nos volaría el techo, yo creía que los que volaríamos seríamos *nosotros*.

Asombra la clase de pensamientos que a uno se le cruzan por la mente en momentos como éste. No podía dejar de pensar: *¡De ésta no nos salvamos! Esta noche nos iremos a estar con el Señor. ¿Cuándo fue la última vez que les dije a mis hijos que los amaba? ¿Quién cuidará del perro cuando nosotros no regresemos? Me pregunto a quién pondrán en mi lugar en el trabajo.* Lo único que sabía en ese momento era que nuestro brillante techo de la casita rodante atraería al próximo rayo justo sobre nuestra cabeza.

Afortunadamente, eso no sucedió y pasamos la noche sin otros inconvenientes que la falta de sueño y unas bolsas de dormir empapadas de agua. Hasta el día de hoy los recuerdos de aquella noche continúan tan vívidos como en aquel momento.

Debo decir que felizmente no todas nuestras experiencias de acampar han sido tan malas como aquella primera. Luego de algunos viajes comenzó a suceder algo agradable. Tal como las parejas que yo había entrevistado, comenzamos a ver que nuestros lazos familiares se profundizaban. ¿Cómo fue eso?

ENTRETEJIENDO LOS CORAZONES

Las experiencias asoladoras unen más a una familia que cualquier otra cosa. En otras palabras, el verdadero secreto para convertirnos en una familia bien unida es *compartir experiencias que se convierten en pruebas compartidas.*

¿Alguna vez has notado cómo los jugadores de un equipo de fútbol repentinamente se comportan como niños de escuela, corriendo, gritando y abrazándose luego de una victoria muy reñida? ¿O alguna vez has visto la unidad que tienen los veteranos de guerra luego de haber atravesado por los horrores de una guerra? La unión que comparte la gente en esos momentos se transforma en una relación inseparable, forjada por una experiencia común que soporta la prueba del tiempo.

Puedo pensar en una experiencia "de prueba" en particular que marcó mi vida para siempre, y también la de mi familia.

Cuando nació nuestro tercer hijo, Michael, debo admitir que yo no me sentía muy contento. Por terrible que suene, no estaba seguro de querer otro hijo. Por lo tanto, en un comienzo, no le prestaba mucha atención al niño y estaba irritado con Norma por haberme "convencido" para tener otro hijo.

Yo sabía que mi actitud estaba terriblemente equivocada, pero honestamente, en aquel momento me sentía así. Durante los tres primeros años de su vida, simplemente no me acercaba a Mike todo lo que debía. Deseaba sentirme cerca de él, y a veces lo intentaba desesperadamente, pero nada de lo que hacía parecía unirnos, hasta que la chispa de la vida casi abandona su cuerpecito.

LA MISERICORDIA DE DIOS CREO LAZOS EMOCIONALES INOLVIDABLES

Cuando Mike tenía tres años, nos trasladamos a otra ciudad. Habíamos viajado toda el día cuando decidimos pasar la noche en un hotel que tenía una piscina.

Había sido un largo día de verano en el que cinco personas habían viajado en un pequeño automóvil. Estábamos cansados y acalorados, y en el instante en que los niños detectaron la piscina se entusiasmaron muchísimo. Debo admitir que a mí también me atraía el agua. Rápidamente nos registramos, dejamos nuestras valijas en la habitación y nos dirigimos hacia la piscina.

Norma se dio un ligero chapuzón y luego se acomodó en un cómodo sillón a leer una revista. Al instante, el resto de nosotros nos encontramos en el agua, disfrutando verdaderamente de su frescura. Kari y Greg eran lo suficientemente grandes como para nadar, pero Michael necesitaba un pequeño salvavidas para mantenerse a flote.

Una vez que me aseguré de que él tenía el salvavidas, volví mi atención a los otros dos chicos, que me llamaban para jugar un juego en el que los tiraba por el aire y los dejaba caer en el agua. Luego de jugar por unos minutos con ellos, miré hacia atrás para ver cómo estaba nuestro hijo menor.

Vi el salvavidas flotando, pero no vi a Michael. Pensé que tal vez Norma lo habría sacado del agua. Entonces, no pude creer que era cierto lo que veía, su pequeño cuerpecito yacía en el fondo de la piscina. Lo único que se movía era su rubio cabello. Inmediatamente me sumergí en el agua y lo tomé en brazos. Cuando salimos a la superficie, tenía los ojos hinchados y tosía y escupía agua.

Cuando lo coloqué al costado de la piscina, comencé a sacudirlo para sacarle el agua de los pulmones. Luego de un par de minutos, mi hijo había vuelto a la normalidad, y todos nosotros lo rodeábamos como queriendo protegerlo.

Cuando miré por primera vez y vi a mi hijo en el fondo de la piscina, sentí que habíamos perdido a Michael. Durante aquel breve momento de emoción pasó algo entre nosotros que nunca ha abandonado nuestra relación. Sucede algo al ver a tu pequeño hijo bajo un metro y medio de agua, sabiendo que cada segundo que pasa un poco más de vida se va de su cuerpo, que funde ambos corazones como ninguna otra cosa. O también las primeras palabras de tu hijo después de que casi se ha ahogado.

Nunca olvidaré lo que dijo Michael cuando finalmente pudo respirar normalmente. "Papi", me dijo mirándome con lágrimas en los ojos, "¡yo te veía las piernas, pero no podía alcanzarte!"

Instantáneamente, mis sentimientos ambivalentes hacia mi hijo desaparecieron. Me sentí más cerca de él que nunca antes, y ese lazo nunca se ha roto.

Fue un error casi trágico de mi parte el no haber mirado más atentamente a Mike en la piscina. Ahora comprendemos que fue la gracia de Dios la que nos permitió atravesar por aquella traumática experiencia. Me sacudió de mi pasiva indiferencia y la reemplazó con un amor especial por un hijo único y valioso. Michael ha sido, es y siempre será un recuerdo vivo de la misericordia de Dios para con mi vida. Cada vez que alguno de nuestra familia trae a memoria aquella horrible experiencia, nuestros corazones se unen en un lazo de amor y de compromiso.

LAZOS DE AMOR MUY FIRMES

Ninguno de nosotros planeará desastres para unir más a la familia. Pero si tu familia es como la mía, *no tendrás necesidad de planearlos,* ¡suceden solos!

Estas experiencias, a veces muy asoladoras, son las que nos unen los unos a los otros en medio de una crisis inesperada. Cuando nos vemos obligados a atravesar una prueba con otra persona, ocurre un enlace emocional cuyos resultados pueden cambiar nuestra vida. Aunque la mayoría de las veces, cuando estamos en medio de la crisis, no decimos: "¿No es fantástico? ¡Todos nos sentimos tan unidos!" Normalmente, nos decimos cosas que no son muy positivas. Pero el secreto radica en cómo nos sentimos más tarde.

En la mayoría de los casos, lleva cerca de tres semanas para que el elemento que nos une en una crisis compartida se asiente y fije en un lazo de unión permanente. Sin embargo, una vez que ha tomado su lugar, generalmente es tan fuerte que virtualmente nadie puede destruir ese recuerdo. Permíteme darte un ejemplo reciente de una experiencia familiar que ha quedado grabada en forma indeleble en cada uno de nosotros.

LAS FAMOSAS PALABRAS: "CONFIA EN MI"

Vivimos en una pequeña casa con patio en una subdivisión privada. En verdad, es tan privada, que los propietarios de las casas ¡inclusive son dueños de las calles! Cuando Michael tenía catorce años, preguntó si podía manejar el automóvil unos pocos metros para juntar algo de leña para quemar en nuestra chimenea.

Dado que nuestra calle es privada, pensé que no había ningún peligro, así que le di permiso. Pero cuando Norma supo lo que yo había hecho, se puso nerviosísima.

"Norma, tranquilízate", le dije. "Esta es una calle privada. No hay problema. *Confía en mí.*"

Unos pocos minutos después, escuchamos un tremendo "¡Bang!!!" Norma lanzó un grito, corrió hacia la calle, y yo salí detrás de ella. Cuando llegamos afuera, lo que vimos se asemejaba a lo que a veces se ve en las películas.

Allí estaba nuestra camioneta, como si la puerta del garaje súbitamente hubiera cobrado vida y la hubiera atacado. Cuando Mike comenzó a entrar a la cochera, accidentalmente apretó el acelerador en lugar del freno. Al estrellarse contra la puerta del garage, la parte de adelante de la camioneta parecía un acordeón. Por culpa de mi mala decisión, teníamos un auto chocado, una madre al borde de la histeria pensando que su hijo se había herido, y un padre enojado, listo para castigar a su hijo, si estaba ileso. Pero éste no es el fin de la historia.

Recientemente habíamos convertido el garage en el dormitorio de Greg, y como de costumbre, él estaba durmiendo en el momento del accidente. Cuando el auto golpeó contra la puerta del garage, hizo caer un pescado que estaba montado en la pared,

¡justo en la cabeza de Greg! Con un susto tremendo, éste pensó que un terremoto había asolado la ciudad, por lo tanto se levantó de un salto y salió de la casa pensando que había llegado el fin del mundo.

En aquel momento, en la casa de la familia Smalley había muy poco sentimiento de unidad. Más bien, debo decir que mientras los vecinos comenzaron a reunirse para contemplar la escena, ninguno de nosotros tenía deseos de reír. Sin embargo, varias semanas más tarde, sucedió algo milagroso.

Aunque en el momento de la crisis nadie pensó que sería posible, a las tres semanas todos estábamos calmados, y la puerta del garage estaba arreglada. Actualmente, un año más tarde, es una de las historias más graciosas que podemos recordar. ¿Quién hubiera pensado que una puerta de garage averiada podría haber sido el "nexo" que sirvió para unir a nuestra familia, con una unión como nunca antes habíamos experimentado? El álbum de la familia Smalley está lleno de historias que nos han acercado, y somos lo que se dice una familia muy unida.

Debemos recordar algo que es importantísimo: *Durante los tiempos difíciles, es de vital importancia no hacer o decir cosas que cierren el espíritu de los demás.* Las palabras ásperas y las acciones agresivas constituyen la manera más rápida de apartarnos.

Aquella tarde comprendí que, en mi enojo, le había dicho a Michael varias cosas que no debería haberle dicho, así que tuve que pedirle disculpas.

Cuando reconocemos el poder de unión que tienen las crisis familiares menores, éstas serán bienvenidas en nuestro hogar. Aunque cuando golpean a nuestra puerta parezcan invitados que no son bienvenidos, una vez que la crisis pasa hay una oportunidad para fortalecer las relaciones y para hacerlas más íntimas.

¿Cómo podemos saber que esto es así? Principalmente, porque el mismo principio que ayuda a unir a una familia durante tiempos difíciles, opera en nuestra unión con el Padre celestial.

UNIDOS AL PADRE

Una de las cosas más asombrosas que he aprendido es que la misma unión que se produce en una familia durante una crisis puede tener lugar en nuestra relación con Dios, cuando una persona de fe atraviesa tiempos de prueba.

¿Alguna vez te has encontrado en una prueba en la que has

tenido que depender totalmente del Señor? No existe otro sentimiento semejante al que experimentamos cuando sabemos que no hay una sola persona en el mundo que pueda ayudarnos. Como creyentes, a veces podemos *sentirnos* de esa manera, pero lo cierto es que siempre podemos volvernos a la Persona más influyente y poderosa de todo el universo y en Quien podemos depender totalmente. Muchas veces, El permite que experimentemos esa soledad y desesperación para que aprendamos lecciones acerca de su gran amor y fidelidad, que de otra manera no aprenderíamos.

Al caminar por esos valles podemos sentir una unión con Dios que los "buenos tiempos" no pueden fomentar. Las lecciones de su amor leal son las que inspiraron a David para escribir: "Jehová es mi pastor; nada me faltará . . . *Aunque ande en valle de sombra de muerte*, no temeré mal alguno, porque tú estarás conmigo . . ." (Salmo 23:1, 4, las cursivas son mías). ¡Qué clase de unidad! David era un hombre cuyo corazón estaba unido al de Dios porque había enfrentado pruebas y Dios había estado con él.

De la misma manera, cuando nos ocurren cosas desastrosas, podemos responder con gratitud a El con la confianza de que esta experiencia nos ayudará a confiar más en El. (Este principio de mirar a Dios para encontrar valor en medio de las pruebas es tan importante que le dedicaremos todo un capítulo.)

Una de las cosas más poderosas que conozco para desarrollar amistad es el transformar los tiempos difíciles en memorias positivas. ¿Recuerdan cuando Greg se dirigió a varios cientos de padres y los instó a que fueran los "mejores amigos" de sus hijos? Una manera de lograr esa amistad es traer a la memoria recuerdos de cosas que han sucedido en la familia. Esto es especialmente cierto si has sufrido alguna crisis familiar en la cual puedes pensar y de la cual puedes reírte. Compartiré contigo ahora una de las peores experiencias de mi vida, pero a la vez una de las más graciosas.

COLGADO "CABEZA ABAJO"

Sucedió unos pocos meses antes de la Navidad. Norma me preguntó qué deseaba que me regalara para esa Navidad. Yo le dije que había estado pensando en un par de botas para estiramiento, esas que uno se las pone y luego las utiliza para colgarse cabeza abajo para estirar todos los músculos. Le dije que antes de hacer el pedido oficial, primeramente deseaba probar algo.

Norma salió a hacer compras y, pensando que éste era un

buen momento para probar mi "invento", me fui al garage. Hice algunos agujeros en un par de botas viejas, les coloqué unos ganchos de metal, y me las puse. Luego tomé la escalera, me subí y me colgué cabeza abajo sosteniendo las botas de una barra. Verdaderamente las botas cumplían con su misión; sentía los músculos como si me los estuvieran estirando. Pero pronto me di cuenta de que había creado un problema mayúsculo con mi invento.

El problema era que ahora que estaba cabeza abajo, enganchado en la barra, ¡no podía bajar! ¡Estaba atrapado, y no tenía la suficiente fuerza como para levantarme y aflojar las botas para poder salir. Para peor todavía, no había nadie cerca que pudiera ayudarme. Estaba condenado a colgar de allí como una res en un congelador. Tuve visiones de un ataque cardíaco; vi a Norma abriendo la puerta del garage y pensando: *¡Gary escogió una manera espantosa de suicidarse!*

La persona que finalmente me encontró fue Greg, ¡el payaso de la familia! El había escuchado mis gritos pidiendo ayuda, y al abrir la puerta y verme allí colgado, literalmente cayó al suelo muerto de risa.

Allí estaba yo, suspendido de unos ganchos, su Papá, el que le había cambiado los pañales, el que había jugado a la pelota con él durante incontables horas, el que había trabajado largas y arduas horas para alimentarlo y vestirlo, ¡y todo lo que podía hacer era reírse mientras yo me estaba muriendo!

Finalmente, llegó Kari y obligó a Greg a pararse y ayudarme. Pero sin embargo, los dos juntos no eran lo suficientemente fuertes como para bajarme. A esta altura, yo estaba seguro de que moriría. Sabía que estaba por sufrir un ataque que acabaría con mi vida. Norma tendría que luchar por años con la compañía de seguros para probar que mi muerte no había sido "sospechosa".

Por último, Kari fue a buscar unas tijeras para cortar los cordones de las botas. Por cierto, esto ayudó a liberarme de las botas, pero ellos se olvidaron de mover la escalera que yo había usado. Como resultado, caí sobre la escalera y sobre el piso de concreto, y me corté y lastimé la cabeza y la cadera.

En el momento en que caí al suelo, los chicos se asustaron y desaparecieron, y con buena razón. Les puedo asegurar que si hubiera podido moverme, ¡les hubiera "impuesto" las manos y no hubiera sido en oración!

Ya han pasado varios años desde mi aventura "cabeza abajo", y tal como nuestro primer viaje de campamento, es uno de los recuerdos favoritos de nuestra familia. Fue una crisis que todos disfrutamos, inclusive yo, una vez que pude sobreponerme de la humillación.

Sin embargo, tengo que ser honesto. Ese no fue el final de la historia. Dos años más tarde, Mike y yo estábamos visitando a unos amigos que viven en una hermosa casa. Noté que tenían una sala de gimnasia con un *verdadero* par de botas de estiramiento.

Ya sabes el resto de la historia. Nuevamente quedé aprisionado. Esta vez, Mike tuvo el honor de ayudarme a bajar. Sé que después de muchos años que yo me haya ido a estar con el Señor, mis hijos y sus hijos hablarán, y por supuesto, se reirán de "Papá y sus botas".

POR FAVOR, ESCRIBE EN LAS PAREDES

Para que tus recuerdos sean más significativos, puedes planear cosas graciosas en tu casa que consolidarán las relaciones y crearán momentos felices para toda tu familia. Conocemos a un locutor de radio en nuestra ciudad que era experto en crear momentos graciosos para sus hijos cuando eran pequeños.

Por ejemplo, cuando su hijo cumplió diez años, invitó a todos los vecinitos a la fiesta, pero no a *cualquier* fiesta de cumpleaños. Durante meses había ahorrado dinero y lo invirtió comprando 800 pasteles. Estos eran pasteles especiales, "de crema", de esos que no se comen pero que usan los payasos en los circos para tirarse en la cara.

Su hijo ahora es grande, pero todavía recuerda aquella fiesta como uno de los momentos destacados de su niñez, y casi todos los niños que participaron comparten el mismo recuerdo. Fue una enorme diversión para todos, y creó un lazo especial entre padre e hijo que todavía permanece fuerte hoy en día.

Permítanme otro ejemplo de un padre ingenioso que sabía que permitirles ocasionalmente algo "fuera de lo común" a sus hijos, crearía recuerdos inolvidables.

¿Cuál es la regla que existe en todas las casas cuando un niño comienza a probar sus habilidades motrices? "No escribas las paredes." Como en todas las casas, los hijos de este hombre también tenían que obedecer esa regla, hasta que él decidió hacer una "marcada" excepción.

Un día, él y su esposa estaban pensando cómo redecorarían el baño de huéspedes, cuando se le ocurrió una idea muy ingeniosa. Llamó a sus hijos (por supuesto, luego de conversarlo con su esposa), y les dijo que cada vez que trajeran a un amigo a la casa, ese niño podría firmar en una de las paredes del baño. Por supuesto, los primeros en firmar las paredes serían sus hijos, comenzando lo que sería el libro de autógrafos más grandes de todo el estado de Arizona.

Todas las demás paredes de la casa quedaban "fuera de límites", pero pronto ese baño de huéspedes se convirtió en el centro de todo el vecindario. Ese baño ha quedado así aún actualmente, aunque todos sus hijos son grandes y están lejos de la casa. Hoy en día, cuando los hijos de este hombre traen invitados a la casa de sus padres, el baño es el primer lugar que visitan para que vean y "firmen" la pared.

Es probable que no conozcas a muchas familias que pasan una parte de todas sus reuniones familiares en un baño . . . pero ahora conoces a una. A esta familia le encanta reunirse y mirar estos recuerdos de años felices capturados en los nombres de los amigos de la escuela primaria, de la secundaria y de la universidad, ¡y de los "niños crecidos" que son los amigos de los padres, que también insisten en firmar las paredes del baño! Una idea ingeniosa resultó en recuerdos positivos que hablan desde cuatro paredes que podrían haber tenido un simple papel que las cubriera.

Cualquier momento de diversión que planees, aunque sea luchar con tus hijos o jugar a las escondidas, es algo que puede unirlos de una manera especial y significativa. No permitas que la "tradición", el cansancio o una agenda demasiado llena robe toda la diversión de los momentos en familia. Esto es muy importante.

Bill Butterworth, que es uno de los conferencistas sobre el tema de la familia más sobresalientes de todo el país, es amigo de John Trent y mío. Muchas veces, él le formula a su audiencia esta pregunta: "¿Si pudieras añadir algo a tu hogar, qué sería?"

¿Sabes cuál ha sido la respuesta número uno que la gente le ha dicho que desearía en su hogar? Aunque te parezca mentira, más risa es lo que la mayoría de la gente quiere.

Esta respuesta puede sorprenderte, pero no creo que te sorprenda después de haber leído este capítulo. En particular, no debería sorprenderles a los creyentes.

Hace algunos años se publicó un libro que hacía pensar llamado *Desiring God*. Para muchos creyentes, la vida cristiana puede ser algo tan frío y falto de humor, que obliga a sus hijos a buscar alegría en cualquier lugar menos en su hogar o en la iglesia. Sin embargo, esto no debería ser así. En ese libro, el autor ilustra con toda claridad que "en la presencia de Dios hay plenitud de gozo". En otras palabras, una clara característica de un creyente es una vida gozosa.

Comprendo muy bien, que a veces las bromas pueden ser hirientes. El humor inapropiado puede ser sarcástico e irrespetuoso, pero no dejemos afuera el gozo si deseamos ser creyentes que hagan una diferencia en el mundo. Tus hijos siempre te recordarán por dedicar tiempo e ingenio para añadir una chispa de alegría a la familia.

LA FAMILIA QUE TOMA DECISIONES JUNTA SE UNE MAS

Las crisis proveen buenas oportunidades para unir a las familias. Sin embargo, en honor a la verdad, también es posible planear momentos juntos como familia en los cuales el objetivo no sea la diversión. Estos son momentos especiales simplemente para estar juntos, momentos que permiten la oportunidad de desarrollar relaciones simplemente porque estás con alguien.

Los paseos familiares, por lo general, no "ocurren", particularmente en nuestro mundo acelerado. Por lo tanto, lo mejor que podemos hacer es reunir a nuestra familia y hablar acerca de lo que nos gustaría hacer, y planificar actividades que todos podamos disfrutar.

Pero ¿qué sucede si tu familia es un grupo de "individuos" que a todos les gustan diferentes actividades? Mi familia resolvió esta situación decidiendo que el tiempo que pasábamos juntos era una prioridad. De esa manera, cuando tenemos tiempo para planear una actividad familiar nos sentimos libres para conversar sobre nuestros gustos.

"Muy bien, familia", les digo, "es tiempo de planificar las vacaciones. En una escala de uno a diez, con diez siendo lo que más le gustaría hacer, ¿qué es lo que cada uno desea?" De esta manera, cada miembro de la familia tiene la oportunidad de compartir lo que para él sería "un sueño hecho realidad".

Kari y Norma generalmente contestan: "Una hermosa playa donde poder yacer al sol, y donde probablemente haya bonitas tiendas cerca." Mike y Greg típicamente responden: "Agua, pesca, buceo, montañas para escalar, y todo lo que implique aventura." Entonces todos ponemos nuestras cabezas en funcionamiento para pensar en algún lugar y en alguna actividad que esté de acuerdo con nuestro presupuesto y que se adapte lo más posible a los deseos de cada uno.

Algunas veces tenemos que ceder en cuanto a nuestros gustos, pero ésa puede ser una excelente ocasión para que nuestros hijos aprendan la importancia de considerar las necesidades y los deseos de los otros, por encima de los propios (Filipenses 2:3-8). Es probable que nos lleve tiempo encontrar una solución, pero nuestro compromiso para hacer las cosas juntos como familia es una gran ayuda para obligarnos a todos a ceder lo suficiente como para llegar a una decisión que satisfaga a todos.

En los últimos años, cuando nuestros hijos han sido adolescentes, ha existido competencia entre los momentos en familia y sus deportes, los clubes y los viajes con la iglesia. Algunas veces, *como familia* hemos decidido que estamos demasiado ocupados. Sin embargo, tratamos de planear momentos juntos lo más que nos permiten nuestros compromisos.

También es importante tomar una decisión familiar de pasar algún tiempo con cada uno de los hijos en particular. Hace algunos años, Greg y yo viajamos a Europa oriental en un viaje de conferencias. ¡Si deseas estrechar lazos de unión con alguien, no tienes más que recorrer algunos países comunistas y permanecer juntos mientras revisan una y otra vez cada milímetro de tu persona y de tu equipaje! Siempre recordaremos los momentos compartidos en hogares en los cuales sus miembros literalmente arriesgaban la vida por reunirse para hablar de Cristo.

Los mini viajes misioneros al Ejército de Salvación o a otros ministerios parecidos para ayudar a los necesitados de tu localidad, pueden convertirse en momentos de tremenda unión. En lugar de dejar que tus hijos siempre vayan con los líderes de jóvenes a realizar trabajo misionero, llévalos tú mismo. Generalmente la iglesia tiene necesidad de personas responsables, así que ¡tal vez inclusive te ayuden con los gastos para que viajes con los jóvenes! Es probable que pierdas algo de sueño y algo de la capacidad auditiva (si les permiten llevar sus tocacassettes), pero nunca perderás la cercanía que resulta de esta clase de viajes.

Podremos perder tiempo frente al televisor o en un cine, pero nunca perderemos el tiempo dándoles a nuestros hijos un cuadro de lo que Dios está haciendo en todo el mundo.

Permítanme decir claramente que no se trata de la distancia o de la cantidad de dinero que gastes, sino del contacto personal que tengas con tus hijos durante estos eventos. A través de los años, Kari y yo nos hemos hecho el hábito de salir juntos para tomar yogurt y conversar. Para mí, son inolvidables las conversaciones de padre a hija que hemos tenido.

Cuando Greg se puso de pie para hablar en aquella conferencia, me hizo muy consciente de todas las horas que habíamos pasado acampando como familia, y me sentí muy agradecido. De muchas maneras, habíamos recogido un beneficio doble. Todas las pruebas y las experiencias familiares que pasamos produjeron un lazo de amor con nuestros hijos mucho más fuerte y más profundo que lo que Norma y yo jamás imagináramos. Y además lograron algo más. También acrecentaron el amor entre Norma y yo, y nos llenaron de recuerdos positivos para conservar ahora que los hijos son grandes y comienzan a irse del hogar.

Ya sea que salgas de campamento al jardín de tu casa o al corazón de las montañas, no existe un sustituto para los momentos juntos como pareja o como familia. Un hogar bien unido, al igual que nuestra relación con Cristo, crece y se profundiza en la medida en que compartimos juntos momentos de prueba, de ternura y de risa.

Ahora, finalmente, nos esperan los capítulos que pienso que son los más importantes de este libro. Nunca he escrito sobre temas más importantes que los que desarrollaré en los Capítulos 13 y 14, porque nos proveen los elementos para que tengamos el deseo y la fortaleza interior para amar y honrar en la manera en que lo hemos visto en todo este libro. Sin esos dos capítulos, este libro sería otro libro sobre cómo desarrollar ciertas "habilidades", pero en el mundo actual, con las presiones que sufrimos, las habilidades no son suficientes. Necesitamos recurrir a la única fuente de poder que nos capacitará para amar con un amor que perdure, un amor para toda la vida.

13

Cuando tu copa está rebosando

Una mañana, una esposa trataba desesperadamente de levantar a su esposo para ir a la iglesia. Lo empujaba y lo zamarreaba tratando de sacarlo de la cama. —¡Levántate, Jorge! —le decía repetidas veces—. ¡Nuevamente vamos a llegar tarde a la iglesia!

Finalmente, él se dio vuelta y dijo: —Anoche te dije que *no* iría a la iglesia. Ahora déjame dormir.

—Pero, Jorge, es importante que vayas —insistió ella, y cambiando de táctica le dijo—. Muy bien, dame dos buenas razones por las cuales no quieres ir a la iglesia.

—Bien —le contestó su esposo—, te daré dos razones. Número uno, no me *gusta* esa gente. Y número dos, a ellos no les gusta verme a *mí* allí. Es por eso que no voy.

Hubo una larga pausa mientras su esposa pensaba en su respuesta. Finalmente, él habló y dijo: —Si sientes que es tan importante que yo vaya a la iglesia, ¿por qué no me das dos razones por las cuales debo ir?

—Jorge —le dijo—, en primer lugar tú sabes que la Biblia dice que es importante ir a la iglesia, y en segundo lugar, *¡tú eres el pastor!*

Los pastores, como todas las personas, pueden desanimarse. He pasado unos cuantos años trabajando en diversas iglesias, y sé lo que es sentirse desanimado. En realidad, sé lo que es no tener deseos de levantarse de la cama.

CUANDO NUNCA SENTIMOS GANAS DE LEVANTARNOS DE LA CAMA

Cuando tenía treinta y cinco años, hubo un tiempo en el que me encontraba tan deprimido por pensar en la manera que la vida me había "tratado", que todo lo que deseaba era permanecer debajo de las cobijas y no volver a asomar la cabeza.

Le echaba toda la culpa de mi desdicha a este trabajo, a aquella persona y a aquellas circunstancias. Recuerdo haber estado tan desanimado por una situación muy lamentable del ministerio, que me quedé durante cuatro días acostado en la habitación de mi hija Kari sin comer. Cada uno de mis hijos venía y trataba de animarme, pero yo les pedía que se fueran; no quería ver a nadie. Norma también hizo todo lo posible por tratar de sacarme de ese estado, pero por varios días permanecí en aquella habitación oscura, solo con mi desdicha.

Finalmente, recuerdo que le dije a mi esposa que había tomado una importante decisión: Dejaría el ministerio. No quería saber nada más de toda la tensión y de las promesas rotas que había enfrentado, así que trabajaría en alguna otra cosa.

Norma me miró y me preguntó: "¿Qué vas a hacer?" Fue entonces cuando me di cuenta de que no sabía hacer ninguna otra cosa. Había recibido capacitación para el ministerio y para nada más. Realmente me sentí deprimido con ese pensamiento. En mi mente, me veía en un callejón sin salida, sin esperanza de encontrar jamás el pasadizo que me sacara de todos mis problemas.

Durante ese tiempo, recuerdo haber hecho algo como resultado de la desesperación, que fue una de las cosas más grandiosas que jamás me sucedió. Ese período de oscuridad fue la peor experiencia de mi vida, pero se convirtió en una de las cosas más grandes que jamás experimenté por lo que me enseñó.

Aprendí un principio bíblico que me enseñó varias cosas importantes que de otra manera no hubiera aprendido. Descubrí cómo usar mis emociones, inclusive las negativas, en lugar de que las emociones me usen a mí. Aprendí algo que me condujo a la liberación del dolor, del temor, de la ansiedad, de los sentimientos heridos y de la depresión. También aprendí cómo tomar todas las cosas negativas que me suceden y encontrar un amor más profundo por aquellos que están involucrados en la prueba (de esto me ocuparé en detalle en el siguiente capítulo).

Por sobre todas las cosas, aquella terrible experiencia me enseñó el secreto de experimentar continuamente la satisfacción en la vida. Esto es lo que todo individuo o toda pareja debe descubrir si desea que su matrimonio permanezca fuerte en todas las etapas de la vida.

BUSCANDO AMOR, PAZ Y GOZO EN LOS LUGARES EQUIVOCADOS

¿Qué fue lo que aprendí que me produjo un impacto tan dramático? Por años antes de ese período de depresión, había pasado mucho tiempo buscando un sinnúmero de cosas que me trajeran un sentido de seguridad y de importancia. Pero yo trataba de encontrar las cosas correctas en los lugares equivocados.

Aprendí que todos tenemos metas similares en la vida. Si nuestras vidas fueran como copas, todos desearíamos tenerlas llenas de sabiduría, amor, gozo y paz. Nos gustaría que nuestras vidas rebosaran de emociones positivas y de genuina satisfacción. Desde muy temprana edad, comenzamos a buscar a nuestro alrededor para encontrar lo que nosotros pensamos que llenará nuestra copa con esas cualidades positivas.

Lamentablemente, la mayoría de nosotros buscamos en una de tres fuentes, o en las tres, para encontrar la satisfacción que deseamos. Sin embargo, como un espejismo, brillan ostentando satisfacción, pero lo único que le ofrecen a nuestra alma es polvo.

CUANDO RECURRIMOS A LA GENTE PARA LLENAR NUESTRA COPA

Muchos de nosotros tendemos a buscar en primer lugar en la gente. Pensamos, *si realmente deseo satisfacer mis necesidades, debo tener a otra persona en mi vida.*

Tomemos por ejemplo a la mujer soltera de veinte o treinta años. Generalmente, pasa horas pensando y soñando de qué manera llegará ese alguien "especial" a su vida y llenará su copa. En el caso de algunas mujeres que provienen de hogares conflictivos, es probable que sus copas contengan tan poco amor, paz y gozo que anhelan finalmente llenarlas. Por lo tanto, en estos casos, puede existir un tremendo deseo de encontrar a su "Príncipe Azul" que venga a llenar esos brazos vacíos y carentes de amor.

En los ojos de su mente, esta mujer se verá llegar a casa del trabajo, al final del día, y él estará esperándola. Desea a alguien que la sostenga tiernamente entre sus brazos y con quien pasar largas horas en la noche conversando íntimamente. Ella busca a alguien que sea amable e inteligente, y que pueda llenar su copa hasta rebosar.

Muchas mujeres inician el noviazgo de esta manera, pero antes de llegar al año de casadas, comienzan a sentir pánico. Pronto descubren que su esposo no solamente no llena su copa, sino que muchas veces ese "alguien especial" comienza a realizar algunas perforaciones en su copa con sus acciones insensibles.

Entonces, además de no tener llena su copa, ¡esta mujer comienza a perder los pocos sentimientos positivos que tenía al llegar al matrimonio! Muchas mujeres me han dicho que han experimentado la sensación de "secarse" cuando se dieron cuenta de que sus maridos nunca llenarían sus copas.

Entonces sucede algo. Se enciende una luz en los ojos de esta mujer cuando se da cuenta de una sorprendente realidad. Si no es el marido el que va a llenar su copa, entonces, *¡deben ser los hijos!* ¡Por supuesto! El plan de Dios. Pequeños niños corriendo por la casa. Entonces tiene bebés corriendo por la casa, y pronto descubre algo que todos los niños tienen la capacidad de hacer. ¡Los niños pueden hacer grandes perforaciones en la copa!

Ahora esta madre se está enfrentando a un verdadero problema. Ni su esposo ni sus hijos llenan su copa. Pueden ser frustrantes, irritantes y sacar toda la energía emocional que proporcionan, y aún más.

Aquellos que buscan en otras personas fuera del hogar finalmente descubren la misma frustración en cualquier relación humana. Los amigos pueden ser una tremenda fuente de ayuda y de aliento a veces, pero ellos también pueden desilusionarnos a lo largo del camino. Podemos mirar hacia ellos como una fuente de emociones positivas, pero hay momentos en que ellos también pueden perforar nuestras propias emociones.

Trágicamente, algunas personas se vuelcan a una relación ilegítima para tratar de "llenar sus copas". El sabor dulce de las aguas robadas puede parecer que llena nuestra vida, pero verdaderamente es como beber agua salada helada. El ardor posterior del pecado puede hacer grandes agujeros en nuestra copa dejándonos más vacíos y más desdichados que lo que jamás imaginamos. Lee el capítulo 7 de Proverbios donde hallarás una descripción escalofriante del altísimo costo de las relaciones inmorales.

Si las personas no son la fuente que puede llenar nuestra vida con las emociones positivas que tanto deseamos, ¿quién o qué lo puede hacer?

CUANDO RECURRIMOS A LUGARES PARA LLENAR NUESTRA COPA

"¡Necesitamos una casa! Eso es, necesitamos un lugar con una hermosa vista y con árboles que sean la envidia del vecindario. Si tan sólo tuviéramos el lugar adecuado donde vivir, *entonces* nuestra copa estaría llena." Conseguimos esa casa especial y luego de vivir en ella por un corto tiempo, repentinamente las cosas comienzan a salir mal.

Norma y yo vivimos en un clima desértico, donde los jardines con césped son una excepción, pero por algún tiempo pensamos: *Necesitamos un lugar que sea un oasis en el desierto. Necesitamos una casa con un hermoso jardín.* Con seguridad eso ayudaría a que nuestra copa estuviera llena. Sin embargo, una vez que obtuvimos nuestro jardín, descubrimos que estaríamos esclavizados a él para mantenerlo vivo. Hubo momentos en los que estaba tan frustrado, que sentía la tentación de echarle cemento encima y pavimentar todo el jardín.

Podemos construir una piscina, una chimenea o inclusive comprar una cabaña en las montañas, pero esos lugares no nos harán sentir satisfechos. ¿Por qué? En parte porque por más hermosos y satisfactorios que sean los lugares, no pueden entrar dentro de nuestra copa personal. Más bien, todos ellos tienen bordes filosos capaces de producir agujeros en nuestra vida. Y lo que es más aún, ¡las personas con las que compartimos esos lugares especiales, son las mismas que continúan vaciando nuestra copa!

Pero si ni las personas ni los lugares pueden llenar la parte más profunda de nuestra vida, ¿dónde encontraremos amor, paz y gozo?

CUANDO RECURRIMOS A LAS COSAS PARA LLENAR NUESTRA COPA

¿Qué tal si tenemos más dinero para poder comprar más cosas? Muchos de nosotros sentimos que si tan sólo tuviéramos más dinero, seríamos más felices en la vida. Pero estudio tras estudio demuestra que esto no es así.

Cuanto más dinero tengamos, tanta más sabiduría necesitaremos para manejarlo. Yo sé que a muchos de nosotros no nos importaría tener que adquirir esa clase de sabiduría, pero para obtener dinero, normalmente hay que pagar un precio personal. Una vez, Thomas Carlyle dijo: "Por cada persona que puede manejar la prosperidad, hay cien que pueden manejar la adversidad." El dinero solo, y todas las cosas que nos puede brindar, no puede llenar nuestra vida con la clase de agua viva que deseamos con tanta desesperación.

He conocido a personas en todo el país que tienen poco dinero y son desdichadas. Y también he conocido a otras que tienen mucho dinero y también son desdichadas. Conozco a personas que poseen cabañas en las montañas y que tienen tres autos y no se sienten satisfechas. Y conozco a algunas personas que apenas tienen dinero para su pasaje del autobús, que también se sienten vacías interiormente.

La mayoría de las personas que dependen de las "cosas" para "llenar sus copas" terminan buscando el trabajo "perfecto" que será el pasaporte para obtener sus sueños. Todos los empleos tienen algo en común ¡trabajo! Y el trabajo no siempre mantiene nuestra copa llena. Sin lugar a dudas puede dejarnos secos, según con qué clase de gente trabajemos, el lugar en el que trabajemos, el equipo que debamos usar, y una infinidad de otras cosas.

Algunos de nosotros pasamos la vida tratando de obtener éxito en nuestros trabajos. Sin embargo, cuando lo obtenemos, ¿qué conseguimos? ¿La respuesta para que nuestras copas se llenen de sabiduría, amor, paz y gozo? Difícilmente. Generalmente sucede exactamente lo contrario.

CUANDO NOS ENCONTRAMOS VACIOS EN LA VIDA

En algunos momentos de la vida corremos directamente hacia un hecho ineludible. La vida no nos trae satisfacción, más bien, por lo general es injusta y nos deja exhaustos. (Si desean un cuadro de alguien que tenía todo, pero para quien todo no era suficiente, lean el libro de Eclesiastés).

Nunca podremos echar dentro de nuestra copa personal la cantidad suficiente de personas, lugares o cosas como para mantener nuestra vida llena y rebosando del contentamiento que tanto anhelamos. No debe asombrarnos que tantas personas lleguen a la desesperación emocional, e inclusive consideren la posibilidad de suicidarse.

En realidad, al centrarnos en la gente, los lugares o las cosas, no sólo perdemos las emociones positivas que tanto anhelamos, sino que *¡terminamos llenos de todas las emociones negativas que tanto tratamos de evitar!* Esto es así porque los sentimientos heridos, la preocupación, la ansiedad, el temor, el desasosiego, la inseguridad y la confusión vienen como resultado directo de "esperar" que una persona, un lugar o una cosa nos proporcione satisfacción.

Si nuestra meta máxima en el matrimonio es decirle a nuestro cónyuge: "Necesito que llenes mi vida. ¿Cooperarás para satisfacer mis necesidades y para llenar mi copa?", estamos buscándonos grandes problemas y una vida vacía.

Muchos matrimonios se componen de un esposo y una esposa que, como dos esponjas secas, están esperando para recibir vida del otro. Mientras que nosotros estamos esperando que nuestros cónyuges nos provean diariamente de sabiduría, amor, paz y gozo, es probable que ellos estén sentados al otro lado de la mesa esperando que nosotros les proporcionemos esas mismas cosas a ellos. Entonces todos quedamos secos, y esto puede provocar serios problemas.

¿Qué es lo que hiere nuestros sentimientos en el curso de una semana normal? Si somos honestos y estudiamos atentamente las circunstancias, nuestros sentimientos se hieren porque esperamos que alguien (o algo) nos provea "vida". Pero ese alguien o algo no coopera, y ahí no termina el asunto. En el fondo de nuestro deseo desesperado de que otros llenen nuestras necesidades del alma, existe un posesivo egoísmo que dice: "¡Yo primero, yo primero!"

Mi hija Kari es una fuente constante de aliento para mí, y algunas veces es también una fuente de corrección. Si yo me siento frustrado con ella por algún motivo menor y comienzo a enojarme, ella siempre permanece increíblemente calma. Siempre le he pedido que me ayude a calmarme cuando me siento enojado, y ella me dice: "Bien, Papá, tú sabes que esto realmente no te produce enojo. ¡Simplemente revela tu egoísmo!"

Por más que deteste admitirlo, ¡generalmente tiene razón! Las situaciones o las personas no me enojan. Yo me enojo por las cosas o las personas que se interponen en mi camino y no me permiten alcanzar una meta o me frustran un plan.

Todos nos enfrentamos a la tentación de mirar a la gente, a los lugares o a las cosas para que llenen nuestra copa. Todos somos egoístas al desear que otros cooperen para satisfacer nuestras necesidades inmediatamente. Pero solamente aquellos que son sabios se dan cuenta de que existe un camino para liberarnos de ese sentimiento de insatisfacción.

COMO LIBERARNOS DE LAS EXPECTATIVAS INSATISFECHAS

Enojo, preocupación, temor, sentimientos heridos, ninguno de nosotros elegiríamos estas emociones por nada del mundo. Sin embargo, generalmente estos sentimientos terminan por hacerse presentes en nuestra vida.

Durante años, cargué con grandes cantidades de preocupación y ansiedad en mi vida. Al menos una parte de todo eso provenía de mi pasado. Hace algunos años comencé a aprender lo que se requiere para ser completamente libre de la mayoría de las emociones destructivas que me habían encadenado en el pasado. El temor era uno de los problemas mayores, y he aquí cómo comenzó a apoderarse de mí.

Crecí en un hogar donde no se aplicaba la disciplina. La razón principal era que mi madre y mi padre perdieron a su primer hijo, al poco tiempo de que mi madre lo castigara. El castigo en sí mismo no tuvo nada que ver con la muerte del niño. El niño se había clavado una astilla, y esta herida se le había infectado, lo que le ocasionó una serie de complicaciones que un médico rural al comienzo de los años cuarenta no pudo sanar. Debido al sentimiento de culpa, mi madre le hizo prometer a mi padre que ninguno de los dos nos disciplinaría jamás.

Esto significó que yo crecí en un hogar sin reglas. En medio de ese clima de tolerancia, a mis hermanos mayores les permitían toda clase de "juegos" para burlarse de mí y asustarme. A uno de mis hermanos le gustaba despertarme de madrugada y pararme en una silla mientras él y sus amigos se reían de mí. También le encantaba traer su escopeta a perdigones y decirme: "Cuento hasta tres para que desaparezcas." Yo corría lo más rápido que podía, porque sabía que si a la cuenta de tres no había desaparecido, él me dispararía.

También acostumbraba a llevarme al medio del campo con su arco y su flecha y mientras arrojaba una flecha al aire me decía: "¡Corre!" Yo nunca sabía dónde caería la flecha y el terror y la ansiedad me invadían mientras trataba de correr para ponerme a salvo. Más tarde, todos los arbustos se convirtieron en un lugar de escondite para asustarme. Cada vez que mis padres salían, era una oportunidad para hacerme saltar de alguna manera.

Puede parecer que todas estas cosas eran juegos de niños, pero dejaron recuerdos de temor en mi vida. Aunque me resulte difícil admitirlo, estaba tan lleno de temor, que a la edad de veinticuatro años todavía no podía ducharme con los ojos cerrados. Tampoco podía quedarme solo en una casa, porque pensaba que escuchaba ruidos de personas extrañas que entraban, ¡y en ese entonces estaba por graduarme del seminario!

Sin embargo, hoy en día, han pasado diez años desde que tuve el último pensamiento de temor. ¿Por qué? Porque he aprendido algo muy específico de la Palabra de Dios que ha quitado el temor de mi vida.

Envidia, celos, comparación. Yo solía luchar con esas emociones constantemente, pero ahora prácticamente no lucho con esas cosas. ¿Por qué? Porque estoy aprendiendo a tomar esas emociones negativas y convertirlas en luces que iluminen la satisfacción permanente. Permítanme darles una ilustración de lo que quiero decir.

APRENDIENDO A USAR LAS EMOCIONES NEGATIVAS COMO LUCES DE ADVERTENCIA EN LA VIDA

Supongamos que el Dr. Trent y yo acabamos de finalizar un seminario y le hemos preguntado a Roberto, el presidente de la junta local, si podría llevarnos al aeropuerto.

Mientras viajamos hacia el aeropuerto, Roberto pasa un momento muy agradable haciendo preguntas y comentarios sobre el desarrollo de la conferencia. Vamos a buena velocidad por la carretera cuando se enciende una luz roja intermitente en el tablero que indica que hay problema con el aceite del motor.

Yo veo la luz y se lo menciono inmediatamente a Roberto. Después de todo, éste es el último vuelo del día, y estamos realmente ansiosos por regresar a nuestros hogares.

—No te preocupes —me asegura Roberto—. Esta luz se enciende y se apaga todo el tiempo.

Sin embargo, la luz comienza a brillar con más intensidad y permance encendida constantemente. —Roberto, ¿estás seguro que no hay problemas con tu auto? —le pregunto.

—No, nada de qué preocuparse —me contesta.

Justo en ese momento, el automóvil se detiene, dejándonos en el medio del camino y haciéndonos perder el avión.

En verdad, Roberto tenía varias opciones al ver que esa luz de advertencia se encendía. Podría haberse detenido para controlar el aceite, o podría haber buscado a alguien que le ayudara a solucionar el problema o que nos llevara al aeropuerto. Inclusive podría haber hecho lo siguiente.

Cuando yo le advertí por segunda vez acerca de la luz roja en su tablero, él podría haberme dicho: "Gary, hazme un favor. Abre la guantera y alcánzame ese pequeño martillo que hay allí adentro." Al alcanzarle el martillo, él podría haberlo tomado y *¡Pum! ¡Pum! ¡Pum!* hacer desaparecer la luz a martillazos. "¿Ahora te sientes mejor? Esa luz ya no te molestará más."

Ninguna persona inteligente ignora una luz de advertencia. Está instalada con un propósito. En lugar de romperla a martillazos, deberías aprender de ella. Te alertará con respecto a un posible problema. Lamentablemente, cuando experimentan emociones negativas, muchas personas tratan de "sacarlas a martillazos" de su vida en lugar de utilizarlas como luces de advertencia.

Mucha gente se siente culpable cuando experimenta enojo, temor, preocupación o sentimientos heridos. Yo he aprendido a utilizarlos de una manera positiva. Estas emociones son verdaderas luces rojas que nos dicen que nuestra mira está centrada en el lugar incorrecto. ¡Estamos esperando recibir vida de una fuente equivocada!

Ya ves, hay un problema fundamental al esperar encontrar satisfacción en las personas, en los lugares o en las cosas. Estos son los *dones* de la vida, no la *fuente* de la vida. Cada vez que esperamos que los dones de la vida nos den lo que solamente Dios nos puede dar, estamos haciendo que nuestras copas pierdan toda su energía y su vida.

Ahora bien, cuando los pensamientos de temor vienen a mi vida, no me condeno, sino que digo: "Gracias, Señor, por recordarme que tú eres el único que puede dar vida." En lugar de resentirme por las emociones negativas, puedo agradecer por su luz roja que me recuerda que estoy buscando que otra cosa llene mi copa en lugar del Señor. También pueden ser el aguijoneo que Dios utiliza para movernos en la dirección que El desea. ¿De qué manera podemos aprender a permitir que las emociones negativas nos señalen la dirección correcta?

BUSCANDO PRIMERAMENTE LA FUENTE DE VIDA

Cuando las luces rojas de las emociones negativas llenan mi vida, están todas conectadas a un mismo sensor. Es un sensor espiritual que me dice: "Gary, estás esperando encontrar satisfacción en las personas, en los lugares, en las cosas, pero no en el Señor." Me estoy centrando en los dones de la vida y estoy esperando que ellos sean la fuente de la vida.

Mateo 6:33 nos da una clara dirección de cuál debería ser nuestra Fuente de vida. "Mas buscad primeramente el reino de Dios y su justicia, y todas estas cosas os serán añadidas." Cuando le doy a Dios el primer lugar en mi vida, El promete satisfacer todas mis necesidades.

Trato de amar a Dios con todo mi corazón. En otras palabras, El es la máxima prioridad de mi vida. Cuando veo solamente en Jesucristo la Fuente de mi vida, algo asombroso sucede. Como El me ama y verdaderamente posee la sabiduría, el amor, la paz y el gozo que yo siempre deseé, ¡solamente El puede llenar mi copa hasta rebosar! Esto es exactamente lo que El prometió para sus hijos. Efesios 3:19 nos dice que ". . . el amor de Cristo . . . excede a todo conocimiento, para que seáis llenos de toda la plenitud de Dios". ¿Se puede llenar algo que está lleno? Por supuesto que no.

¿Ahora comprendes por qué tan pocas personas pueden herir mis sentimientos? Como ya no espero que las personas llenen mi copa, no me siento herido cuando no responden de cierta manera. Aunque mi esposa o algún amigo cercano diga algo para herirme, sigue siendo un reflejo que muestra que mi mira estaba en lo que ellos me podían dar o quitar, no en lo que Dios da.

Cada vez que esas luces rojas se prenden, doy gracias a Dios por ellas. Luego oro pidiendo perdón por centrarme en algo menor que El. Finalmente, le pido a Dios que llene mi vida. El Salmo 62 dice que debo esperar y confiar solamente en Dios. El es mi roca, mi salvación, mi refugio. ¡Es todo lo que necesito!

Piensa en cuántos esposos manipulan a sus esposas esperando recibir "vida" y viceversa. Cuanto más fijamos nuestras expectativas en otra persona, más le permitimos que ejerza control sobre nuestro estado emocional y espiritual. Cuanto más libres estemos de expectativas que se centren en la gente, y cuanto más dependamos de Dios, más puro y honesto será nuestro amor hacia los demás.

RECURRIENDO A UNA FUENTE INAGOTABLE DE PODER

Durante doce capítulos hemos visto diversas "habilidades" que pueden trasladar a un matrimonio del abismo hasta la cumbre. También hemos tenido el cuidado de decir que las habilidades en la comunicación y la intimidad no son suficientes para construir la clase de amor duradero que todos deseamos. ¿Por qué? Porque si realmente deseamos una relación "hecha en los cielos", debemos aprender a apropiarnos del poder del cielo, y ese poder se consigue a través de la oración.

La llave para la oración poderosa se encuentra en Lucas 18. Cuando oro, me vuelvo en gran parte como la viuda de esta parábola de Jesús. El utilizó a esta mujer como un ejemplo para enseñarles a sus discípulos a orar. Permítanme contarles la historia.

Había una vez una viuda anciana que fue delante de un juez malvado buscando protección porque algunas personas la estaban molestando. El problema era que este juez no tenía respeto por Dios ni por el hombre, así que repetidas veces la despidió sin atender. A pesar de recibir esta clase de trato, ella no se dio por vencida.

Todos los días se presentaba a ese malvado juez. Finalmente, debido a su tenaz persistencia día tras día, obtuvo la protección que buscaba. ¿Cuál fue la enseñanza de esta historia? Jesús siguió diciéndoles a sus discípulos que tenemos un Dios que nos ama. Cuánto más escuchará y responderá El a nuestras oraciones cuando insistamos día tras día.

Yo oro de la siguiente forma. Me presento delante del Señor cada día y aguardo con expectación su respuesta a mis oraciones. Por supuesto, antes de orar, me aseguro de estar orando como debo. Siempre oro teniendo en mente 1 Timoteo 6:3, fijándome si mi petición concuerda con la voluntad de Dios y si me conduce a la santidad. Si tengo cuidado de que mis pedidos cumplan estos requisitos, al igual que aquella viuda, entonces estoy en el camino correcto. ¿Dc qué manera se aplica esto al matrimonio o a una familia unida?

¿Recuerdan a John y Kay Hammer, la pareja de los capítulos 1 y 3 que pasaron luchas tan terribles? Kay aprendió todas las "habilidades" que le enseñé para tener un buen matrimonio, pero eso no fue todo. Ella también aprendió a recurrir a la única Fuente de poder que podía llenar su copa hasta rebosar. Esa Fuente estaba separada de todo lo que John pudiera hacer. Cuando sus expectativas de sabiduría, amor, paz y gozo se situaron en Dios y no en su esposo, finalmente estuvo libre para amar a John. Inclusive tuvo la fuerza para orar con persistencia y expectativa pidiendo cambios positivos en su relación.

Al mismo tiempo que practicó las habilidades para lograr una buena relación, también oró continuamente para obtener un resultado positivo en su hogar, en su propia vida y en la vida de su esposo. Su actitud de oración fue lo que le dio el poder para seguir adelante cuando sus sentimientos decían: "¡Ríndete!"

Esto de estar delante de Dios cada día me recuerda la historia de un hombre que murió y fue al cielo. Al primer lugar que lo llevó San Pedro, fue a un gran almacén. Se extendía kilómetros y kilómetros, y estaba lleno de millones de presentes.

—¿Qué contiene esta habitación? —preguntó el sorprendido recién llegado.

—Esta habitación está llena de regalos para los hijos de Dios que se cansaron demasiado rápido de pedir —le contestó San Pedro.

Conozco a muchas, muchas parejas que comenzaron a tratar de forjar una relación amorosa, pero se cansaron demasiado rápido de intentarlo. No fueron lo suficientemente persistentes. Dependieron de su fuerza para mantener unida la relación, olvidando que "los que esperan a Jehová tendrán nuevas fuerzas" (Isaías 40:31).

Cada vez que me despierto de madrugada y descubro que tengo un nudo en el estómago por algún problema que estoy enfrentando, he aprendido a hacer algo que me devuelve el sueño. He aprendido a agradecer a Dios por mi estómago anudado, porque me está diciendo que estoy centrando mi atención en uno de los regalos de la vida, buscando amor, paz y gozo, en lugar de hacerlo en la Fuente de la vida.

No es Norma quien llena mi copa, ni Kari, ni Greg, ni Michael. No son mis buenos amigos o los miembros de la familia. Ellos son regalos de Dios para mí, pero no satisfacen mis necesidades básicas. Juan 17:3 dice que conocer a Dios es vida. Simplemente conocer a Cristo es vida. No es saber acerca de él, sino conocerlo a El. En 1 Juan 5:12 el apóstol dice: "El que tiene al Hijo, tiene la vida; el que no tiene al Hijo de Dios no tiene la vida." Es así de simple.

¿Está tu vida llena de emociones negativas o de toda la plenitud de Cristo? Al cerrar este capítulo, permíteme compartir contigo un ejemplo. Confío en que hará penetrar este concepto más cerca de tu corazón. Eso fue lo que me sucedió a mí cuando escuché por primera vez la historia de Linda.

UN SOLO LUGAR DONDE CONECTAR NUESTRA VIDA

Linda era una joven que había sufrido terriblemente cuando niña. Su padre la adoraba, pero su prematura muerte cuando ella tenía sólo cinco años pareció dejarla sin nadie que la amara. Su madre tenía resentimiento hacia ella, y sus hermanos y hermanas la rechazaban. Linda podía recordar que durante toda su niñez lloraba por las noches hasta quedarse dormida, deseando con todo su corazón que las cosas fueran diferentes, pero eso nunca sucedía.

Los deseos de Linda eran los mismos que los nuestros. Ella anhelaba que otros la valoraran. Deseaba felicidad, calma y satisfacción. Sin embargo, al crecer en un entorno negativo, sin Dios, solamente experimentó enojo, amargura y derrota.

Hasta este momento he hablado del Señor llenando nuestra copa. Permítanme ahora cambiar la figura para darles una perspectiva diferente. Diremos que la vida de Linda era como una lámpara con un solo cable.

Ella deseaba que su vida se encendiera con sentimientos positivos de calidez y de calma interior. Anhelaba el gozo de saber que su madre la aceptaba incondicionalmente y que sus hermanos y hermanas la amaban. Sin embargo, cada vez que trataba de conectar el enchufe en su familia, recibía una terrible descarga.

A través de los años, Linda había recibido tantas descargas de parte de su familia, que algunas veces sentía deseos de darse por vencida. Es por eso que muchas veces pensó en quitarse la vida.

Linda estaba tan cansada de la oscuridad y de las descargas, y estaba tan deseosa de tener luz en su vida, que se fue al otro extremo. Por años probó su enchufe en todas las cosas y las personas que le parecían que podrían darle electricidad y calor.

Intentó iluminar su vida probando su enchufe en amigos, novios, escuelas, trabajos, casas e inclusive en drogas y alcohol. Cada vez que se conectaba a esas cosas, también descubría que se quedaba en oscuridad y temiendo que nunca vería la luz que anhelaba.

¿Conoces a alguien como Linda? ¿Algún entorno difícil o alguna relación presente te ha dejado lleno de oscuridad y temor buscando la luz del amor y de la paz? Al igual que Linda, hay un solo lugar al cual podemos conectarnos para encontrar la satisfacción que necesitamos tan desesperadamente.

CONECTANDONOS A LA FUENTE DE VIDA

Cuando Linda finalmente descubrió que necesitaba conectarse a la Fuente de vida, Jesucristo, vio por primera vez cómo se encendía su vida. En el amor de Jesús encontró aceptación incondicional (Romanos 8:38, 39; Juan 10:1 y siguientes; Hebreos 13:5). En su poder encontró la fortaleza para estar alegre a pesar de las circunstancias (Filipenses 4:11-14; 1 Pedro 1:6-9). Su mano la guió a encontrar una familia espiritual en una iglesia cercana. Ellos la amaron incondicionalmente. A través de la Palabra de Dios y de su Espíritu recibió la paz interior que nunca antes había conocido (Juan 14:6; 1 Juan 5:1 y siguientes).

Tal vez tengas que preguntarte a ti mismo a quién estás conectando tu vida. Muchas personas tratan de tener docenas de "prolongaciones" para enchufarlas tanto en el Señor como en muchas otras personas y cosas. Pero Dios nos ha diseñado con un solo cable que se puede conectar a una sola Persona para encontrar vida eterna y poder. Y esa Persona es Dios mismo.

Una tarde, luego de una larga conversación con un amigo, Linda tomó la decisión más importante que puede tomar una persona. Por primera vez, conectó su vida a la Fuente de vida. Durante el año y medio siguiente tomó la decisión diaria de buscar solamente al Señor para iluminar su vida.

Cada vez que descubría que estaba enojada con su esposo o con sus hijos, se tomaba tiempo para darse cuenta de que estaba conectando su vida a ellos, tratando de usarlos para que satisficieran alguna necesidad en su vida. Y lo que es más importante aún, cada vez que pensaba en su doloroso pasado y su luz comenzaba a apagarse, inmediatamente se desconectaba de aquellos recuerdos tristes y se conectaba a las palabras positivas de las Escrituras para descubrir el futuro especial que su Padre celestial tenía para ella.

¿Qué sucedió cuando Linda descubrió una Fuente de vida inagotable a la cual conectarse? Su vida cambió totalmente.

Su matrimonio comenzó a florecer cuando finalmente dejó de esperar que su esposo la resarciera por todos los años de descuido que había experimentado con su familia. A los cincuenta años, inclusive llamó a su madre y comenzó a trabajar para restaurar aquella relación. ¡Su madre tenía ochenta años!

Linda siguió encontrándose con las mismas palabras dolorosas y desalentadoras, pero ya no producían el impacto de antes. Finalmente se encontraba libre para amar a su madre porque no esperaba nada de ella, y esto produjo una gran diferencia en la relación entre ambas. Nunca pudo conocer el gozo de guiar a su madre a Cristo, pero al menos Linda fue libre de los perniciosos sentimientos de odio y enojo que la habían embargado por años.

¿Estás esperando vida de alguna otra persona? ¿De alguien del pasado, como tus padres? ¿De alguien del presente, como tu cónyuge? ¿Estás luchando por perdonarles porque te "quitaron" algo, algo que solamente Dios podría haberte dado?

Para algunos de nosotros, el sencillo concepto de conectarnos solamente a Cristo para recibir sabiduría, paz, amor y alegría, puede ser la experiencia que más libertad traiga a nuestra vida. Ciertamente eso sucedió conmigo.

En mi caso, el aprender que ni el ministerio, ni otras personas, ni siquiera mi esposa, llenarían mi copa, fue lo que me sacó de la cama cuando me sentía tan deprimido. El creer y practicar que Jesús es la única Fuente de vida, de sabiduría y de satisfacción es lo que me ha mantenido activo y con entusiasmo en la vida. Desde una perspectiva humana he logrado más de lo que jamás hubiera soñado, y en gran parte se debe a que no he tomado la vida desde una perspectiva humana. Estoy libre para tener éxito o para fracasar, porque Jesucristo es la Fuente de mi vida, la plenitud de mi copa que nunca puede agotarse.

Queda solamente un área final para discutir antes de cerrar este libro. De muchas maneras, puede ser la más importante. Además de aprender que solamente Cristo puede librarme de expectativas irreales, descubrí algo más durante aquel difícil período de mi vida. Aun las mismas pruebas que me conducían a la depresión contenían en realidad oro valioso para forjar relaciones fuertes y duraderas.

14

La Fuente del amor duradero

Es probable que algunos lectores estén pensando: *Todo esto que se dice aquí acerca de tener buenas relaciones y de "conectarse" a Cristo como una fuente de vida es fantástico e inspirador. Puedo creer que resulte con otras personas, pero no conmigo. Para mí no hay esperanza.*

Me parece escucharte decir: "¡Usted no conoce a mi esposo! ¡Usted no conoce a mi esposa! ¡Ella me ha sido infiel! ¡El me abandonó! ¡Mis hijos se han vuelto contra mí! ¡Ella se ha alejado de Dios! ¡Soy la esposa de un pastor y no puedo contarle a nadie mis problemas! ¡Ya me he divorciado dos veces! ¡En el último año he tenido cinco trabajos diferentes, y ninguno de ellos ha resultado!"

En casi veinte años de trabajar con individuos, parejas y familias he escuchado verdaderas tragedias. Por cierto, muchas de ellas suenan como si fueran la excepción y Dios no pudiera convertirlas en algo positivo. Permítanme contarles la historia de Diana.

Diana asistió a uno de nuestros seminarios cuando tenía unos sesenta años. De niña había vivido en una hermosa casa en el noroeste del país. Su padre había sido un abogado respetado en la comunidad, pero en su casa era un terror. Abusaba verbal y algunas veces físicamente de su familia, y su actitud era crítica e inalcanzable.

Cuando Diana tenía nueve años, su madre descubrió que su

esposo le era infiel. En un ataque de ira, lo amenazó con sacar ese incidente a la luz arruinando su reputación en la pequeña ciudad donde vivían. Pero como un león herido, él se volvió en contra de ella y con todo éxito la demandó pidiéndole el divorcio, y manchando su nombre en el proceso. Ese juicio de "telenovela" fue tan sórdido, que otros padres les prohibieron a sus hijos que jugaran o hablaran con Diana y con su hermano en la escuela. Luego, un día, las circunstancias se tornaron mucho peores de lo que Diana jamás podría haber imaginado.

Cuando ella y su hermano llegaron de la escuela se encontraron con una empresa de mudanzas que estaba empacando todo y alistando las cosas para desocupar la casa. El padre había ganado el juicio de divorcio e inclusive había conseguido una orden de la corte para obligar a su ex-esposa a abandonar la casa.

Mientras la madre lloraba, el hermano mayor de Diana se puso furioso. Entró como un huracán en la casa y subió a la habitación de su padre, de la cual tomó un revólver que estaba guardado en el velador.

Al salir de la casa, su abuela se encontraba en el porche, y lo vio con el revólver. En medio de la furia, él le dijo que iba a buscar a su padre para matarlo. Ella lo asió tratando de quitarle el revólver; pero en la lucha se escapó un disparo. En medio de un terrible accidente, el hermano de Diana mató a su abuela.

Aquel día, una tragedia seguiría a la otra. Cuando la policía llegó a la casa, encontraron al muchacho escondido en el garage de un vecino. Hubo un intercambio de disparos y un oficial de la policía resultó herido de gravedad, y el hermano de Diana perdió la vida ese día.

¿Puedes imaginarte cómo se sentía la niña? Con sólo nueve años, había tenido que vivir el trauma del hostil divorcio de sus padres. En un mismo día perdió a su abuela y a su hermano. La comunidad la culpaba porque su hermano casi había matado a un policía. Y ahora literalmente se encontraba en la calle, luego de haber vivido rodeada de lujos.

No había nada bueno en lo que le sucedió a esta mujer o a su familia. El dolor que su padre y su hermano le habían provocado la había afectado de por vida. Pero Diana nos dijo: "Me ha llevado muchos años, pero realmente puedo decir que Dios ha utilizado mi trágica niñez para hacerme una persona mejor, especialmente con mi familia. He tenido que trabajar mucho, pero sé que Dios me ha hecho una esposa y una madre más amorosa por todo lo que sufrí."

Tú dirás que seguramente su historia es una excepción. Tal vez sea excepcional, pero difícilmente una excepción. He aquí otra historia tristísima. La compartiremos para subrayar que sea cual sea la lucha de una persona, si Dios puede convertir una situación como ésta en algo valioso, también puede producir un resultado similar en nuestras pruebas.

DOS CAMINOS QUE CONDUCEN AL MISMO DESTINO

Durante la guerra de Vietnam, dos personas muy diferentes eran parte de un comando especial de la armada de los Estados Unidos, un grupo ultra elitista enviado en misiones muy peligrosas de reconocimiento y ataque sorpresa. Una de estas personas era Dave Roever.

Dave se sentaba en su litera y acompañándose con su guitarra les cantaba canciones folklóricas religiosas a sus compañeros y les decía cuánto los amaba Dios. La otra persona de la que quiero hablar ocupaba la litera de encima de la de Dave y se llamaba Mickey Block. Este, junto con otro soldado le hacían la vida imposible a Dave diciéndole constantemente que se callara y que se dejara de predicar. Como sucedía en muchas unidades de combate, le dieron un sobrenombre a Dave. Mientras estuviera en Vietnam se llamaría "el Predicador". Dave también les puso un sobrenombre a estos dos hombres, llamándolos Malo No. 1 y Malo No. 2.

Una noche, durante una invasión sorpresiva en su bote fuertemente armado, otro navío americano los confundió con el enemigo y comenzó a dispararles. Mickey recibió unas doce heridas de balas de alto calibre. Su pierna derecha estaba hecha pedazos, y la parte superior de su mano izquierda estaba destrozada por el impacto de una granada.

Durante el año y medio siguiente, Mickey entró y salió del hospital en medio de un terrible sufrimiento. Los doctores trataron por todos los medios de salvarle la pierna, pero no pudieron. El resto de su cuerpo se mantuvo unido durante meses por clavos y tubos. El único alivio que encontraba era el "volarse" con drogas, y se hizo adicto a los calmantes que le daban para el dolor.

La vida continuó en el frente, y Mickey no tuvo muchas noticias de aquellos que habían luchado con él en el comando especial, pero cuando oyó algunas noticias de Dave, supuso que había muerto.

No mucho tiempo después de que Mickey fuera herido, Dave salió en una misión de combate con un escuadrón de hombres que fue sorprendido por el fuego enemigo. Dave sacó una granada de fósforo de su cinturón para iluminar la posición del enemigo y se puso de pie para arrojarla, pero al echar su brazo hacia atrás, una bala dio en la granada, y la hizo explotar cerca de su oído.

Yaciendo a un lado de un lodoso río de Vietnam, pudo ver a una parte de su rostro flotando en el agua. El resto de su cara y su hombro humeaba y ardía.

Dave Roever estaba seguro de que moriría, pero no fue así. Sus compañeros lo sacaron del agua, lo llevaron en avión directamente hasta Saigón, y allí había un avión esperando para llevarlo a Hawai. Pero sus problemas recién comenzaban.

En los meses siguientes, tuvo docenas de operaciones, pero casi no sobrevive a la primera. El equipo de cirujanos de la marina tuvo un grave problema durante la operación. Cuando quitaban el tejido que se había quemado, el fósforo que se encontraba dentro de su cuerpo al tomar contacto con el oxígeno de la sala de operaciones ¡comenzaba a arder nuevamente! Varias veces los doctores y las enfermeras salieron corriendo de la habitación, dejándole solo porque temían que el oxígeno inflamable que se utilizaba en cirugía explotara. Dave sobrevivió a aquella operación y fue llevado a una guardia que atendía los casos más serios de heridas y quemaduras de la guerra.

La verdadera lucha para ambos hombres vino luego de la guerra. Dave comenzaba cada día poniéndose su peluca en su calva cabeza, ajustando su oreja postiza, destapando su ojo que debía permanecer vendado durante la noche porque no tenía párpado, y contemplando en el espejo un rostro que mostraba los horrores de la carne quemada. Al mismo tiempo, Mickey estaba sobreviendo a los injertos, la amputación, la tracción y la cirugía plástica, para encima de todo contraer una enfermedad a los huesos y abscesos e infecciones recurrentes.

Al volver a sus hogares, los dos tenían sufrimientos y traumas en común, pero por encima de eso sus vidas eran muy diferentes. Mickey se sentaba en su casa por la noche con un revólver cargado en su pecho, esperando que algún intruso entrara para poder dispararle. Su matrimonio estaba arruinado y su drogadicción era cada vez mayor.

Dave, por otro lado, se había apoyado en su fe. Pronto se encontró hablando por todo el país acerca de sus experiencias. Una noche especial, lo escuché hablando por la televisión y dijo: "Soy el doble de lo que era antes de ir a Vietnam . . . No cambiaría ninguna de las horrendas experiencias que me tocaron vivir, por los tremendos beneficios que han traído a mi vida."

Sé lo que algunos de ustedes estarán pensando. *Esta gente está loca. ¿Cómo puede beneficiarme una prueba?* Pero antes de abandonar la lectura de este libro, lee lo que sucedió luego.

Al mismo tiempo que Dave Roever contaba de qué manera sus pruebas le habían dado una mejor vida espiritual y familiar, Mickey Block decidió suicidarse. Se sentó en una silla en su habitación y se puso el revólver en la boca. Aunque no era en lo más mínimo una persona "religiosa", él contó que repentinamente se sintió como si hubiera tenido una visión.

En su mente vio la escena que sobrevendría un segundo después de que él hubiera apretado el gatillo, su cerebro y sangre esparcidos por la pared que se encontraba detrás de él. Vio como sus hijos entraban corriendo en su habitación al llegar de la escuela. ¡El trataba de levantarse de la silla para decirles que no miraran, pero no podía! Pudo ver el horror y el miedo en sus ojos al encontrar su cuerpo sin vida sobre la silla. . . .

Sentado allí, un segundo antes de su muerte, apartó de su mente este cuadro de lo que había estado a punto de suceder y comenzó a llorar por primera vez desde Vietnam. Luego, también por primera vez, oró. Recordó todas las "predicaciones" que le había escuchado a Dave Roever y a otros creyentes que había conocido, y finalmente rindió lo que quedaba de su destrozada vida a Jesucristo.

A continuación sintió paz. Aquel día nada cambió drásticamente. Su matrimonio todavía estaba destruido, le seguía faltando una pierna, todavía tenía que luchar contra la adicción a las drogas, pero ahora tenía esperanza en su vida, y la convicción interior de que Dios lo había perdonado por aquella vida separada de El. Ya no estaba solo con sus problemas. Su esposa contempló su conversión con escepticismo, pero a medida que pasaban los meses, se dio cuenta de que Mickey había cambiado.

Un día recibió el llamado de un amigo que estaba escuchando un programa de radio local. "Hola, Mickey", dijo. "En la radio hay un hombre hablando de Dios que era miembro de un comando en Vietnam como tú. Tal vez lo conozcas."

¿Será el Predicador?, pensó Mickey. No podía ser. De acuerdo al relato que había escuchado del hombre que puso el cuerpo de Dave en el helicóptero en Vietnam, él sabía que estaba muerto.

Llamó a la estación de radio y le temblaban las manos mientras pedía para hablar con el veterano de Vietnam que acababa de participar en el programa. Luego de algunos momentos, una voz familiar se escuchó al otro lado de la línea: "Habla Dave Roever. ¿En qué puedo servirle?"

Luego de unos momentos de animada conversación, Mickey descubrió que "el Predicador" estaba en la ciudad para hablar en una iglesia local aquella noche. Dave lo invitó a asistir a la reunión, y él accedió. Mickey no había estado en una iglesia durante años, pero aquella noche asistió con su esposa. Para presentarse, puso una bala calibre .308 en el plato de la ofrenda, la clase de balas que usaban en sus botes patrulleros y que había destrozado su pierna.

Cuando Dave recibió la bala en el frente dejó de hablar y llamó a su compañero de combate para que pasara al frente. Mickey renqueó a lo largo del pasillo hasta llegar a los brazos abiertos de Dave, en medio de las lágrimas y las exclamaciones de las personas que se encontraban en la iglesia.

Aquella noche, esos dos hombres permanecieron de pie en aquella iglesia. Ambos habían vivido la misma experiencia horrible. Cada uno de ellos había tomado un camino diferente para llegar al mismo destino. Uno de ellos encontró una fe más profunda al perder casi totalmente su rostro. El otro perdió una pierna y estuvo a punto de perder a su esposa y a su familia, pero finalmente obtuvo aquello por la cual vale la pena vivir. Tenía una nueva vida en Cristo y una nueva esperanza para su familia.

CONVIRTIENDO LA TRAGEDIA EN TRIUNFO

Ninguno de nosotros desearía experimentar la clase de tragedias que experimentaron Diana, Mickey y Dave. Sin embargo, en cada uno de esos casos, esas personas se hicieron más fuertes como resultado directo de sus pruebas.

Una de las mayores verdades que conozco es que la vida es difícil y a veces es injusta. ¿Qué es lo que marca la diferencia entre aquellas personas que experimentan dificultades y se amargan y aquellas que encuentran una vida mejor producida por una prueba similar o peor?

Yo experimento el gozo de compartir por todo el país que todos los que conocen a Jesucristo como Señor y Salvador pueden tener la seguridad de que las pruebas les proporcionarán bendición a su vida. Yo siempre digo que para un creyente, cada prueba viene envuelta en papel de regalo con un tesoro en su interior listo para ser descubierto.

CUANDO LAS PRUEBAS NOS CAEN DEL CIELO

Una vez escuché la historia de un hombre que caminaba por la acera junto a un alto edificio de departamentos. Era muy temprano en una mañana invernal terriblemente fría, y él se apuraba para refugiarse del viento. De repente, de la nada, un pesado objeto golpeó su hombro y lo arrojó al suelo.

Permaneció tendido en la acera durante varios minutos, aturdido, penando que tal vez se había roto el hombro. Finalmente, se sentó y miró a su alrededor. La calle estaba desierta, así que descartó la posibilidad de que se hubiera tratado de un asalto. Alzó la vista hacia los departamentos, pero no vio luces encendidas ni ventanas abiertas. Echó una mirada alrededor de donde estaba sentado y vio una caja de zapatos cerca de él. Estaba fuertemente cerrada. Se acercó para levantarla pero era tan pesada que tuvo que utilizar las dos manos.

Llevó la caja a su departamento, tomó unas tijeras y cortó la tapa. En su interior había tres sacos de tela de tamaño considerable. Cuando sacó uno de los sacos y lo abrió, se quedó sin aliento. ¡Había varias barras pequeñas de oro y docenas de monedas de oro! Luego de unos instantes de vacilación, decidió que lo mejor sería llevar la caja a la estación de policía.

La policía le dijo que probablemente ese oro debía provenir de joyas robadas que habían sido fundidas. Lo que no podían determinar era si había caído de un departamento o de un avión. Si lo dejaba en la estación de policía durante seis meses, y si nadie lo reclamaba, ese oro sería legalmente suyo.

Aquellos seis meses parecieron una eternidad, pero finalmente llegó el día. Se dirigió rápidamente a la estación de policía y allí estaba la caja de zapatos que le había provocado el dolor en el hombro. Su hombro ya no le dolía, y pronto, debido al tesoro que le había caído del cielo, el bolsillo tampoco le dolería.

La mayoría de nosotros sufriríamos gustosos un dolor de hombro a cambio de una caja llena de oro. Sin embargo, no nos damos cuenta de que tenemos la misma posibilidad de beneficiarnos cada vez que tenemos un problema. Porque cada prueba es como una caja que contiene tesoros valiosos. Puede golpearnos hasta hacernos caer al suelo y puede lastimarnos, pero cuando aprendemos a abrir la caja, encontraremos una oportunidad fantástica en su interior.

Alguno puede decir: "Gary, o bien estás loco, o estás simplificando demasiado el problema del dolor. Es difícil creer que cada problema puede contener un tesoro." Después de todo, ¿qué puede haber de bueno en una seria prueba como que te vuelen la cara con una granada, perder una pierna, ser drogadicto o que te echen a la calle a la edad de nueve años?

Como Diana, Dave, Mickey y muchos otros pueden testificar, las pruebas son devastadoras en el momento, pero a pesar del dolor, pueden producir oro en nuestra vida. Como fuego purificador, cada prueba puede hacernos más puros y más fuertes. La Biblia dice que Dios va ". . . a ordenar que . . . se les dé gloria en lugar de ceniza . . ." (Isaías 61:3).

No malinterpreten lo que digo. No estoy queriendo decir que Dios provoca todas nuestras pruebas (Santiago 1:13). Ni tampoco estoy diciendo que debemos causarles pruebas a los demás para que se beneficien con esa experiencia (Romanos 6:1, 2). Pero sí creo que en su soberanía y amor, Dios *puede tomar y toma* todo lo que nos sucede para utilizarlo para bien (Romanos 8:28; Isaías 61:7).

No está mal tratar de evitar situaciones dolorosas cuando es posible, pero sí está mal negar los problemas o ignorarlos. Como creyentes tenemos una opción mucho más positiva que negar o tratar de convencernos que las tragedias no nos sucederán. Todas las personas con las que hablamos nos dicen que ya sea que nos hieran en las selvas de Vietnam o en el jardín de entrada de la casa de nuestro padre, las pruebas pueden producir en nosotros aquellas cosas que nos hacen más parecidos a Cristo: Su amor, su paz y su gozo.

Nunca es fácil darles la bienvenida a las pruebas como si fueran amigos, pero si las vivimos en la luz correcta, las pruebas nos pueden hacer más parecidos a Cristo. Yo he aprendido a tener como trofeo de caza a cada dificultad con la que me enfrento. Esta actitud es una de las herramientas más importantes que podemos darles a nuestros hijos para ayudarles a prepararse para las pequeñas y grandes pruebas que inevitablemente tendrán que enfrentar.

COMO CONVIERTE DIOS LAS PRUEBAS EN TRIUNFOS

Estoy escribiendo este capítulo porque sé que las pruebas no solamente pueden derrotar a los individuos, sino que pueden arruinar familias enteras, especialmente si esas familias no saben manejar la prueba. Por lo tanto, en tres oraciones, he aquí un resumen completo de todo este libro.

En los Capítulos 1 al 12 encontramos un plan práctico para

fortalecer nuestras relaciones y desarrollar las habilidades específicas necesarias para practicar ese plan. En el Capítulo 13 vimos la única fuente consistente de poder, el Señor Jesucristo. Solamente El puede darme la fuerza para amar a mi cónyuge como debo hacerlo durante toda la vida. *Ahora, en este capítulo final, tenemos la seguridad de que aunque parezca que los problemas están destruyendo nuestro hogar, en realidad pueden convertirse, por medio del poder de Dios, en un verdadero beneficio.*

Esto incluye a todas las pruebas, a través de todos los momentos de la vida. Permíteme darte un ejemplo personal. Te llevaré en una búsqueda del tesoro a través de tres de mis pruebas personales, y te mostraré los beneficios que Dios me dio por medio de cada una de ellas. Comenzaremos con una prueba que tuve que enfrentar a temprana edad, la cual me ha dejado una marca permanente.

EL FRACASO ME IMPULSO HACIA ADELANTE

Hasta entrar en la escuela secundaria, nos mudamos de casa por lo menos una vez por año. No me enorgullece admitirlo, pero con tantos cambios de escuela, finalmente repetí tercer grado. Muchos niños repiten el jardín de infantes hasta tener una edad adecuada, pero ¿cómo les explicas a tus amigos que tienes que repetir el tercer grado porque no sabes leer?

Aunque esto no es una prueba suprema, te puedo asegurar que en aquel momento, fue uno de los traumas más grandes a los que tuve que hacer frente. Ahora bien, al mirar hacia atrás, ¿qué obtuve de esa experiencia? Para comenzar, humildad.

El hecho de no pasar de grado junto con mis amigos me mantuvo humilde durante muchos años. Hasta el día de hoy, tengo mucho cuidado con mi ortografía. Esto es especialmente cierto cuando tengo que escribirle una nota a alguna de las maestras de mis hijos, porque mi ortografía atroz fue uno de los motivos por los cuales repetí de grado. Es probable que la humildad no parezca ser un gran beneficio, pero nuestro carácter obtendrá un valioso regalo de oro como resultado de ser humildes. Esto se encuentra en un versículo que dice: "Dios resiste a los soberbios, y da gracia a los humildes" (Santiago 4:6). Aunque no me di cuenta en aquel momento, en verdad Dios me estaba dando grandes dosis de su gracia durante el tercer grado.

La experiencia de reprobar tercer grado también me tornó difícil la tarea de leer en frente de la gente. Uno de los momentos en que más vergüenza pasé fue aquel en el que no pude terminar de leer una porción de las Escrituras en mi iglesia. Como presidente de un gran grupo de la universidad, esta experiencia me humilló sobremanera. Me proporcionó una profunda preocupación por aquellos que luchan con problemas de dislexia u otros desórdenes en la lectura o la escritura similares al mío.

También, como yo me sentí tan incómodo, hasta el día de hoy tengo extremo cuidado de no incomodar a las personas que asisten a mis seminarios. Aquella experiencia desagradable aumentó mi sensibilidad.

En aquel momento, no me parecía que reprobar un grado tuviera nada de bueno, pero sí lo tenía. Recibí más de la gracia de Dios y adquirí más sensibilidad hacia la gente herida. Dos grandes beneficios obtenidos de una prueba, y eso es sólo una prueba.

IMPUESTOS INESPERADOS

Durante los primeros años de casados, Norma y yo vivimos al borde de la pobreza la mayor parte del tiempo. Mi falta de habilidades administrativas no ayudaba mucho.

Un año, no teníamos absolutamente nada de dinero ¡y estábamos a punto de recibir una inesperada sorpresa! Cuando recibimos una carta del gobierno, la abrí rápidamente con la seguridad de que encontraría un cheque en su interior que nos ayudaría tremendamente en el aspecto financiero. Pero en cambio, al abrirla me enteré de que había cometido un grave error en la declaración de impuestos y que en realidad le debía al gobierno 1.700 dólares ¡y los querían ahora!

En aquel momento, no recuerdo haber obtenido ni un solo tesoro de aquella prueba en particular. Más bien, me moría tratando de recolectar cada centavo del tesoro terrenal que teníamos, para mantener a los agentes federales alejados de mi puerta. Sin embargo, cuando Norma y yo recordamos aquella experiencia, nos damos cuenta de que aprendimos varias lecciones muy importantes que han permanecido con nosotros hasta el día de hoy.

El primer beneficio que recibimos fue el recordar que el dinero no es la fuente de la vida. Nos habíamos centrado tanto en el pago de nuestros impuestos, que habíamos quitado nuestra mirada de Cristo. Aquella experiencia nos privó de todo lo que teníamos en materia monetaria en la vida, pero Dios nos mostró que ni el dinero ni todo lo que el dinero pudiera comprar, podría quitarnos lo que era más importante, nuestra relación con El. Como tuvimos que luchar tanto para pagar esa deuda, toda la familia aprendió el valor de confiar en Dios para la satisfacción de nuestras necesidades. (Incluyendo cosas tales como darle "gracias" a Dios por las bolsas de comida que misteriosamente nos enviaban amigos cercanos.)

Finalmente, esta prueba me obligó a buscar ayuda profesional con respecto a mis impuestos, para no encontrar más "sorpresas" en el correo. También me obligó a considerar con más seriedad el manejo de nuestras finanzas.

Prueba número dos, y esta vez obtuvimos tres beneficios muy importantes por entrar casi en quiebra. En realidad, podría contar más beneficios, especialmente el amor que obtuvimos a través de esta experiencia, recordando que obtenemos más del amor de Dios en cada prueba (Hebreos 12:9 y siguientes).

UN CASO DE VIDA O MUERTE

Al llegar al tercer ejemplo de la búsqueda del tesoro en las pruebas, en honor a la verdad, debo decirles que estoy feliz de estar aquí para poder contarlo. Aunque no me resulta fácil hablar de esto, durante los dos últimos años, mi salud no ha andado muy bien. A decir verdad, en algunos momentos me he sentido como si tuviera un pie "en la tumba".

Verán, mi hermano murió de un ataque al corazón hace dos años a la edad de 51 años. El año pasado mi hermana también tuvo un ataque al corazón y a otro hermano tuvieron que realizarle una operación al corazón de desvío triple a la edad de 51 años. Para aquellos que creen en la genética, les parecerá que la herencia de mi padre tiene algo que ver con los corazones de nuestra familia, ya que él murió de un ataque al corazón a la edad de 58 años.

Teniendo en mente la historia de la salud de mi familia, algo me sucedió hace dos años atrás, cuando tenía 46 años, que me hizo comenzar a contar los días.

Durante años, corría una corta distancia cada día y tenía mucho cuidado con mi dieta, con la esperanza que eso solo me mantendría saludable y en condiciones. Fue entonces que una mañana, durante un viaje de conferencias, salí de mi hotel para la carrera matutina. Ante mí había unas 50 ó 60 personas, todas con ropa de gimnasia, que estaban entrando en calor y tenían en sus camisetas números de carrera.

Reconocí a esa gente como miembros de la convención en la

que me encontraba, así que les dije: —¿Qué hacen, muchachos?

—Esta es la carrera anual de tres millas —me dijeron—. ¿Por qué no te unes a nosotros? Todos los miembros de la convención están invitados a participar.

—¿Solamente corren *tres millas*? —pregunté.

En aquel momento, yo podía correr tres millas sin ningún problema en la ciudad donde vivo, que está prácticamente al nivel del mar. Así que me dirigí a la mesa de inscripción, conseguí un número y me uní a la carrera. Sin embargo, pronto descubrí que había un pequeño problema. Este no era un trote amistoso de tres millas como yo me imaginaba. Era una carrera de velocidad en un lugar de mucha altitud. Yo era un trotador de corta distancia, no un carrerista de larga distancia, pero la mentalidad masculina conquistadora dentro de mí prevaleció, y decidí que no sería el último aunque eso me matara. Y casi lo hizo.

Antes de llegar a la mitad del recorrido, había niños pequeños y hombres mayores que me pasaban. Parecía como si repentinamente todo el aire de Colorado hubiera desaparecido. Mientras luchaba para alcanzar la meta final, pude ver que el último lugar sería para mí o para una mujer muy excedida en peso que resoplaba a mi lado. Así que puse todo mi esfuerzo sobre el final, pero ella me venció.

Cuando finalizó la carrera, supe que algo andaba terriblemente mal. Estaba enfermo. Aquel día hablé en la conferencia y cuando tomé el avión sentía escalofríos y tenía fiebre. Antes de que pudiera darme cuenta, me encontré vomitando y con hemorragias internas. Pasé dos semanas en cama y, sin embargo, mi presión sanguínea y los niveles de colesterol no se recuperaron. Mis riñones pasaban sangre y tenía terribles dolores de cabeza. Eran tan fuertes que un doctor quería operarme para hacer unas incisiones en los senos faciales para que drenaran. Estaba realmente enfermo.

¿Qué beneficio podía provenir de estar al borde de la muerte, cuando John y yo teníamos conferencias programadas y libros que escribir? Todo eso requería trabajo constante.

En estos últimos dos años, me he visto obligado a aprender a equilibrar mi vida, a nivelar los momentos "muy altos" con los "muy bajos". He aprendido más acerca de la comida saludable, de los hábitos alimenticios saludables, y de los hábitos de trabajo saludables. He aprendido lo que puede ocasionarle el stress a un organismo y cuán dañinas pueden ser las emociones descontroladas para mi sistema. También he aprendido a buscar al Señor de una manera como nunca antes lo había hecho.

Mientras aprendía el concepto que describí en el Capítulo 13 (obtener mi satisfacción de Cristo), también volví a aprender la actitud en la oración de "la viuda". Durante meses, tuve que esperar diariamente en aquella hilera para recibir salud física, fuerza y para aceptar que no puedo entrar por todas las puertas del "ministerio" que se me abren. El tesoro que obtuve de esa experiencia es una comprensión más clara de cómo Dios da su fuerza a los débiles y una visión de su fidelidad para los que esperan solamente en El.

Estas fueron tres pruebas en momentos diferentes de mi vida, algunas pequeñas, otras grandes. Cada una de ellas tuvo como resultado el aumento del amor, de la paz y del gozo de Dios en mi vida. Aquí yace el secreto del éxito en la búsqueda del tesoro: Podemos obtener grandes beneficios de nuestras pruebas o podemos no obtener nada. Todo depende de nuestra fe. No se trata de cuánta fe tengamos, sino de que la fe que tengamos crea lo que Dios dice en su Palabra.

FE GRANDE O FE "INSIGNIFICANTE"

El secreto para obtener el éxito en la búsqueda del tesoro se encuentra en comprender dos palabras transformadoras: fe y amor. Cuanto mayor sea nuestra fe en la Palabra de Dios, más fácil nos resultará encontrar tesoros en las pruebas. Cuanto más busquemos tesoros, más podremos ver cómo nos convertimos en personas más amorosas como resultado de las circunstancias. Sin embargo, todo comienza con la fe. Tenemos que creer lo que Dios dice en su Palabra. No necesitamos más fe, sino una fe más grande. Esto es lo que quiero decir.

¿Recuerdas la historia del centurión que vino a Jesús pidiéndole por uno de sus sirvientes? Es una de las descripciones más claras de las Escrituras de lo que implica exactamente la fe. Lee Mateo 8:5-13 para ver si estoy contando correctamente la historia.

El centurión era un hombre poderoso que comandaba todo un escuadrón de hombres. Sin embargo, un día se enfrentó a un problema que no podía resolver por sí mismo, y se abrió paso entre la multitud hasta que llegó frente a Jesús. Fue directamente al tema y le dijo: "Señor, mi siervo está paralítico en casa, sufriendo grandes dolores." Aunque el hombre hizo una declaración y no un pedido, Jesús contestó: "Iré y lo sanaré."

Pero, ¿recuerdas la respuesta del centurión?

"Señor", dijo, "no soy digno de que entres bajo mi techo. Yo soy un hombre acostumbrado a recibir y a dar órdenes. Tan sólo di la palabra, y mi siervo sanará." Asombrado por la fe del centurión, Cristo le dijo a la gente que tenía alrededor: "Os digo que ni en Israel he encontrado una fe tan grande."

¿En todo Israel? El estaba hablando de un país muy religioso. ¿Este soldado romano tenía una fe más grande que las demás personas que Jesús conocía? ¿Una fe mayor que la de sus mismos discípulos que un día morirían por El?

¿Alguna vez te has preguntado lo que pensaron sus discípulos cuando escucharon esta declaración? Probablemente Pedro estaría diciendo: *Claro, Señor, haznos quedar mal delante de todos nuestros hermanos judíos.* No existía ninguna clase de amor entre los judíos y los soldados romanos.

¿Qué fue lo que le impresionó tanto a Jesús de lo que dijo este soldado?

La respuesta es como un marco alrededor del concepto de la fe. Este soldado creía que si Jesús solamente daba la orden, su siervo se sanaría. El le dijo a Jesús: "Porque también yo soy hombre puesto bajo autoridad, y tengo bajo mis órdenes soldados; y digo a éste: Vé y va; y al otro: Ven, y viene; y a mi siervo: Haz esto, y lo hace" (Mateo 8:9). El centurión no dudó en ningún momento del poder de Cristo y de su autoridad para sanar a su siervo. Si Jesús lo decía, era suficiente.

Pero, ¿por qué no dudó? Los problemas de la vida rápidamente crean preguntas en nuestra mente para la mayoría de nosotros. Probablemente, la fe del centurión provenía de enfrentar las pruebas de pasar muchos días en diferentes campos de batalla. Probablemente sería un reflejo de la fe de su propio padre. En ningún momento se nos dice de qué manera obtuvo este hombre su gran fe. En contraste, los discípulos de Cristo mostraron casi inmediatamente que la fe de ellos era de "pequeñas" proporciones.

Había sido un largo día de hablar a las multitudes y de sanar enfermos, cuando Jesús les dijo a sus discípulos que subieran al bote y cruzaran al otro lado del lago. Sintiéndose exhausto del trabajo con la multitud, Jesús se acostó a dormir.

Cuando los discípulos estaban a mitad de camino, se desató una tormenta. Las olas azotaban los costados de la embarcación y los discípulos fueron presa del pánico. Desesperados, despertaron a Jesús y gritaron: "¡Perecemos!" Jesús simplemente suspiró, se puso en pie, y aquietó las olas y el viento con una sencilla orden. Luego, pensando en el ejemplo vivo de la fe del centurión, les dijo a sus discípulos: "¿Por qué teméis, hombres de poca fe?"

¿En qué se diferenciaba la fe de los discípulos de la fe del centurión? ¿Por qué un soldado romano tenía una "gran" fe y los propios discípulos de Cristo tenían "poca" fe? La diferencia fue que en el medio de la tormenta, *los discípulos olvidaron lo que Jesús les había dicho.* Dejaron de contar con su Palabra, y como resultado fueron presa del pánico y consideraron que estaban "perdidos en el mar".

Antes de dormirse, Jesús específicamente les había dicho: "Pasemos al otro lado del lago." El les había dado su palabra de que todos cruzarían al otro lado. Sin embargo, se olvidaron de sus palabras cuando el agua se embraveció.

No estoy culpando a los discípulos, yo me parezco mucho a ellos. Muchos de nosotros cometemos el mismo error en nuestro matrimonio y en nuestras familias, ¿no es cierto? Durante los momentos difíciles, nos olvidamos de que Dios nos ha prometido llevarnos al otro lado; El nunca nos ha prometido un viaje sin dificultades. *Pero mientras las olas golpean a nuestro alrededor, Dios nos promete que El producirá madurez, justicia, paciencia y amor en nuestra vida.*

En Santiago 1:2, el autor nos dice: ". . . tened por sumo gozo cuando os halléis en diversas pruebas." Y en 2 Corintios 5:7, Pablo nos insta a vivir "por fe . . . no por vista". Por lo tanto, cuando cuestionamos las olas y el efecto que producen en nuestro viaje por la vida, es como decir: "Las promesas de Dios no se aplican a mi vida. Dios no comprende mi situación, por lo tanto ¿cómo puedo esperar que de todo este sufrimiento resulte algún bien?" (Isaías 40:27 y siguientes).

NO SOMOS LOS PRIMEROS "BUSCADORES DE TESOROS"

Si echamos una mirada a la Biblia, veremos historia tras historia en la que se ganaban tesoros de una prueba. ¿Cómo te sentirías si tus hermanos te odiaran, te vendieran por centavos en un mercado de esclavos, si te acusaran injustamente de adulterio, te echaran en una cárcel sin un juicio y luego la persona que te podría haber salvado se olvidara de ti?

José, en el Antiguo Testamento, sabía lo que era sentirse así. Sin embargo, ¿qué fue lo que dijo años más tarde, cuando él, la mano derecha del Faraón, trajo a sus hermanos a Egipto? Al mismo tiempo que los perdonó les dijo: "Vosotros pensasteis mal contra mí, mas Dios lo encaminó a bien . . ." (Génesis 50:20).

Adán, Noé, Abraham, Isaac, Jacob, José, Moisés, Elías, Eliseo, Jeremías, David, Salomón, Ester, Rut, Isaías, Juan el Bautista, Pedro, Pablo, María Magdalena, Santiago . . . y la lista sigue y sigue. Todas éstas son personas con las cuales nos podemos identificar. Todas ellas enfrentaron pruebas como nosotros. Aun en los casos de "fracaso" (recuerda que Elías y Jonás no enfrentaron sus responsabilidades, que Pedro negó a Cristo, que Pablo persiguió a los seguidores de Cristo, Santiago abandonó al Señor, etc.), Dios tomó la tragedia e inclusive la "poca" fe y la convirtió en un tesoro eterno.

CUANDO IMPEDIMOS QUE LAS PRUEBAS PRODUZCAN AMOR

Soy el primero en admitir que existe un problema con esto de experimentar pruebas. La riqueza que producen en nosotros, a menudo llega "a posteriori". Mientras las olas están golpeando a nuestro alrededor, nosotros somos como los discípulos. Todo lo que vemos es la necesidad inmediata de sobrevivir, y no podemos detenernos a agradecer a Dios por cómo nos está formando para la eternidad.

¿Recuerdan cuánto tiempo le lleva a una familia convertir las crisis en experiencias que los unan, como vimos en el Capítulo 12? Generalmente a una familia le lleva varias semanas hasta poder ver esas crisis a la luz verdadera y experimentar la unión resultante. Lo mismo sucede con las pruebas. A Dave Roever le llevó tiempo hasta poder decir que era un hombre mejor porque una granada de mano le había explotado en la cara. A Diana le llevó varios meses dejar de llorar todas las noches hasta dormirse, cuando enfrentó la tragedia a la tierna edad de nueve años, pero la sanidad llegó una mañana.

Los expertos dicen que una acción se debe repetir por lo menos treinta días seguidos hasta que se convierta en un hábito. En otras palabras, no abandones la búsqueda del tesoro cuando estés a sólo unos pocos metros de la playa. Cuando alguien experimenta una prueba, es natural que atraviese un período de enojo o de duda, pero si tomamos la decisión de permanecer enojados o de persistir en el papel de "víctimas", podemos impedir todos los efectos positivos que la prueba pueda tener sobre nuestro carácter.

Si quisiera, todavía podría estar enojado con mi maestra de tercer grado o con mis padres por no haberme brindado la ayuda que necesitaba para aprobar el tercer grado la primera vez, pero aferrarme al resentimiento simplemente actuaría como un impedimento para no recibir todos los beneficios de Dios. Podría culpar a Norma o al gobierno por el complicado sistema impositivo que casi nos manda a la bancarrota, o podría admitir mi propio error mirando en fe lo que Dios quería enseñarme.

Inclusive podría odiar la memoria de mi padre, y cuestionar la sabiduría divina, al darme sus genes y poner un límite de tiempo tan corto a los años que tengo para servirle. Sin embargo, hacer esto sería como patalear y gritar frente a un Dios amoroso, soberano y omnisciente. (Recuerden lo que dijimos en el Capítulo 5: El enojo impide que Dios obre en nuestra vida, por lo tanto cuando nos aferramos a los sentimientos de víctima, lo único que hacemos es engañarnos a nosotros mismos.)

No existe razón terrenal por la cual Dave, Mickey y Diana deban estar felices y satisfechos luego de lo que les sucedió, pero hay una razón celestial. Salomón dijo una vez que si vivimos lo suficiente, todos veremos sufrimiento como para quitarnos el gozo de la vida, si permitimos que eso suceda (Eclesiastés 12:1). Debemos aferrarnos al valor de nuestras pruebas y atesorar el bien constructivo que Dios puede sacar de ellas. Esta es la única manera en que una persona puede vivir regocijándose toda la vida.

LEGANDO A OTROS LA FE PARA "BUSCAR TESOROS"

Como ya mencioné anteriormente en este capítulo, existen importantes razones personales para aprender a buscar tesoros en las pruebas, pero esto no termina aquí. Para quienes tenemos hijos, es de vital importancia que comencemos desde temprana edad a enseñarles lecciones sobre la fe del centurión, especialmente si parecen estar destinados a acrecentar su nivel de sensibilidad siendo un poco (o muy) propensos a los accidentes.

Por alguna razón, nuestro hijo Michael se ha ganado la medalla por haber experimentado la mayor cantidad de accidentes naturales y provocados. Cuando tenía dos semanas de vida, casi se muere por unos serios problemas estomacales que requirieron cirugía. Durante los siguientes años de vida, padeció de una serie de enfermedades infantiles y nuevamente estuvo al borde de la muerte.

Una vez cuando tenía tres años, yo estaba cavando en el jardín y desenterré un nido de avispas. ¿Adónde se encontraba mi hijo "ganador de la medalla"? Justo en el lugar en el que cayó el nido. Antes que yo pudiera llegar hasta él, las avispas lo picaron repetidas veces. Luego aquel mismo año, Mike casi se ahoga en la piscina del hotel.

Ha sufrido los padecimientos de tener un aparato para agrandar la boca y de otro para enderezar los dientes. A los trece años, sufrió un accidente de auto bastante serio. Se rompió el brazo y recibió una lluvia tan grande de vidrios rotos, que a los doctores les llevó dos horas para sacarle todas las astillas de vidrio que se encontraban en un lado de su cara y en sus párpados. Al poco tiempo de eso tuvo que ser operado de la mandíbula.

¿Qué puedes decirle a un hijo que ha tenido que soportar tantas pruebas? ¿Por qué no dejamos que él mismo nos lo diga? Cuando el doctor le dijo a Michael que probablemente sufriría algún dolor a causa de la próxima operación, Mike le dijo: "Oh, no se preocupe por eso. He sufrido tantos dolores en mi vida que eso no me va a afectar."

Cuando las personas atraviesan por experiencias dolorosas, parece que eso las capacitara para atravesar futuras experiencias con un trauma menor, como si comprendieran el proceso de refinación del fuego. Michael ya había pasado tantas cosas, que el accidente automovilístico no fue tan traumático para él. Inclusive durante las dos horas que les llevó quitar todo el vidrio de su cuerpo, él estaba tranquilo y de buen humor. Una semana después del accidente, la actitud de Mike todavía era positiva cuando supo que tendría que pasar todo el verano con un yeso en su brazo y que no podría nadar. Lo mismo sucedió cuando lo operaron de la mandíbula. Con dieciséis años, todavía es un ávido buscador de tesoros, ¡y por cierto que lo necesita!

ENSEÑANDOLES A BUSCAR AMOR EN UN LUGAR INUSUAL

Cuando les enseñas a tus hijos lo que la Palabra de Dios dice acerca de los tiempos de prueba, les estás proveyendo una "lámpara a sus pies" para el resto de su vida llena de pruebas. Como John y yo explicamos en detalle en nuestro libro titulado *The Gift of Honor* (El don del honor), todo comienza con tu primera reacción durante una prueba. Si los consuelas con calma al comienzo de una prueba, pondrás el fundamento para que ellos encuentren valor en sus experiencias difíciles. Les enseñará que ellos también pueden permanecer en calma.

¿Y cómo podemos permanecer en calma en semejantes momentos caóticos? La calma proviene de nuestra propia confianza en el cuidado de Dios. Como dijimos en el Capítulo 13, tenemos convicción de que a su tiempo, Dios obrará para bien (Romanos 8:28).

Al ver la actitud positiva que Mike tuvo a través del dolor, tuvimos la oportunidad de alabarle por la forma en que enfrentaba la situación. Sin embargo, decidimos continuar observando su comportamiento para controlar, a medida que pasaban los meses, cómo respondía (de alguna manera como si miráramos los sacudones posteriores a un terremoto). Al hacerlo, podríamos detectar enseguida señales de aviso como depresión o ansiedad que podrían convertirse en problemas mayores más tarde. Esta es una buena idea para todos los padres que estén tratando de suavizar el camino de sus hijos para que encuentren el tesoro en una prueba.

Los principios bíblicos son como poderosos faros que iluminan hasta las pruebas más oscuras que tus hijos puedan experimentar. Cuando les enseñamos que Romanos 8:28 y Filipenses 4:11 hablan de beneficios espirituales que podemos reclamar en fe, les estamos dejando una preciosa herencia. Si tomamos al pie de la letra la Palabra de Dios, estaremos transmitiendo verbalmente y sin palabras este mensaje a nuestros hijos mientras miran cómo respondemos a nuestros problemas.

Tener gran fe es saber que las promesas de Dios se harán realidad. Es la confianza que tenemos, inclusive durante una prueba, de que algún día esa prueba se tornará en un beneficio. Tener "poca" fe es quejarse o "murmurar" durante una prueba porque no vemos ningún beneficio en ella, estamos destinados al fracaso . . . acabados . . . sin ayuda. No vemos ninguna solución.

Creo firmemente que el distintivo de una persona que crece durante la prueba es el grado al que esté dispuesta a tomar la Palabra de Dios al pie de la letra. A este tipo de fe se le llama "gran fe" y solamente la tienen aquellos que . . .

NO ELUDEN LAS PRUEBAS

Como ya hemos mencionado, el tesoro más precioso que descubrimos al pasar por una prueba es obtener más del amor de Cristo. En tiempos difíciles experimentamos el amor y el cuidado de Dios de una manera especial, y eso nos ayuda a encauzar hacia los demás el amor de Dios que ha fluido *en* nosotros. Sólo aquellos que desean lo mejor de Dios (su amor), se benefician verdaderamente de las pruebas. Todos tendremos que atravesar por pruebas, por lo tanto es de vital importancia que aprendamos a utilizarlas para bien, en lugar de permitir que nos destruyan.

En las semanas que siguieron al accidente de Mike, me senté varias veces con él a discutir algunos de los beneficios que formaban parte de esa prueba. Como ya habíamos hecho esto con muchas de sus pruebas, él me dijo sin vacilación que veía las formas en que esto lo había hecho más sensible. Ahora, cuando ve un accidente, no es un simple espectador, sino que ora por las personas involucradas en él.

En nuestra familia no cabe duda de quién es la persona más sensible. Nadie siente el dolor de las personas o aun de los animales tan profundamente como Mike, y yo creo que eso tiene que ver con todo lo que ha sufrido.

Recientemente, cuando íbamos en camino hacia una cita con el médico, le pregunté a Mike qué le gustaría hacer en la vida. ¿Saben lo que me dijo? "Pienso que quiero tratar de ayudar a la gente de alguna manera. A lo mejor seré policía o trabajaré en alguna organización de servicio. Tal vez pueda ser trabajador social o algo así. Quiero hacer algo para ayudar a la gente."

¿Cuántas veces en nuestra vida alguien nos ha ministrado con amor y preocupación durante un tiempo de dificultad, y más tarde hemos sabido que esa persona había experimentado el mismo problema? Uno de los tesoros más claros que nos proporciona la prueba es hacernos más amorosos y sensibles. Yo creo que esa maravillosa sensibilidad es un factor principal para amar genuinamente a otros, al tiempo que nos ayuda a desarrollar más paciencia y tolerancia (Romanos 5:3-5).

El apóstol Pablo comprendió este misterio cuando escribió su famosa explicación del amor: "El amor es sufrido, es benigno; el amor no tiene envidia, el amor no es jactancioso, no se envanece; no es indecoroso, no busca lo suyo, no se irrita, no guarda rencor; no se goza de la injusticia, mas se goza de la verdad. Todo lo sufre, todo lo cree, todo lo espera, todo lo soporta" (1 Corintios 13:4-7).

Estas cualidades del amor maduro las adquirimos mucho mejor y más rápidamente a través de las pruebas que de ninguna otra manera.

Yo sé que no puedo evitar que vengan las pruebas. La Biblia da por sentado que tendré pruebas (Santiago 1:2). Sin embargo, a través de los años, finalmente he dejado de luchar contra algo que la Biblia dice que es capaz de hacernos "perfectos y cabales, sin que os falte cosa alguna" (Santiago 1:4).

Otra manera de mirar a las pruebas es tratándolas como si fueran inversiones de interés a largo plazo. Es probable que lleve tiempo hasta que podamos "cobrarlas", y hasta que Dios produzca una capacidad mayor para amar a través de nuestras pruebas, pero tenemos una promesa en la cual confiar. Podemos tomar la Palabra de Dios al pie de la letra sabiendo que algún día ese amor se hará efectivo. Como dice el autor de la carta a los Hebreos, nadie disfruta de las pruebas: "Es verdad que ninguna disciplina al presente parece ser causa de gozo, sino de tristeza; pero después da fruto apacible de justicia a los que en ella han sido ejercitados" (Hebreos 12:11).

UNA PROMESA DE DIA Y DE NOCHE

La fe es la certeza de que podemos confiar en la Palabra de Dios. Si El nos dice que "Vamos a llegar a la otra orilla", entonces vamos a llegar a la otra orilla. En las Escrituras hay muchas promesas que pueden mantenernos andando, buscando con un corazón abierto y lleno, ese tesoro de amor escondido. Presentamos a continuación una lista que contiene solamente algunas de las muchísimas promesas para recordar cuando nos llegan las pruebas. Enfáticamente te insto a memorizar una lista de promesas escriturales como ésta, para que cuando la próxima prueba aseste su golpe, puedas permanecer firme y encontrar el tesoro con mucha más rapidez.

1. "Y sabemos que a los que aman a Dios, todas las cosas les ayudan a bien, esto es, a los que conforme a su propósito son llamados" (Romanos 8:28).
2. "Dad gracias en todo, porque ésta es la voluntad de Dios para con vosotros en Cristo Jesús" (1 Tesalonicenses 5:18).
3. "Hermanos míos, tened por sumo gozo cuando os halléis en diversas pruebas, sabiendo que la prueba de vuestra fe produce paciencia" (Santiago 1:2, 3).
4. "Y aquéllos, ciertamente por pocos días nos disciplinaban como a ellos les parecía, pero éste para lo que nos es provechoso, para que participemos de su santidad. Es verdad que ninguna disciplina al presente parece ser causa de gozo, sino de tristeza; pero después da fruto apacible de justicia a los que en ella han sido ejercitados" (Hebreos 12:10, 11).
5. "Jesús le dijo: Amarás al Señor tu Dios con todo tu corazón, y con toda tu alma, y con toda tu mente. Este es el primero y grande mandamiento. Y el segundo es semejante: Amarás a tu prójimo como a ti mismo. De estos dos mandamientos depende toda la ley y los profetas" (Mateo 22:37-40).

6. "Pues el propósito de este mandamiento es el amor nacido de corazón limpio, y de buena conciencia, y de fe no fingida" (1 Timoteo 1:5).

7. "Amados, si Dios nos ha amado así, debemos también nosotros amarnos unos a otros. Nadie ha visto jamás a Dios. Si nos amamos unos a otros, Dios permanece en nosotros, y su amor se ha perfeccionado en nosotros" (1 Juan 4:11, 12).

8. Por último, mi capítulo favorito en las Escrituras cuando estuve pasando pruebas en lo referente a mi salud este último año fue Romanos 5. Una paráfrasis de estos versículos sería: "Por lo tanto hemos sido justificados delante de Dios por la fe, tenemos paz para con Dios por medio de Cristo, y gozamos del poder de Dios que obra en nosotros a través de Jesucristo. No sólo tenemos en El todo lo que necesitamos, sino que también podemos gozarnos en los sufrimientos. Porque los problemas nos traen paciencia (el poder para seguir adelante), y la paciencia obra en nuestro carácter produciendo amor, el amor produce esperanza y no nos desalentaremos (fe grande) porque Dios derramará su amor en nuestros corazones mediante su Espíritu."

La verdad es que a nadie le gustan las pruebas, pero nadie puede escaparse de ellas. Podemos permitir que ellas arruinen nuestra vida, permitiéndonos estar amargados, enojados o resentidos, o podemos buscar el tesoro que nos permitirá amar y servir a nuestra familia y a los demás de una manera mejor. Nuevamente, la decisión es nuestra. *Porque amar a Dios, como amar a nuestro cónyuge y a nuestros hijos, ahora es y siempre será una decisión.*

En este libro no se presenta una nueva u original dieta, sino que se enseña una nueva manera de vivir.

Neva Coyle, con la colaboración de la escritora Marie Chapian, nos cuenta su historia de cómo luchó con su obesidad y con el hecho de no tener control sobre su manera de comer y otras disciplinas de su vida.

Por sus propias experiencias, Neva elaboró un plan con el cual muchos de su propio país, y ahora alrededor del mundo, pueden aprender cómo y qué comer, y la manera de vivir para la gloria de Dios.

Si desea ser delgado, saludable, fuerte y estar en control de sus hábitos alimenticios, este libro fue escrito para usted.

EDITORIAL BETANIA

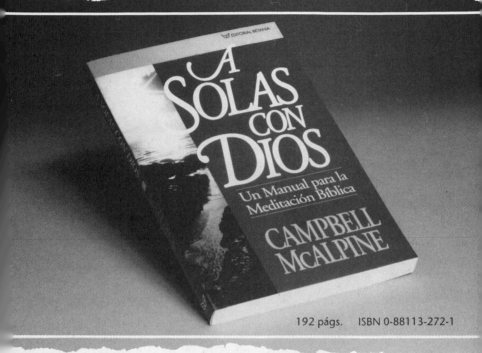

Lo último en novedades

368 págs. ISBN 0-88113-022-2

Al alcance de su mano, un novedoso tesoro de inspiración y aliento para usar sobre su escritorio, escaparate, mesa o donde usted desee. Este libro devocional contiene, para cada día del año, un versículo bíblico y una selección inspiradora del "best-seller" *Manantiales en el Desierto*.

- ***Esmerada presentación con una base tipo atril.***
- ***Armado con espiral de plástico de colores.***
- ***Práctico, con una página para cada día.***
- ***Un regalo ideal para toda ocasión.***

Puede comprar este libro hoy mismo y comenzar a usarlo inmediatamente. Puesto que está fechado sólo con el mes y el día, podrá usarlo año tras año.

EDITORIAL BETANIA